COLLECTION MICHEL LÉVY
— 1 franc le volume —
1 franc 25 centimes à l'étranger

CHAMPFLEURY

L'USURIER
BLAIZOT

PARIS
MICHEL LÉVY FRÈRES, LIBRAIRES-ÉDITEURS
RUE VIVIENNE, 2 BIS

1858

COLLECTION MICHEL LÉVY

L'USURIER
BLAIZOT

OEUVRES DE CHAMPFLEURY

Format grand in-18.

LES PREMIERS BEAUX JOURS	1 vol.
AVENTURES DE MADEMOISELLE MARIETTE	1 —
LE RÉALISME	1 —
LES EXCENTRIQUES	1 —
LES SOUFFRANCES DU PROFESSEUR DELTEIL	1 —
LES BOURGEOIS DE MOLINCHART	1 —
CHIEN-CAILLOU	1 —
L'USURIER BLAIZOT	1 —
SOUVENIRS DES FUNAMBULES	1 —
LES SENSATIONS DE JOSQUIN	1 —

LAGNY. — Typographie de VIALAT.

L'USURIER BLAIZOT

PAR

CHAMPFLEURY

PARIS

MICHEL LÉVY FRÈRES, LIBRAIRES-ÉDITEURS

RUE VIVIENNE, 2 BIS

1858

— Reproduction et traduction réservées. —

A MA MÈRE

Voici le premier livre que je peux t'offrir sans craindre d'attrister ton âme chrétienne et résignée. Peut-être y reconnaîtras-tu les mœurs provinciales que j'ai essayé de peindre plus d'une fois, et que plus d'une fois encore je reprendrai jusqu'à ce que je sois arrivé à les rendre dans toute leur réalité.

Les différents morceaux de ce volume ont été écrits à des heures douces, où les inquiétudes du travail laissaient place à une tranquillité d'esprit que retrouve à mesure que j'avance dans la voie.

Tu ne trouveras dans l'*Usurier Blaizot* ni parti pris ni système; si le hasard t'a mis sous les yeux des accusations de *réalisme*, ne t'inquiète pas de ce mot, qui est un grelot qu'on attache de force à mon cou.

Les mœurs de la famille, les maladies de l'esprit, la peinture du monde, les curiosités de la rue, les scènes de campagne, l'observation des passions, appartiennent également au *réalisme*, puisque le mot est à la mode. Mais cela sert de thème à quelques ignorants, qui délayent là-dessus leur prose insipide sans se douter combien le vrai public reste étranger à ces querelles.

Je cherche avant tout à rendre sincèrement dans la langue la plus simple mes impressions. *Ce que je vois* entre dans ma tête, descend dans ma plume, et devient *ce que j'ai vu*. La méthode est simple, à la portée de tout le monde. Mais que de temps il faut pour se débarrasser des souvenirs, des imitations, du milieu où l'on vit, et retrouver sa propre nature!

Le livre de *Chien-Caillou*, *les Excentriques*, *l'Usurier Blaizot*, montrent ce que je serai, plutôt que ce que je suis. Ce que je suis aujourd'hui, c'est un fils heureux de mettre le nom de sa mère en tête de ses *Contes*, et peut-être de lui faire oublier pendant une heure les amertumes de la vie.

CHAMPFLEURY.

Neuilly, Villa-Paisible, 10 juin 1852.

L'USURIER BLAIZOT

I

LE RENEUVIER.

Dans la rue du Tillô, à Dijon, demeurait, il y a quarante ans, le bonhomme Blaizot ; on l'appelait bonhomme à cause d'une certaine rondeur de manières et de langage.

Quelques gens portent des habits que l'on pourrait appeler *accusateurs*. Blaizot ne s'était jamais fourni dans cette garde-robe. L'hiver, il s'enveloppait d'une houppelande marron et allait aux offices les mains perdues dans un petit manchon dont l'usage n'appartient aujourd'hui qu'aux femmes. Ses jambes de cerf, sèches, n'avaient jamais eu le moindre rapport avec le pantalon. Depuis cinquante ans, les mollets du bonhomme, protégés par un simple bas blanc, subissaient, sans les craindre, les injures des saisons. Soleil et pluie, neige et grêle, les mollets avaient tout supporté, sans jamais varier de forme.

Mieux que les almanachs, le bonhomme Blaizot indiquait à ses compatriotes l'arrivée du printemps. Comme tout Dijon le connaissait, ses habits servaient de baromètre des saisons aux Dijonnais. Après les giboulées, Blaizot se vêtait de nankin.

— Bon, disaient les commères de la rue du Tillô, le bonhomme Blaizot a mis ses habits printaniers.

Si un incrédule hasardait l'opinion que les froids n'étaient pas encore passés, qu'il y aurait des pluies en avril, et autres commentaires :

— Ah! lui répondait-on, vous ne savez guère ce que vous dites : jamais le bonhomme Blaizot ne s'est trompé. Il est plus savant que Matthieu Laensberg, allez.

Blaizot était propriétaire d'une de ces maisons bourgeoises, ni trop vieilles, ni trop jeunes, qui n'apprennent rien à l'œil du curieux. Les femmes entre deux âges déroutent les observateurs : il en est de même des maisons ; cependant il est rare que la maison, si elle est habitée depuis quelques années, ne prenne pas un peu des habitudes de son propriétaire. L'homme laisse partout son empreinte, comme s'il se laissait tomber sur une nappe de neige.

Deux bancs de pierre qui étaient adossés à la maison indiquaient que le bonhomme recevait beaucoup de monde. Dans certaines provinces, les bancs de pierre sont les antichambres des gens d'affaires. Tous les notaires de petites villes ou de villages ont des bancs de pierre aussi obligés que les panonceaux.

Les bancs de pierre de la maison Blaizot étaient usés en décrivant une courbe vers le milieu.

Les juges d'instruction, dont l'esprit sait découvrir le bout de fil dans l'écheveau emmêlé d'un crime, auraient deviné par ce banc de pierre, légèrement creusé au milieu, qu'un groupe de clients venait s'asseoir fréquemment en cet endroit.

A quelque distance du banc, des anneaux de fer étaient fichés au mur, indice certain du séjour d'hommes à cheval ou en voiture.

Le bonhomme Blaizot était reneuvier.

A Dijon, le sens primitif du mot *reneuvier* est celui-ci : moyennant une certaine somme, les faiseurs d'affaires prêtaient jadis un bœuf à un laboureur, qui était tenu d'en rendre un du même âge à la Saint-Jean.

On voit clairement que le reneuvier a de la parenté avec les banquiers, le mont-de-piété, les usuriers, enfin le *prêteur* en général. Seulement il y a prêteur et prêteur. Les reneuviers, qui furent dans le principe d'honnêtes gens, s'aperçurent, après beaucoup d'expériences, que l'argent rapporte plus que le meilleur lopin de terre au soleil.

De cette école fut le bonhomme Blaizot, qui appliqua en grand la médecine aux métaux. Son argent paraissait dévoré de fièvre, tant il savait le faire suer. Blaizot commença par prêter des bœufs, suivant les us et coutumes ; mais, comme les emprunteurs venaient tous les jours en groupes plus serrés, le bonhomme pensa que tous les bœufs de la Bourgogne n'y suffiraient pas, que la ville ne serait pas assez grande, quand bien même elle serait convertie en une seule étable.

Il prêta de l'argent.

Les Dijonnais n'en surent rien, ou, ce qui est plus présumable, n'en voulurent rien savoir, car Blaizot n'exerça son industrie qu'avec les paysans des environs. Avec ses concitoyens de la ville, il resta le bonhomme Blaizot, grand propriétaire, allant à l'église régulièrement et rendant volontiers service. Blaizot fut tout miel pour les citadins, tout vinaigre pour les campagnards.

Aussi les samedis, qui sont les jours de grand marché, la rue du Tillô était-elle encombrée de voitures de fermiers qui venaient traiter d'affaires avec le bonhomme, et qui remplissaient de bruit et de tumulte cette rue, si calme d'ordinaire. Les paysans s'asseyaient sur les bancs de pierre, et ne pénétraient dans le cabinet du bonhomme que tour à tour, appelés par la servante Rubeigne.

Cette servante, les dix doigts de Blaizot, était une petite paysanne rouge, de quarante ans, qui criait et glapissait dans la maison comme si elle en eût été la dame. Au fond, elle avait pour son maître un grand attachement, que de mauvaises langues commentaient en mauvaise part. La vie de Blaizot était tellement réglée et ses mœurs si régulières, que la Rubeigne devait avoir tous les droits des gouvernantes, droits d'autant plus légitimes qu'ils sont basés sur de longues relations.

Or, le samedi qui précéda la fête de Noël, la Rubeigne remarqua, non sans étonnement, la couturière Alizon, qui attendait sur le banc que les fermiers fussent introduits.

Alizon était une des plus jolies ouvrières de Dijon. « Que vient-elle faire chez mon maître? Elle doit savoir qu'il ne reçoit que les gens de la campagne. Cette fille est jeune et jolie. » Telles furent les impressions de la Rubeigne, qui fit la moue tout en entrant dans le cabinet du bonhomme Blaizot.

— Il y a à la porte, dit-elle, la *couzaigne* Alizon qui attend.

Ce mot *couzaigne*, qui veut dire à la fois cousine, blanchisseuse, ne s'emploie guère qu'en mauvaise part, et trahissait les pensées de la gouvernante.

— Qu'est-ce qu'elle me veut? dit Blaizot. Puis il ajouta : Fais-la entrer.

Alizon fut introduite; elle rougit dès le pas de la porte. La Rubeigne sortit.

— Eh! dit Blaizot, c'est la jolie fille à Cancoin... Tu viens pour le loyer, n'est-ce pas?

— Oui, monsieur Blaizot... comme vous dites.

— Je te m'en vas préparer la quittance.

— Pardonnez, monsieur Blaizot, tout du contraire. Le père m'a envoyé pour vous dire qu'il était bien fâché d'être en retard.

— Ah! dit Blaizot... Eh bien! pourquoi n'est-il pas venu lui-même?

— C'est qu'il est allé livrer une commande de tonneaux.

— Où ça? demanda Blaizot.

— A la Mal-Chaussée.

— Et quand reviendra-t-il, ton père?

— Demain, monsieur Blaizot.

— Tu lui diras de passer me voir... Sais-tu, dit le père Blaizot en la reconduisant, que t'es un joli brin de *femmelôte?*

Alizon rougit et sortit du cabinet. Dans l'antichambre se tenait la Rubeigne, qui semblait fort occupée à brosser une paire de souliers.

— Bonjour, madame Rubeigne, dit Alizon.

— Adieu, la couzaigne, répondit la gouvernante.

II

CE QUI ARRIVA AU HAMEAU DE LA MAL-CHAUSSÉE.

Le matin, dès cinq heures, Cancoin était parti pour livrer sa cargaison de tonneaux.

Le hameau de la Mal-Chaussée est composé de six maisons écartées, qui ont été bâties dans l'emplacement le plus mal choisi de toute la Bourgogne. Le terrain, très-fertile partout ailleurs, est ici sablonneux et d'un rapport peu avantageux.

Sur les six maisons, cinq ne peuvent porter ce titre : ce sont de méchantes cabanes, où demeurent de pauvres paysans, qui gagnent à peine leur vie en travaillant pour le fermier Grelu.

Le fermier Grelu, seul, possède une habitation d'une tournure plus confortable; mais elle n'en vaut guère mieux, et, si elle brille au milieu des masures, c'est comme la royauté du borgne dans le pays des aveugles. De grandes herbes décharnées se dressent sur le toit principal, des herbes qui n'ont pas la couleur réjouissante des vieilles mousses sur les toits de tuiles. Les haies qui entourent le jardin potager sont poussiéreuses et mal entretenues.

Il y a dans la cour des coqs et des poules ; mais les poules sont maigres, et le chant des coqs a un timbre qui ne ressemble pas au joyeux cri des coqs de bonne maison. Un dindon morne, à la crête pâle, est monté, par extraordinaire, sur une charrette cassée. Deux pigeons mélancoliques se tiennent sur un pigeonnier dont le toit est troué.

L'étable ouverte laisse entrevoir un âne qui a une genouillère de toile à la jambe : outre cette blessure, l'âne paraît avoir supporté de longues fatigues, car un de ses côtés est pelé par le frottement du bât. Il a pour compagnon un cheval de labour jeune et maigre, dont les yeux troubles ressemblent aux yeux des gens qui ont porté toute leur vie des besicles.

Cancoin, qui avait passé toute la journée à siffler des airs gais dans sa voiture, suspendit son sifflet en apercevant un filet de fumée sans consistance qui sortait timidement d'une des cheminées de la première cabane. Le tonnelier n'était plus qu'à une portée de fusil de la Mal-Chaussée, dont le nom change suivant l'éducation des gens qui en parlent. Les Dijonnais de distinction l'appellent la Mal-Bâtie ; les bourgeois, la Mal-Chaussée ; les ouvriers, la Mal-Fichue, et plus énergiquement encore.

Ces surnoms semblent avoir porté malheur au hameau, d'autant plus qu'il se rattache à l'endroit une vague histoire d'assassinat dont les vieillards de Dijon parlent encore. Cet assassinat, faux ou vrai, car on ne sait plus le nom du meurtrier ni de la victime, fut commis, dit-on, avant la bâtisse du hameau. Les superstitieux prétendent que rien, ni hommes, ni bêtes, ni plantations, ni semailles, ne peut réussir sur un terrain souillé par le meurtre.

Pour ces raisons, Cancoin cessait de siffler aux environs du hameau. Il entra donc avec sa voiture dans la cour silencieuse ; et les animaux s'enfuirent comme étonnés d'être dérangés dans leur fainéantise.

Le tonnelier attacha son cheval à l'anneau d'une auge, et se dirigea vers le corps de bâtiment. La première chambre d'une ferme a toujours quelque chose de réjouissant ; d'abord se présente à la vue le grand foyer noir avec les fagots qui pétillent sur les hauts chenets de fer. Au-dessus de la cheminée, sur le mur jaune que les mouches ont décoré d'agréments noirs, Napoléon fait pendant au Juif errant. Un râtelier, portant des fusils au canon brillant, cache quelques parties des estampes aux couleurs étourdissantes.

A droite, un buffet-dressoir déroule la collection de vaisselle en faïence dite porcelaine de Tours. On guérirait un hypocondriaque en ornant sa chambre de ces plats d'un ton brutal, mais gai, où les coqs, les fleurs sont peints avec candeur et simplicité.

A gauche, tient un large espace le lit, qui a conservé l'ampleur des couches du moyen âge. Les rideaux sont de cette indienne de Perse joyeuse, que les amateurs recherchent aujourd'hui avec tant de persévérance.

Dans un coin ombreux, la lumière pique de points blancs la batterie de cuivre et d'étain, et la fait ainsi sortir de son obscurité.

Mais, à la ferme de la Mal-Chaussée, la vaste cheminée, les fusils, les images de Pellerin, la faïence, le lit et les instruments de cuisine avaient subi des accrocs, des dégradations, des déchirures, de la rouille, des ébréchures, et étaient souillés de toiles d'araignées. Les vitres de la chambre avaient été verdies par la poussière, et ne donnaient passage qu'à un jour pluvieux.

Cancoin, qui entrait brusquement, s'arrêta en voyant la fermière devant un lit d'enfant. L'enfant était saisissant de beauté. Ses yeux, extraordinairement allongés, lui donnaient quelque ressemblance avec certaines figures sculptées de l'Égypte. Deux taches roses sur les joues se fondaient harmonieusement dans une teinte calme de jaune. L'enfant était coiffé d'un haut bonnet de coton rond, sans mèche, qui paraissait soufflé.

Sur la tête du petit malade, le comique bonnet de coton devenait mélancolique et chassait toute idée de joie.

— M'n enfant, disait la fermière, parle-moi voir un peu.

Mais l'enfant était aussi muet que son grand bonnet de coton; à chaque instant il semblait que ses grands yeux fixes s'allongeaient; son regard prenait des rayons d'une fixité impossible à rendre. L'enfant semblait voir à travers les murs, à travers les nuages; son corps était vivant encore; mais déjà l'âme cherchait à fuir au ciel.

— Madame Grelu? dit Cancoin, attristé par cette scène.

La fermière tressaillit en entendant une voix de la terre.

— Votre petit est donc malade? dit le tonnelier.

— Oh! oui, bien malade, le pauvre chéri!

En même temps la fermière se courba sur le lit pour embrasser l'enfant : elle devenait gourmande de baisers.

— Qu'est-ce qu'il a? demanda Cancoin.

— Est-ce qu'on sait, dit-elle; il n'y a pas huit jours que l'enfant *gipaillait* (folâtrait), et qu'il était *gâdru* (gros, bien portant); il était gentil comme les amours, jamais on n'en avait vu de pareil. Puis, tout d'un coup, il *a* devenu triste, pâlot, maigrichon; il a eu des dégoûts pour toute nourriture...

— Ce n'est rien, dit Cancoin, c'est la croissance... tous les enfants de son âge sont comme ça.

La fermière secoua la tête d'un air de doute :

— Oh! non, dit-elle; regardez donc ses pauvres petites *babaignes* (lèvres) pâles; elles étaient, n'y a pas si longtemps, rouges comme des pommes à sucre. D'ailleurs, l' médecin l'a condamné, m'n enfant... Il dit comme ça que les drogues n'y peuvent rien faire et qu'il faut tout attendre du bon Dieu... C'est pourtant mon enfant Jésus que le petiot. Et le père, si vous voyiez son chagrin !... ça lui a fait tant de peine de voir son *fieu* (fils) dans un état pareil, qu'il est parti aux champs.

— Il faut toujours avoir de l'espoir, dit Cancoin. A quoi ça sert de se désespérer pareillement?... On en a vu de plus malades revenir au soleil...

L'enfant fit un mouvement dans le lit.

— Est-ce que tu n'es pas bien? dit la fermière, qui courut chercher des oreillers à son lit pour les mettre sous la tête du petit malade. Tenez, dit-elle en arrangeant les couvertures, voyez donc ses pauvres chers petits bras... Il n'y a plus que les os; ça ferait pleurer la nature... Il ne parle plus, il ne mange plus; il m'aimait tant, et maintenant plus d'*aimorôtes* (caresses).

— Il fait bon soleil dehors, madame Grelu, vous devriez un peu ouvrir la fenêtre, dit le tonnelier.

Comme la fermière, les yeux fixés sur son enfant, ne répondait pas, le tonnelier alla lui-même à la croisée, et le soleil, qui renonçait à pénétrer la crasse des carreaux, se précipita dans la chambre. Le petit malade parut réjoui de cette chaleur bienfaisante.

— Qué bonne idée vous avez eue, mon bon monsieur Cancoin, dit la mère, ça le ravigote, m'n enfant.

— Voyez-vous, madame Grelu, il ne faut pas être trop triste près de l'enfant... Ils comprennent bien, allez. Tâchez de l'amuser un peu ; si on les laisse dévorer par la maladie, ils sont perdus ; moi, je sais ce que c'est. J'ai eu sept enfants : eh bien, quand je les voyais malades, vite je tâchais de les distraire. C'est comme pour le mal de dents, si on peut l'oublier, on ne l'a plus... A-t-il des joujoux, votre petit?

— Oh! ce n'est pas ça qui lui manque.

— Eh bien, allez les quérir, et mettez-les sur la couche.

La fermière courut à l'armoire et en rapporta un petit chien de carton peint, une poupée et un sifflet. L'enfant resta morne à la vue de ces jouets, quoique Cancoin essayât de faire aboyer le chien de carton. Mais le chien paraissait très-triste de ne pouvoir faire entendre ses cris ; il y avait une fissure dans le soufflet de peau. La poupée n'avait jamais été destinée à donner signe de vie : c'était une personne aux rouges couleurs, d'une physionomie remplie tout à la fois de candeur et de niaiserie. Le sifflet força Cancoin à enfler ses joues d'une manière démesurée sans arriver à aucun résultat : il était bouché.

— Ils sont bien abîmés, les joujoux, dit Cancoin, je n'en donnerais point une *arnôte* (une obole). Il n'y en a pas d'autres?

— Non, dit la fermière.

— Alors, madame Grelu, égayez-le n'importe

comment..... je ne sais pas..... chantez-lui quelque chose.

— Vous croyez? dit-elle.

— Sans doute.

Alors la fermière chanta d'une voix plaintive cet ancien noël, si connu dans les villages aux alentours de Dijon :

> Laissez paître vos bêtes,
>   Pastoureaux,
>   Par monts et par vaux ;
> Laissez paître vos bêtes,
> Et venez chanter Nau.
>
> J'ai ouy chanter le rossignô,
> Qui chantait un chant si nouveau,
>   Si bon, si beau,
>   Si résonneau ;
> Il m'y rompait la tête,
>   Tant il prêchait
>   Et caquetait ;
> Adonc pris ma houlette,
> Pour aller voir Naulet.

Le petit malade ne disait rien ; mais il avait ouvert la bouche comme quelqu'un qui écoute avec grande attention. A la fin du second couplet la fermière essuya ses larmes.

— Vous chantez ça trop tristement, dit Cancoin avec sa grosse naïveté ; il faut y mettre de la réjouissance, sans quoi vaut mieux se taire.

Le brave tonnelier unit la pratique à la théorie ; en cherchant à adoucir sa rude voix, il continua le noël :

Je m'enquis au berger Naulet.
As-tu ouy le rossignolet
   Tant joliet,
   Qui gringotait
Là-haut sur une épine ?
   Oui, dit-il, oui,
   Je l'ai ouy ;
J'en ai pris ma doucine,
Et m'en suis réjoui.

Malgré le soin que prenait Cancoin de mettre une sourdine à sa voix, elle rendait de tels sons que Grelu, qui rentrait, s'arrêta dans la cour, fort étonné d'entendre un chant aussi joyeux dans la maison qu'il avait quittée morne et silencieuse.

Le fermier entra et regarda avec un plaisir douloureux son enfant, dont les yeux clignaient, comme offusqués par la vibration puissante du chant du tonnelier.

— Eh ! la mère, dit-il, comment va l'enfant ?

— Je ne sais, répondit la fermière ; il m'a quasi l'air effrayé.

— Bonjour, monsieur Grelu, dit le tonnelier interrompu dans sa chanson ; j'ai amené vos tonneaux.

— Ah ! fit en soupirant le fermier, qui ne se souciait guère de tonneaux dans ce moment.

Grelu était un paysan de haute taille, les épaules légèrement voûtées. La campagne ne lui avait pas communiqué cette grosse santé qui fait la richesse des paysans. Le chagrin ressortait de chaque trait de son visage ; ses cheveux étaient gris et rares.

Grelu avait pour habit une mauvaise veste de toile, appelée *biaude* dans le pays; c'est le vêtement des pauvres gens. Encore sa biaude était-elle déchirée en maints endroits. Il passait chez ses voisins pour un caractère *dangraignar*, c'est-à-dire en dessous, grondeur; il n'inspirait pas grande amitié. Bon nombre de gens jugent ainsi sur la mine. Ils ne s'inquiètent pas de la vie antérieure d'un homme, de ses malheurs, de ses chagrins; ils le jugent sur l'état présent.

Cependant Grelu était bon, serviable; il aimait sa femme comme on aime celle qui nous a toujours suivi dans la voie douloureuse; il aimait ses enfants comme on aime des innocents qu'il faut élever à subir une vie semblable à la sienne; mais, hors de la famille, hors du foyer domestique, le fermier redevenait triste. Il avait malheureusement une intelligence au-dessus de celle des gens de la campagne, et son intelligence ne l'avait mené qu'à des mal-réussites.

Grelu avait acheté à bon compte la ferme : ce bon compte fut en réalité le plus mauvais des marchés. Quand, au bout de quelques mois de séjour, il eut calculé les réparations à faire, les fumages considérables qu'il fallait faire subir aux terres pour en bonifier la nature, Grelu tomba dans l'abattement, n'étant pas assez riche pour toutes ces dépenses.

Il laissa se lézarder les murs; il tenta les engrais sur une si petite échelle, que mieux eût valu ne rien faire. Au lieu de prendre son courage à deux mains, il entretint sa femme de ses désillusions. C'est souvent la plus contagieuse des maladies. La fermière eut l'esprit saisi des confidences de son mari. A tous deux l'avenir parut chargé de malheurs. Le mari et la femme passaient des nuits sans sommeil à se dire : « Comment ferons-nous plus tard? » sans penser à couper violemment cette terrible racine de découragement qui s'empare si vite de l'esprit.

Grelu, en dernier ressort, fréquenta la maison du bonhomme Blaizot. Ce fut le coup de la fin. Ses terres furent plantées d'hypothèques, autre mauvaise graine qui rapporte des saisies et des procès.

L'enfant malade poussa tout à coup un long soupir : la fermière crut que c'était le dernier; elle tomba à genoux anéantie.

— Seigneur du bon Dieu, s'écria-t-elle, notre *fieu* est mort!

— Non, dit Cancoin, il respire un peu gros seulement... N'ayez garde, je suis certain que l'enfant reviendra.

— Ah! dit le fermier, si ce n'est pas triste de voir notre innocent dans un tel état! J'aimerais mieux le voir aller tout d'un coup au pays de claque-dents que de l'entendre souffrir en détail si longuement.

— Ce n'est pas bien parler, monsieur Grelu, dit le tonnelier ; est-ce que dans ce monde nous n'avons pas besoin d'un peu de résignation?... Il faut se faire une raison, sans quoi il n'y aurait plus qu'à se jeter à l'eau la tête la première.

— Vous ne savez guère ce que je souffre, dit Grelu.

— Bah! dit Cancoin, moi qui vous parle, j'ai sept

enfants. Eh bien, le dernier a été l'autre jour maladif : il ressemblait au vôtre, le médecin l'avait condamné... Ils condamnent toujours maintenant, et ils ont raison. Si le malade revient, on ne pense plus à ce qu'ils ont dit, tandis que s'ils promettaient de le guérir et que le malade s'en aille *ad patres*, on recevrait un plus rude coup, puisqu'on ne s'y attendait pas. Donc je vous disais que mon dernier souffrait cruellement et qu'il s'éteignait tous les jours. Moi, je suis obligé de travailler; que je me porte bien ou non, la famille est là qui compte sur mes bras. Je partais le matin pour la tonnellerie; mais, sacristi, que de courage il me fallait pour soulever mon marteau! à chaque coup j'étais obligé de me remonter le moral. Je sentais que mes forces s'en allaient avec celles de mon enfant. Un matin, j'apprends qu'il a une crise, le délire, le tremblement, quoi; parole d'honneur, j'étais dans le même état, je frappais sur mes tonneaux à tort et à travers, je *bâchais* sur tout. Le soir, je retourne à la soupe... mon enfant était guéri. Ah! quelle joie ça nous a fait dans la maison! ma femme surtout était folle : « Voilà, dit-elle, la meilleure preuve que le bon Dieu nous entend. J'ai passé la nuit à le prier de sauver notre garçon, et il m'a accordé ma demande. »

— Vous êtes un brave homme, vous, dit le fermier; j'ai le cœur si gonflé que, ma parole, j'avais oublié qu'il y a un Dieu. Ma femme, prions pour l'enfant.

La fermière tomba aussitôt à genoux; elle ne voulut

pas abandonner d'un instant la main de son fils, qu'elle pressa dans ses deux mains. Le tonnelier et Grelu se mirent à genoux près du berceau; pendant un quart d'heure ces trois âmes naïves s'unirent par la prière.

L'enfant regarda d'un dernier regard ces trois têtes, baissées pieusement vers la terre, et poussa un long soupir d'adieu.

— Ah! dit la fermière en se levant brusquement, sa main se roidit.

Grelu se précipita vers le berceau.

— Il est mort! dit-il d'une voix sourde.

La fermière se laissa tomber sur une chaise, sans mouvement.

— Monsieur Grelu, dit Cancoin pour distraire le père de sa douleur, votre femme se trouve mal... Vite! courez chercher quelque chose... de l'eau, si vous n'avez rien; c'est très-dangereux, mieux vaudrait qu'elle pleure.

Le fermier courait par la chambre sans trouver ce qu'il cherchait.

Il ne cherchait rien : la mort de son fils le rendait comme ivre.

— Eh bien! dit Cancoin qui voyait le trouble dans lequel était plongé Grelu ; eh bien! apportez-moi donc quelque chose.

— Bah! dit le fermier, je voudrais crever aussi.

— Ah! monsieur Grelu, vous n'êtes pas raisonnable; vous n'êtes donc pas un homme? dit le tonnelier. Allons, venez près de votre femme, la voilà qui revient à elle. Aidez-moi à la consoler; les femelles ont le cœur faible.

La fermière ouvrit les yeux. Son premier regard fut vers le berceau; elle y courut d'un bond, croyant qu'elle sortait d'un mauvais rêve; mais elle ne s'aperçut que trop vite de la terrible réalité.

— Ah! s'écria-t-elle d'une voix brisée.

Tout à coup deux flots de larmes jaillirent de ses yeux, et les sanglots emplirent la salle. Les larmes sont contagieuses; Grelu pleura comme un enfant. Le mari et la femme étaient assis sur des chaises, la tête dans les mains. Le tonnelier respectait leur immense douleur, et se gardait bien d'interrompre leurs larmes par de vaines paroles.

Seulement il alla vers le lit de l'enfant et le recouvrit de son drap, afin que sa mère, en levant les yeux, n'aperçût pas encore une fois cette figure pâle et privée de vie. Les époux passèrent deux heures dans la désolation. Le fermier revint le premier à la vie positive.

— Mon brave Cancoin, dit-il, il est temps de vous coucher; laissez-nous veiller la nuit auprès du corps de notre enfant.

Cancoin trouva ce désir si naturel, qu'il sortit en recommandant à Grelu de reprendre courage.

Cancoin se coucha l'esprit attristé en pensant au malheureux événement qui venait de frapper le fermier; cependant il s'endormit à la tombée de la nuit. Son sommeil fut agité : Cancoin voyait en rêve sa famille qu'il avait laissée en pleine santé, tandis que le deuil était chez Grelu. Il s'éveilla tout d'un coup brusquement, car il lui semblait avoir entendu, dans le calme profond de cette maison visitée par la mort, un roulement de voiture.

— Je rêvais, se dit le tonnelier. Alors il ferma les yeux, essayant de rappeler le sommeil. Ses yeux, quoique protégés par la paupière, furent subitement blessés par une lumière ardente. Par un mouvement machinal, Cancoin porta sa main sur ses sourcils, et la nuit revint. En retrouvant le sommeil, le tonnelier laissa tomber son bras; et de nouveau une lueur extraordinaire le réveilla.

— Qu'est-ce que c'est? dit-il en sautant de son lit. D'où vient cette clarté?

En même temps il ouvrait la fenêtre, qui donna entrée à une fumée très-épaisse.

— Au feu! au feu! cria Cancoin en saisissant à la hâte son pantalon et sa veste; au feu!

Ce cri sinistre, qui réveille en une seconde toute une ville, qui prend des tons menaçants dans le silence, resta sans réponse. Cancoin, de sa grosse main, enleva la serrure de la porte plutôt qu'il ne l'ouvrit, et descendit l'escalier en continuant d'appeler au secours. Il lui fallait traverser la pièce où reposait le petit mort. Cette pièce n'était pas éclairée; mais l'incendie y répandait ses premiers rayons sanglants.

Le tonnelier aperçut la fermière agenouillée près du berceau de l'enfant. Il crut d'abord qu'elle était morte; le feu ni les cris ne l'avaient dérangée.

— Madame Grelu! dit Cancoin en courant à elle et en la tirant par le bras.

— Laissez-moi, dit la pauvre mère sortant de son immobilité.

— Le feu est à la ferme, sauvez-vous, reprit Cancoin.

Il ouvrit la porte de la première salle, et le feu parut plus menaçant.

— Où est votre mari? demanda le tonnelier.

— Je ne sais, dit la fermière.

— Vite... relevez-vous! Il faut vous sauver...

Cancoin, qui ne recevait pas de réponse de cette pauvre désolée, courut dans la cour. L'incendie venait des étables ou du grenier à foin; il était impossible de sortir de la ferme par la porte charretière.

Tout à coup les animaux se réveillèrent à demi asphyxiés en remplissant l'air de leurs cris. Le tonnelier courut à l'étable, dont la porte était brûlante; des flammèches de feu tombaient du fointier sur le dos de l'âne malade, qui poussait des cris lamentables. Le cheval maigre s'était réfugié dans un coin de l'écurie et hennissait des sanglots. Malgré tout son désir de sauver ces animaux, Cancoin fut obligé de sortir vivement de l'étable remplie de vapeur et de feu. Il tira son couteau, et coupa la longe qui retenait l'âne; mais à peine cet animal fut-il libre qu'il recula dans le fond de l'étable, près du cheval, et tous deux mêlaient leurs cris de terreur. Il était impossible à Cancoin de pénétrer jusque-là, d'autant plus qu'il savait la ténacité des animaux à rester, par frayeur, dans les lieux incendiés.

Il retournait vers la fermière, lorsque le pigeonnier, qui brûlait intérieurement, tomba presque à ses pieds, laissant sur le fumier des pierres et des pigeons également calcinés. L'incendie, qui avait jusqu'alors travaillé mystérieusement comme un voleur, se montra audacieux quand il fut sûr de sa proie. Les flammes sortirent victorieuses du pigeonnier abattu, et se séparèrent, les unes montant vers le ciel, les autres rampant sur les toits voisins. Le corps d'habitation de la ferme était en danger ; il n'y avait plus un moment à perdre. Cancoin courut à toutes jambes vers la fermière, qu'il retrouva toujours près du cadavre de son enfant.

Une chaleur intense régnait dans la première pièce.

— Sauvons-nous, dit le tonnelier.

Et il ouvrit la fenêtre qui, heureusement, donnait sur la route.

— Laissez-moi mourir avec mon *fieu*, dit la fermière.

— Allons, du courage, diable ! dit Cancoin. Passez vite par la fenêtre ; il n'est que temps.

— Ah ! mon chéri, dit la mère en sanglotant et en se précipitant sur le cadavre de son enfant.

— Il ne faut pas qu'il brûle, dit Cancoin, qui tenta le dernier moyen de sauver la fermière.

Il saisit l'enfant dans ses bras et enjamba la fenêtre. La Grelu le suivit aussitôt.

— Restez là, dit Cancoin en la conduisant à quelque distance de la ferme... Je vais chercher à sauver le peu que je pourrai.

Le digne tonnelier retourna vers la maison qui brûlait, et jeta par la fenêtre tout ce qui lui tombait sous la main. Pendant qu'il travaillait avec un courage inouï, les habitants du hameau avaient eu l'éveil et accouraient vers la ferme, guidés par l'incendie. Mais leurs secours étaient inutiles : le feu était le maître et prenait la part du lion. Quelques meubles, quelques ustensiles de cuisine, seuls, étaient jetés sur le gazon, quand Cancoin jugea prudent de se retirer.

Il fut entouré à l'instant des gens du hameau, qui regardaient tristement les progrès du feu et qui lui demandaient des détails.

— Tas de lâches, dit Cancoin, ne feriez-vous pas mieux, au lieu de vous croiser les bras, de m'aider à transporter plus loin ces meubles qui vont brûler.

Les paysans, dominés par le tonnelier, se préparaient à lui obéir, lorsqu'un homme tout noir, les vêtements brûlés, sauta par la fenêtre d'où venait de descendre Cancoin, et roula sur le gazon.

— Eh! dit le tonnelier, d'où sort-il, celui-là?

Et il se baissa pour lui porter secours.

— Seigneur, dit-il, c'est Grelu!... qu'on le porte à la première maison et qu'on tâche de le faire revenir... Il n'est qu'évanoui.

Deux paysans prirent Grelu par les jambes et par la tête, et le conduisirent à la plus proche cabane. Cancoin suivait ce triste cortége.

— Vous ne l'avez pas vu entrer dans la ferme? demandait-il aux paysans. Je l'ai cherché au commencement du feu... il n'y était pas... seulement sa femme veillait auprès de leur enfant mort.

Quand Grelu put recevoir tous les soins que nécessitait son état, Cancoin, qui perdait la tête au milieu de ces embarras, se rappela alors que la fermière était abandonnée dans la prairie. Il recommanda aux paysans de veiller sur le fermier, et partit pour chercher la mère infortunée. Son étonnement fut grand en ne retrouvant plus la fermière. Il chercha, croyant s'être trompé de chemin; mais rien ne lui indiqua la trace de la Grelu. Il appela de sa plus forte voix; l'incendie répondit seul, par ses craquements et ses pétillements, à son appel.

Le tonnelier courut vers la ferme brûlée, dont à chaque minute un mur disparaissait avec fracas, mêlant à la fumée de l'incendie des nuages de poussière; un doute cruel s'était emparé de l'esprit de Cancoin. Il pensait que la pauvre mère s'était jetée avec le cadavre de son enfant dans les flammes, pendant que la ferme avait été laissée seule à la garde du feu. Inquiet et craignant de voir ses appréhensions confirmées, Cancoin revint vers le hameau.

Grelu avait reprit connaissance; aussitôt qu'il aperçut le tonnelier;

— Ma femme! s'écria-t-il, ma femme!

Cancoin détourna tristement la tête; à ce geste, le malade comprit son malheur et perdit de nouveau connaissance. Le tonnelier resta près du lit du malade, épiant les moindres symptômes qui passaient sur la figure du fermier ruiné. Bientôt Grelu fut pris du délire.

Un paysan entra et vint annoncer qu'on avait retrouvé près de la ferme une voiture chargée de tonneaux et tout attelée.

— Tiens, dit Cancoin, je la croyais brûlée... comment ça a-t-il pu arriver? Hier soir, quand je me suis couché, ma voiture était sous le hangar, dans la ferme.

Le paysan secoua la tête.

— Ma parole, j'aime mieux ça, dit Cancoin; je vais emmener chez nous ce pauvre M. Grelu... on le soignera plus facilement à la ville qu'ici. Eh! vous autres, aidez-moi à le porter dans la carriole.

Grelu fut entouré de couvertures; on disposa les tonneaux de façon à laisser un espace libre au malade, et Cancoin rentra à Dijon, moins joyeux qu'il n'en était sorti la veille.

III

LE BONHOMME BLAIZOT MONTRE SES GRIFFES.

— Femme, dit Cancoin en arrivant à sa porte, viens m'aider à dételer et à porter chez nous ce pauvre monsieur Grelu.

En entendant la voix du tonnelier, une troupe d'enfants sortit de la boutique, en criant d'un air joyeux :

— Bonjour, papa.

— Silence, mioches, dit Cancoin ; il y a un homme malade dans ma voiture.

Les voisins et voisines du tonnelier, qui ont l'habitude, dans les beaux jours, de travailler sur le seuil de leurs portes, s'empressèrent autour de la voiture autant par compassion que par curiosité. Ils aidèrent Cancoin à transporter le fermier dans sa boutique et l'assaillirent de questions.

— Parbleu ! dit le tonnelier, c'est le fermier de la Mal-Fichue ; sa ferme a été brûlée cette nuit.

— Ça devait arriver un jour ou l'autre, dit une commère superstitieuse.

— On me donnerait bien des mille et des cent, dit un autre, que je n'irais pas me loger sur ce terrain-là.

— Et sa femme? reprit une nouvelle curieuse.

— Sa femme, dit Cancoin, on ne sait pas ce qu'elle est devenue.

— N'avaient-ils pas un *piaut* blond qu'ils amenaient avec eux au marché ?

— Il est mort hier, dit le tonnelier.

— Ah ! qu'est-ce que ces gens-là avaient donc fait au bon Dieu? s'écria la foule... Mais c'est pis qu'une peste. Seigneur, que le pauvre homme doit avoir du chagrin !

— Je m'en vais voir à aller chercher le médecin, dit Cancoin. Hé ! femme, notre fille n'est pas revenue de la couture?

— Non, pas encore, dit la tonnelière.... A propos,

elle m'a recommandé de ne pas oublier de te dire que M. Blaizot veut te parler sitôt ton retour.

— Bon, plus tard. Je passe d'abord chez le médecin; tu lui diras ce qui est arrivé à ce malheureux Grelu, afin qu'il prenne ses mesures.

Cancoin embrassa ses enfants qui tournaient autour de lui, le tirant par la blouse ; après avoir passé chez le médecin, il prit le chemin de la maison du bonhomme Blaizot.

— Je vous fais excuse, dit-il en arrivant, si je ne vous apporte pas l'argent du loyer... Vous savez l'événement ?

— Quel événement ? dit Blaizot.

Alors Cancoin raconta dans les plus grands détails ce qu'il avait vu depuis son arrivée à la Mal-Bâtie.

— Je comptais bien revenir avec l'argent de mes tonneaux livrés ; mais vous comprenez, monsieur Blaizot, qu'on ne peut pas réclamer son dû à un malheureux dont l'enfant meurt, dont la femme est perdue, peut-être brûlée avec la ferme. Bien heureux encore que mes tonneaux me restent... Je vais tâcher de les vendre à n'importe quel prix.... c'est comme de l'argent trouvé, puisqu'ils devaient brûler.....

Le bonhomme écoutait froidement et ne paraissait pas s'apitoyer sur le sort du fermier.

— Voilà un homme ruiné, dit-il... Il me doit beaucoup d'argent...

— Ah ! vraiment ? dit Cancoin.

— Mais enfin, monsieur Cancoin, il faudrait voir

à solder ce bail... C'est une petite affaire, cinquante écus par an.

— Pour vous, monsieur Blaizot, oui, c'est une petite affaire ; mais cinquante écus ne sont pas tous les jours dans la poche d'un honnête homme.

— Justement, dit le bonhomme, je comptais tellement sur ce payement et sur votre exactitude que j'ai refusé cette boutique à quelqu'un qui m'en offre dix écus de plus par année... Je vous loue pour rien ; il faudrait me savoir gré de ma bonne volonté... pas du tout, vous venez me demander des délais : j'aimerais autant laisser ma maison vide...

— Est-ce que je ne vous ai pas toujours payé exactement, monsieur Blaizot ?...

— Sans doute, sans doute ; mais les maisons sont déjà d'un si mauvais rapport qu'on aime à toucher le loyer le jour dit... Enfin, quand pouvez-vous me promettre cette somme ?

Le tonnelier ne sut que répondre.

— Si vous me donniez un à-compte, dit Blaizot.

Le tonnelier, honnête homme, en présence de son propriétaire rapace, se sentait le cœur serré ; il n'osait promettre à époque fixe, craignant de ne pas être en mesure.

— Avez-vous assez d'une huitaine ?... Vous voyez, je suis large, dit le bonhomme.

Cancoin ne répondait pas ; et Blaizot se promenait dans son cabinet, laissant à son locataire le temps de réfléchir.

— Tenez, dit-il en s'arrêtant devant le tonnelier, je vous donne huit jours.

— Merci, monsieur Blaizot; vous êtes bien bon, dit Cancoin qui remerciait trop vite : car le bonhomme vint mettre un terme à son apparente générosité.

— Seulement, je vous recommande d'être exact... Si dans huit jours vous n'aviez pas payé, je me verrais malheureusement forcé de louer à un autre. Faites attention au quantième, recommanda le bonhomme... Nous sommes aujourd'hui le 28; j'attendrai jusqu'au 6 au soir du prochain mois.

Le tonnelier s'en retournait tristement à sa boutique, regardant les nuages comme tous les gens pauvres, qui semblent prouver par là que le ciel est pavé de pièces de cent sous, et qu'il doit en tomber quelques-unes dans leurs poches.

En tournant le coin de la rue qui mène à la tonnellerie, Cancoin fut très-surpris d'apercevoir à l'autre bout, en face de sa boutique, un rassemblement de curieux. Un malheur ne vient jamais seul; ce proverbe lui causa de l'inquiétude. Serait-il arrivé un accident à quelqu'un de sa famille? Grelu serait-il mort? A peine ces réflexions avaient-elles germé dans l'esprit du tonnelier qu'il se trouva près du groupe.

Deux gendarmes gardaient la porte de sa boutique.

— Qu'est-ce qu'il y a? demanda-t-il à ses voisins.

— Entrez, monsieur Cancoin, répondirent quelques voix; le commissaire de police vous attend.

Le tonnelier se précipita à travers la foule et trouva

en effet, dans la première pièce, le commissaire ceint de son écharpe avec ses deux agents. Toute la famille se tenait silencieuse, près du lit du fermier; personne n'osait parler en présence des gens de la police.

— Vous allez venir avec nous, monsieur Cancoin, chez le procureur du roi.

— Et pourquoi faire? demanda le tonnelier.

— Oh! vous le saurez là-bas.

— C'est bien, dit Cancoin, je vous suis.

Dans un coin de la salle, sa femme pleurait; et les enfants, quoique ne comprenant pas la portée de cet événement, restaient tranquilles et sans oser se remuer, intimidés par le commissaire de police. En sortant, celui-ci donna à voix basse une consigne aux gendarmes. La Cancoin se jeta en larmes dans les bras de son mari.

— Soyez tranquille, dit le commissaire, monsieur Cancoin reviendra.

Quoique, en province, la police ne s'occupe guère que de l'exécution des arrêtés municipaux qui aboutissent à de simples procès dénoués en justice de paix, le commissaire remplit de terreur ses concitoyens, par le seul mot de police qui s'attache à son titre. Son écharpe, d'un caractère pacifique quand elle l'accompagne lisant dans la ville des arrêtés de la mairie, précédé du roulement du tambour de ville, cette écharpe tricolore prend les couleurs les plus terribles dans les autres occasions. La foule, qui vit sortir Cancoin entouré du commissaire et de ses agents, pensa que le tonnelier avait commis un crime. Cançoin rencontra des yeux curieux, mais nulle part des yeux amis : l'honnête homme comprit et fut froissé de ces soupçons; il baissa la tête, ne voulant plus regarder aucun de ses voisins, avec l'entourage de la police.

Le cortége s'arrêta devant le fameux palais de justice de Dijon, et prit un petit escalier au-dessus duquel est écrit, en gros caractères, ce terrible mot : Greffe. Dans ce bureau se trouvaient réunis le procureur du roi, un substitut, le juge d'instruction et le greffier.

— Vous avez assisté à l'incendie de la Mal-Bâtie, monsieur Cançoin? demanda le procureur du roi.

— Oui, Monsieur, dit le tonnelier.

— Eh bien ! dites-nous tout ce que vous savez là-dessus.

Cançoin se mit à raconter ce qu'il savait : mais il fut interrompu dès le commencement de son récit par le procureur du roi, qui insista sur son arrivée à la ferme, sur la mort de l'enfant, sur la tristesse du père et de la mère, en un mot sur les *précédents* de l'affaire.

Ce ne fut que pressé de questions que le tonnelier pensa à la circonstance de la voiture, fait qu'il avait oublié et qui servit de base à l'accusation. Il avoua qu'il avait entendu, ou cru entendre, dans son premier sommeil, le roulement d'une voiture sortant de la ferme; mais il pensait avoir rêvé. Seulement, le lendemain, il fut fort étonné de voir ramener, par des paysans, sa voiture attelée et chargée de tonneaux, fait que dans le trouble des événements il n'avait pas cherché à approfondir.

En faisant cette déposition, Cancoin sentit un nuage passer sur ses yeux : il comprit alors pourquoi on l'interrogeait; il comprit que le fermier était accusé d'avoir incendié sa ferme, il comprit qu'il devenait le principal accusateur, et qu'il venait de condamner le malheureux Grelu. Il eût voulu rétracter ses paroles, mais il était trop tard, elles étaient inscrites sur le terrible registre du greffier. L'interrogatoire dura deux heures, après quoi le tonnelier crut qu'il pouvait retourner chez lui.

— Faites immédiatement transporter à la prison le sieur Grelu, dit le procureur du roi aux gendarmes.

— Mais, Monsieur, ce pauvre homme est dans un état pitoyable, dit Cancoin.

— Eh bien ! il y a à la prison une infirmerie. Monsieur le commissaire, veillez à ce que le prévenu ne puisse communiquer avec personne.

— Puis-je m'en aller? demanda Cancoin.

— Non; vous allez partir avec nous en poste pour visiter le théâtre du crime et nous guider dans l'instruction.

Les chevaux, qui avaient été commandés avant l'instruction, étaient arrivés avec la voiture sur la place du palais de justice; le procureur du roi, le juge d'instruction, le greffier et Cancoin y montèrent. Pendant la route, le tonnelier resta muet; il réfléchissait à l'immense malheur qui s'était abattu en un jour sur les fermiers de la Mal-Bâtie, et il oubliait ses propres infortunes en songeant à celles d'autrui. Il se refusait à croire le fermier coupable; mais les faits étaient tellement convaincants qu'il était impossible de les nier.

La voiture qui emmenait à grande vitesse les principaux acteurs de cette instruction criminelle arriva à la Mal-Bâtie en très-peu de temps. Cancoin désigna la maison où le fermier avait été déposé, ce qui motiva de nouveaux interrogatoires des paysans, dont la déposition était importante, quoiqu'ils n'eussent assisté qu'à la fin du désastre. Ils répondirent tous que le tonnelier leur avait dit que Grelu était absent de la ferme lors de l'incendie.

La fermière n'avait pas reparu. La commission d'instruction se transporta vers le lieu de l'incendie. Les quatre principaux murs étaient encore debout, lézardés et noircis par les flammes. Le feu n'était pas éteint et couvait sous le fumier, sous des débris informes, mutilés et salis, d'où sortait une fumée noire et épaisse. Le procureur du roi ordonna des fouilles, espérant trouver quelques indices épargnés par l'incendie : il voulut aussi s'assurer de la mort de la fermière. Mais le feu avait sans doute réduit en cendres les ossements de la femme et de l'enfant.

En même temps, le juge d'instruction était allé à la porte charretière, pour essayer de découvrir quelques traces de pas; mais le terrain de ce pays est formé de cailloutis et de sable qui ne garde pas, même dans les pluies, trace de passage. Toutes les recherches furent vaines. Seul, un paysan, nommé Picou, fit une déposition longue et emmêlée qui tint trois heures le greffier et le juge d'instruction.

Les membres du tribunal allaient repartir, lorsqu'une voiture, qui semblait venir de Dijon, s'arrêta. C'était le chef de *la Vigilante*, compagnie d'assurance contre l'incendie. Il s'adressa tout d'abord au procureur du roi, et demanda à l'entretenir en secret. Si le ministère public parle toujours contre l'accusé, les compagnies d'assurance jouent le même rôle en matière d'incendie. On voit tous les jours, en cour d'assises, le danger que courent les gens accusés d'assassinat qui, dans leur jeunesse, étaient très-paresseux au collége. Les *pensums* alors deviennent, dans la bouche du ministère public, de nouvelles preuves que l'accusé est coupable de vol ou d'assassinat. Les gens assurés, dont la maison brûle, sont dans le même cas que les accusés d'assassinat, très-paresseux dans leur jeune âge. Pour peu qu'on ait fait assurer sa maison de quelques centaines de francs au delà de sa valeur foncière et mobilière, il y a, suivant les compagnies d'assurance, preuve évidente de crime.

Grelu se trouvait malheureusement dans ce cas. Le directeur de *la Vigilante* déclara que la Mal-Bâtie était assurée au double de sa valeur; dès lors l'accusation devint plus fondée contre Grelu, la raison de cet incendie étant trouvée.

IV

COMMENT LE BRAVE GUENILLON TROUVA UNE FEMME SAUVAGE.

Quand la fermière se vit seule sur un chemin avec le cadavre de son enfant, la tête lui tourna. Elle comprit qu'elle n'avait plus de toit pour reposer en paix, qu'elle n'avait plus de fils à caresser; il fallait rendre à la terre ce corps si chéri. La Grelu se sauva, tenant son enfant serré dans ses bras.

Le pays, par là, est d'une telle infertilité que les hommes ont désespéré d'en tirer parti; aussi, à part la Mal-Bâtie, on n'y rencontre ni villages, ni hameaux, ni maisons, ni hommes, ni plantations. La fermière marcha pendant toute une journée, sans rencontrer âme vivante. Elle arriva, après cette marche fiévreuse, à un petit bois touffu qui appartient à la ville de Dijon et qui pousse au hasard. Aussi est-il plein de broussailles, d'épines, de plantes grimpantes, qui le rendent aussi difficile à traverser qu'une forêt vierge.

La Grelu s'y hasarda, ne craignant pas de laisser accrochés aux épines des morceaux de sa jupe : seulement elle pressait l'enfant contre son sein pour qu'aucune branche ne lui déchirât la figure. La nuit vint. La pauvre femme parlait à son enfant comme à l'ordinaire : elle avait oublié la mort. Elle le berça en lui chantant ces douces monotonies que toutes les mères savent d'instinct. Puis elle se débarrassa de sa jupe, enveloppa l'enfant dedans et le coucha sur ses genoux.

Peut-être eût-elle dormi plus longtemps, si elle n'eût été réveillée par un triste incident.

Une pie, perchée sur l'arbre au pied duquel la mère dormait, avait tout vu. Cette pie resta tranquille toute la nuit; mais le matin, ne pouvant plus garder le secret, elle alla réveiller ses compagnes en leur tenant un long discours, à la suite duquel les oiseaux curieux vinrent voltiger au-dessus de la fermière en poussant des cris qui semblaient des commentaires sur l'étrangère et son enfant. Peu à peu, les pies s'enhardirent, descendirent d'une branche, de deux, de trois, de cinq, et arrivèrent au tronc : l'une d'elles s'aventura jusqu'à voltiger au-dessus de la Grelu; les battements d'ailes réveillèrent en sursaut la mère effrayée. Elle jeta un cri, et les pies s'enfuirent à tire-d'aile.

Alors la triste vérité se fit jour dans le cœur de la Grelu; elle regarda longuement son enfant et poussa de tristes soupirs. Elle comprit que son enfant était mort, et elle frissonna; car elle crut que les oiseaux venaient déchiqueter son cadavre. Jamais mère n'eut aussi grand courage que la Grelu; sa douleur lui donna des forces. Elle arracha un jeune arbre déjà solide, et se mit à labourer avec acharnement le gazon.

Quand le gazon fut enlevé, la mère fouilla la terre avec toute l'ardeur d'une taupe. Elle enfonçait ses mains et ses ongles dans la terre humide et la rejetait de côté. A la tombée du jour, la fosse fut creusée. La Grelu se jeta sur l'enfant froid et l'arrosa de ses larmes; puis elle le prit avec précaution et le coucha dans la fosse.

Quelques rayons rouges de soleil couchant se glissaient dans les éclaircies du bois et atténuaient le vert brillant du feuillage. La Grelu était à genoux près de la fosse fraîchement creusée; elle priait Dieu pour l'âme envolée de l'enfant, dont les deux mains étaient croisées sur sa poitrine. Après une heure de prières, la fermière donna un dernier baiser à son enfant; puis elle jeta lentement sur le corps des poignées de terre. Seule, la figure du petit mort, qu'une poignée de terre aurait suffi à couvrir, resta à l'air; mais la Grelu, avant d'enterrer son fils, contempla une dernière fois les traits de son visage, et elle couvrit la figure d'herbes et de terre.

Elle eut le courage surhumain de piétiner la terre sur le corps de l'enfant, afin qu'il ne fût pas déterré par les animaux. Alors elle se coucha sur cette tombe, attendant elle-même la mort. La mort ne vint pas; elle envoya la faim, mille fois plus cruelle. Combien de suicidés ont senti, au dernier moment, leurs vêtements tirés par l'instinct de la conservation, qui fait dévier l'arme mortelle!

N'en est-il pas de même des chagrins les plus vifs, les plus cuisants ?

La Grelu erra toute la nuit, déchirant ses vêtements aux branches, ne trouvant pas d'issue à ce bois, mangeant des feuilles d'arbres. Vers le matin elle arriva sur la lisière, et se jeta avec avidité sur de l'oseille sauvage qui poussait au hasard.

Elle entendit le chant d'un homme qu'on ne voyait pas, et prêta l'oreille à ces sons humains qui lui étaient étrangers depuis deux jours. L'homme semblait approcher, car sa chanson devenait plus bruyante. Bientôt la Grelu distingua quelques paroles, et elle voulut fuir ; mais ses forces l'avaient abandonnée, et elle retomba sur le gazon.

L'homme qui tournait l'angle du bois fut tout surpris de voir une femme presque nue dans un endroit aussi peu fréquenté. Cependant, la peur passée, il s'approcha, la regarda et s'écria :

— C'est la Grelu... Qu'est-ce qu'elle fait là ? dit-il en voyant qu'elle était sans connaissance.

Sans parler davantage, il prit sa gourde, la déboucha et en versa quelques gouttes sur les lèvres de la fermière. Cette liqueur réveilla les sens de la malheureuse mère, qui ouvrit de grands yeux effarés. Voyant qu'elle était trop faible pour marcher, l'homme la prit sous son bras et la porta plutôt qu'il ne la conduisit.

Il lui faisait des questions sans nombre, auxquelles la Grelu ne répondait pas.

Cet homme était Guenillon, que tout le Dijonnais

connaît. Il fut le dernier représentant de ces bardes populaires que La Monnoye appelait « des chantres forts en gueule. »

Guenillon portait le nom de son costume. Sa *gipe*, sorte de souquenille large, avait autant de trous qu'une écumoire; les *marronnières* de Guenillon conservaient tout au plus la décence ; mais, comme il se faisait pardonner sa pauvreté de vêtements par sa gaieté et ses chansons ! Nul ne savait, à vingt lieues à la ronde, autant de chansons, autant de noëls. Jamais un cabaretier ne voulut recevoir un sou de Guenillon en payement de la *pitainche* (petit vin) qui entretenait sa belle voix. On était trop heureux de lui entendre chanter le *Coupau*, une vieille gaudriole de nos pères, dont Molière seul pourrait donner la traduction.

Guenillon comprenait à merveille toutes les jouissances de la vie; quand il avait débité ses chansons et ses *Armonacs borgaignons*, il se mettait à table avec cette bonne volonté de mangeur que La Monnoye a si bien dépeinte dans ce couplet :

>   Voisin, c'est fait,
>   Les trois messes sont dites ;
>   Deux heures ont sonné,
>   Le boudin est cuit,
>   L'andouille est prête, allons déjeuner.
>   Si la loi judaïque
>   Défend le lard comme hérétique,
>   Ce n'est pas de même en chrétienté.
>   Mangeons du porc frais,
>   Mangeons ; j'aurons chance

D'être meilleur catholique,
Plus
Je serons friand de goret*.

On peut aimer la grosse boisson et la forte nourriture sans être un malhonnête homme. Guenillon était la crème des braves gens. D'ailleurs il était poëte et faiseur de chansons un peu brutales. Il comprenait la bonne et franche poésie, la poésie naïve ; mais là n'étaient point ses grandes qualités.

Un imprimeur dijonnais voulut faire un traité avec Guenillon pour exploiter les condamnés à mort, sous forme de complainte. Guenillon refusa : il vendait bien les relations de brigands fameux et impossibles, de serpents monstrueux qui étalaient leurs sonnettes fabuleuses sur la moitié d'une grande feuille de papier gris, dit *canard* ; mais, par un sentiment qu'il est bon d'honorer, il ne consentit jamais à chanter les « *dernières paroles du condamné*, ses malheurs, ses repentirs, ses aveux. »

L'hiver, Guenillon se retirait dans son village, près de sa femme et de ses enfants ; il composait des chansons et mangeait ses économies de la belle saison. Aux premiers beaux jours, il se remettait bravement en route, le sac au dos, des rames de *canards* dans le sac, et il allait enchanter les oreilles de ses compatriotes.

Guenillon comprit instinctivement la douleur de la

* *Goret*, cochon, de *coiros*.

fermière et la respecta en ne chantant plus. Il avait toujours été bien reçu à la Mal-Bâtie, et plus d'une fois il avait essayé de faire sourire le petit garçon des Grelu, qui était plutôt mélancolique que gai. Cependant la fermière, même en se soutenant sur Guenillon, ne pouvait plus marcher ; le chanteur se douta qu'elle avait faim. Il s'arrêta, fit asseoir la fermière et débrida son sac.

La Grelu se jeta sur le pain noir qui représentait tout le dîner du colporteur.

— Bah ! dit-il, nous arriverons bientôt à la ferme.

Et il reprit le bras de la pauvre femme.

La Mal-Bâtie se voit de loin et se reconnaît à ses grands toits qui dominent les pauvres chaumières environnantes. Par hasard Guenillon leva la tête et remarqua avec surprise l'absence des grands toits et du pigeonnier.

— Ah ! Seigneur, dit-il, qu'est-ce que je vas apprendre ?

N'osant pas aller plus loin, et très-fatigué d'avoir, pour ainsi dire, traîné la fermière, il frappa à la première cabane dont, par hasard, le loquet ne s'ouvrait pas.

— Qui est là ? demanda une voix du dedans.

— C'est Guenillon, répondit le colporteur, fort étonné de voir un paysan qui fermait sa porte.

La chaumière s'ouvrit et laissa passer la tête du paysan Picou, qui poussa un cri de terreur plutôt que d'étonnement en voyant Guenillon accompagné de la fermière. A vrai dire, cette pauvre femme était si pâle, si défaite, et ses vêtements si mal *accoutrés*, qu'elle semblait revenir de l'autre monde.

Picou, superstitieux comme beaucoup de paysans, croyait réellement que la Grelu avait été brûlée dans l'incendie de la ferme.

— Allons, lui dit Guenillon, ouvre ta porte grande ; quand tu resteras là comme un flandrin à nous regarder, tu vois bien que la fermière est malade.

Picou fit la grimace : il n'avait pas la mine d'un homme qui aime à rendre service ; cependant il céda aux instances de Guenillon en l'aidant à déposer la Grelu sur un mauvais grabat fait d'un matelas de feuilles sèches et d'une mauvaise couverture.

— Raconte-moi donc ce qui est arrivé à la ferme? demanda le colporteur.

— Je sais rien, moi, dit Picou.

— T'en sais toujours plus que moi, Roussin, dit Guenillon, qui n'aimait pas le paysan et qui se plaisait à l'émoustiller en lui donnant un sobriquet que la couleur de ses cheveux motivait.

— Ah ! *nom de gu!* si j'avais su que tu venais ici pour m'embarguigner, je n'aurais pas ouvert ma porte, va.

— Aussi, dit Guenillon, faut toujours te prier pour mettre ta langue en train..... Où est-ce qu'est Grelu?

— Il est à l'ombre..... à la prison de la ville.

— En prison ! s'écria Guenillon..... Et pourquoi donc ?

Alors, pressé de questions, Picou entra dans quelques détails sur l'incendie, s'étendit sur la visite des juges et sur la culpabilité certaine du fermier.

— On lui coupera le cou, dit-il comme conclusion; et il ne l'aura pas volé.

— Comme tu y vas ! dit Guenillon. Je suis sûr que Grelu sera acquitté.... C'est un brave homme.... Il n'est pas possible qu'il ait mis volontairement le feu à la ferme, à moins que ce ne soit de chagrin.

Picou fit la moue.

— Ah çà, dit le colporteur, tu lui en veux donc beaucoup à ce pauvre Grelu.... Il faut avouer que tu est un fier racunier....

— C'est bien fait, dit Picou, le mal retombe toujours sur la tête des mauvais. Est-ce qu'il ne m'a pas fait passer dans le pays pour un voleur ?

— Et qu'il n'avait pas tort, dit le colporteur; j'aimerais quasiment mieux voir dans ma basse-cour un renard que toi. Pourquoi aussi que tu allais lui dérober ses poules ?

— C'est pas vrai, dit Picou.

— Dame, il paraît que le tribunal de Dijon a jugé que c'était vrai, puisqu'il t'a condamné à huit jours de prison.

— M'en parle pas des juges; il condamnent à tort et à travers. Ils se disent : un pauvre paysan de plus ou de moins, qué qu'ça fait.... Va, je les ai toujours sur le cœur, leurs huit jours de prison. Et c'est pas à eux que j'en veux le plus....

— C'est à Grélu, dit Guenillon; écoute donc, tu volais son bien : car enfin, des poules, c'est du bien comme de la terre.... et, Dieu merci, le fermier a fait tout ce qu'il a pu au tribunal pour t'empêcher d'être condamné.

— Laisse donc, c'est un faux.... Il m'a dénoncé en dessous main, et puis, devant les robes noires, il a fait l'hypocrite.... le gredin !

En disant ces mots, Picou montrait le poing; sa colère, réveillée par le colporteur, s'attisait comme si on eût soufflé dessus. Ses cheveux roux prenaient une teinte rouge. Défiez-vous des roux ! surtout de ceux-là qui ont sur les joues de petites excroissances de chair, où la méchanceté tapie a donné naissance à de petits bouquets de poils sinistres.

Picou, qui n'avait ni barbe ni moustaches à cause de son tempérament lymphatique, rasait soigneusement, contre l'habitude des paysans, ses lèvres et son menton; mais il semblait entretenir avec jouissance ces poils longs, sales et inégaux, jetés sur ses joues comme par hasard, et qui semblaient de mauvaises herbes semées par le vent, et qui s'accrochent sur le premier mur venu. Tout en parlant, Picou trouvait un certain plaisir à y suspendre ses mains, à friser ces quatre poils, ainsi que d'autres caressent une belle barbe. Les yeux vitreux de ce paysan étaient traversés de points verts, des gouttes de fiel. Aussi, quand il parlait et que la peau de son masque mobile mettait en mouvement les bouquets de poils, Picou était d'une physionomie odieuse et criminelle.

— Eh bien ! Picou, dit le colporteur, je te laisse un moment, j'ai à voir quelques-uns des voisins.

— Tu ne les trouveras pas, dit Picou.... ils sont aux champs.

— J'irai aux champs, reprit Guenillon.. Dis donc, je peux coucher cette nuit avec toi?

— Et dans quoi? dit Picou.

— Pardienne, nous étendrons une botte de foin par terre; n'aie pas peur, va, je ne te causerai pas d'embarras. Demain matin, au petit jour, je pars pour Dijon et j'emmènerai la fermière..... Faut croire qu'elle ira mieux... Tâche point de la réveiller surtout.

Guenillon s'en alla aux champs, et rencontra les pauvres habitants de la Mal-Bâtie, qui lui racontèrent, les larmes aux yeux, le peu qu'ils savaient sur le désastre. Ces gens ne trouvaient une faible occupation qu'à l'aide de la ferme; et l'incendie, comme dit l'un d'eux, leur ôtait le pain de la bouche.

— Sarquerdieu ! dit le colporteur, Picou en sait plus long que vous sur le feu !

— C'est drôle, répondit une femme, il est arrivé en même temps que nous au feu, à moins qu'il n'en invente; faut se méfier de ses histoires, voyez-vous.

— Moi, dit un paysan, en une minute j'ai eu tout dit au juge; mais Picou a resté, pour le moins, trois quarts d'heure.

Le colporteur mangea la soupe avec ces braves gens, et retourna, vers le soir, à la cabane de Picou, qui était assis, fumant sa pipe. Guenillon tira de sa poche un vieux tronçon de pipe presque sans tuyau, et se mit à fumer en face du paysan. Tous deux étaient plongés dans cette béatitude qu'éprouvent les véritables fumeurs; seulement, de temps à autre, Guenillon regardait Picou d'une façon indifférente, ce qui semblait contrarier le paysan.

Le marchand de chansons rompit le premier le silence.

— A quoi que tu penses quand tu ne penses à rien? dit-il plaisamment à son compagnon.

Picou ne répondit pas à cette facétie.

— Je gagerais une chopine que tu penses au feu?

— Eh! dit Picou d'un ton de colère, tu me scies avec ton feu... Qu'est-ce que ça me fait à moi? J'ai bien assez à m'occuper de mes affaires.

— Je comprends ça, dit Guenillon, on a souvent des affaires plus embrouillées qu'on ne croit.

— Çà, dit Picou, vas-tu bientôt cesser tes propos! Qu'est-ce que tu as l'air de parler d'affaires embrouillées?

— Rien, Roussin, je parle en général; tant pis pour celui qui relève la pierre, c'est qu'elle lui a fait mal.

— Je ne te comprends pas, dit Picou, inquiété par les paroles mystérieuses du colporteur; tiens, je vas me coucher, demain matin faut que je sois dès quatre heures aux champs, et j'ai juste le temps de faire mon somme.

— Je me couche aussi, dit Guenillon; auparavant, je vais voir si la Grelu n'a besoin de rien pour cette nuit.

La fermière, épuisée par la fatigue, dormait profondément. Cependant son sommeil était agité, sa respiration précipitée le prouvait. Le marchand de chansons revint vers Picou, qui s'était déjà étendu sur la paille. Dans ce moment le soleil donnait une teinte de feu aux pauvres murs de la cabane du paysan. Picou avait les yeux fermés.

— Tu dors, Picou? demanda le colporteur.

— Oui, je vas dormir, laisse-moi en repos.

— C'est qu'on dirait qu'il y a des flammes ici.

Ces quelques mots firent tressauter sur la paille le paysan, qui regarda tout à coup fixement Guenillon, et s'écria :

— Oh! mon Dieu! pardon...

Il s'arrêta brusquement, et reprit tranquillement :

— Ce n'est pas vrai, menteur de Guenillon, c'est le soleil... Que tu es bête de me faire des peurs pareilles !

— Tu as demandé pardon à Dieu, tout à l'heure; pourquoi?

— Moi? dit Picou en feignant la surprise.

— Certainement, toi, Roussin.

— Je ne me le rappelle déjà plus... Et puis, quand ça serait, rien de plus naturel; tu cries au feu : il y a déjà eu le feu la nuit passée; ça serait pire qu'un sort jeté sur le pays. Il y a bien de quoi avoir peur.

— Tu as raison, Picou, dit le colporteur en s'étendant près du paysan sur la paille; vas, dors tranquillement sur tes deux oreilles, et n'aie point peur du feu; des accidents ne se voient point tous les jours, et, à moins que quelqu'un ne s'amuse à nous faire rôtir cette nuit... il y a des gens méchants partout... nous nous lèverons demain bien portants.

Picou, pour échapper aux discours de Guenillon, ne répondit pas. De son côté, le marchand de chansons cessa de parler; et bientôt le calme le plus profond régna dans la cabane du paysan. On n'entendait d'autres bruits que ceux causés par les ronflements réguliers du colporteur, aussi réguliers que le tic-tac d'une horloge.

Deux heures à peine s'étaient passées que Picou se leva avec précaution du méchant grabat qu'il partageait avec le colporteur; il étendit d'abord les mains par terre pour être sûr de ne pas rencontrer de fétu de paille qui aurait pu grincer en s'écrasant sous ses pieds. Quand il fut sur ses pieds, il s'arrêta quelques instants, étudiant la régularité de la respiration de Guenillon; puis il marcha droit vers la fenêtre. En ce moment la lune illuminait la partie de la chambre où était situé le lit du colporteur.

Ce brave homme, qui avait passé une rude journée, dormait de ce bon sommeil qui annonce une âme tranquille; ses grosses lèvres rouges étaient à demi ouvertes et devaient laisser passer un souffle pur comme son cœur. Picou, les dents serrées, la figure blême, semblait jaloux du repos de Guenillon.

Le paysan alla vers une armoire boiteuse qui renfermait toute sa défroque : une blouse, un pantalon de toile, un bissac. Il s'habilla lentement pour ne pas réveiller le dormeur; entre chaque vêtement il laissait un moment de repos. La toilette, quoique interrompue, fut vivement faite. Dans un coin de la chambre était un four abandonné; Picou ôta avec beaucoup de peine le couvercle de ce four et s'y glissa comme un serpent; mais à peine était-il entré dans le four, qu'il en sortit pour prendre au mur une petite hache destinée à fendre le bois; il parut alors plus satisfait, et se remit en mesure de s'introduire dans le four.

La paille cria, et Guenillon se retourna; Picou fit un bond et accourut vers le lit, la hache levée. Il croyait que le colporteur était réveillé; mais il s'aperçut que son alarme était fausse et il continua ses recherches. A peine était-il dans le four qu'on put entendre, au milieu du plus grand calme, un bruit d'argent. Picou reparut à l'instant, tenant dans ses bras un sac, qu'il serrait contre lui comme s'il avait renfermé toutes les richesses du Pérou.

Il alla doucement vers la porte, souleva le loquet avec mille précautions, et l'ouvrit de façon à ne pas faire crier les gonds, puis il disparut.

V

LA PRISON.

Aussitôt après son arrestation, Grelu fut conduit à la prison de Dijon et mis au secret. Le fermier se laissa mettre les menottes comme s'il eût été privé de toute sensibilité; il ne parlait pas, et regardait les guichetiers sans paraître les voir.

Il comparut devant le juge d'instruction, et répondit, par un signe affirmatif de tête, à toutes les questions qu'on lui posait; il avoua son crime à la première interrogation, et signa le papier qu'on lui présenta sans le lire.

Le *secret* est un cabanon sous terre, une petite cave humide où le jour pénètre à peine par un étroit soupirail grillé qui tire quelque lumière du préau. C'est là que fut enfermé Grelu. Pour lit, il eut une botte de paille, encore toute froissée par le dernier condamné sorti de là pour aller à la guillotine.

Les murs de ce cachot ne portaient pas même les ornements ordinaires des prisons, ces sortes d'illustrations grossières et cyniques que produit le désœuvrement des accusés; car ce cabanon était de ceux où on n'entre qu'accusé ou condamné. Les accusés habitants de l'endroit étaient presque condamnés d'avance. Seuls, les *gros* crimes y logeaient, et ils n'y logeaient que *bridés*. Peut-être préférera-t-on *bouclés ;* les deux mots se valent, et indiquent d'une façon assez significative la privation des bras ou des jambes pour qu'il ne soit pas nécessaire de les expliquer.

Grelu fut assis par deux geôliers sur la paille, et resta sans dire un mot pendant cinq heures, les mains sur sa poitrine. Il avait les yeux tournés vers le soupirail, et regardait avec convoitise les quelques miettes de jour qui n'entraient qu'à regret dans ce lieu humide. Peut-être pensait-il en ce moment à sa ferme brûlée, à son enfant mourant, à sa femme désolée, au paysage sablonneux de la Mal-Bâtie !

Après quelques heures de torpeur, il se remua et essaya de changer de position. Le malheureux fermier devait être brisé de fatigue ; mais il est difficile de se retourner quand les jambes sont séparées par une barre de fer, et que les mains sont jointes par des poucettes. L'accusé n'a qu'une position à garder : rester immobile couché sur le dos ; il lui est impossible de se délasser en s'appuyant tantôt sur le côté gauche, tantôt sur le côté droit.

— Ma pauvre femme ! s'écria Grelu..... Oh ! mon Dieu, vous qui me voyez et qui m'entendez, je m'accuse d'être la cause de tous nos malheurs.... Je me suis laissé aller au découragement au lieu d'avoir travaillé ferme. Je suis bien puni, mais je le mérite, ô mon Dieu ! Faites seulement que ma femme ne soit pas trop malheureuse et qu'elle ait le courage de supporter l'adversité comme je la supporte...

Grelu en était là de sa prière, lorsque des grincements aigus de la serrure lui annoncèrent un visiteur. C'était le geôlier.

— Eh bien? dit celui-ci, comment vous trouvez-vous dans votre petit local?

— Pas bien, dit Grelu en secouant la tête.

— Il faut prendre patience; dans une huitaine, quand l'instruction sera terminée, on vous changera d'appartement..... Vous verrez comme vous serez bien ; c'est un palais à côté d'ici. Il faut avoir mangé longtemps du pain noir pour savoir jouir du pain blanc ; vous aurez quasi un vrai matelas, avec de la vraie laine, pourvu toutefois que vous ayez quelque monnaie en poche.

— Je n'ai pas d'argent, dit le fermier, et, si j'en avais, je le ferais passer tout de suite à ma femme.

— Bah! dit le geôlier, vous êtes encore bien bon de penser à ceux qui sont au soleil.... ou à la pluie. Je n'ai guère connu de prisonniers pareils à vous ; ceux qui ont un peu de monnaie la boivent, rien que pour se remonter le moral ; aussi ils sont pleins de joie après. Ils vous chantent des chansons comme des chardonnerets ; ils oublient la cage, ils oublient les juges : j'en ai connu qui oubliaient monsieur coupe-tête.

Grelu aurait voulu que le geôlier bavard le laissât à ses réflexions au lieu de se livrer à ses propos grossiers.

— Il n'y en a qu'un, continua le geôlier, qui est

continuellement triste dans notre paroisse... C'est un imprimeur, un libraire, un marchand de papiers, je ne sais quoi, enfin, qu'est enfermé ici pour dettes. Ça n'a pas un sou vaillant, et ça fait le fier; monsieur ne parle pas aux prisonniers; il me répond à peine, ce brigand-là, comme s'il n'était pas aussi coupable que les autres.... Est-ce qu'il n'a pas fait tort d'argent à beaucoup de gens? que ce soit en volant ou en dansant, c'est toujours la même chose. Il écrit toute la journée sur ses petits carrés de papier..... à quoi que ça lui sert? je me le demande. Si encore il avait pris un logement à la pistole, mais rien; il serait désolé, l'homme à la dette, de me faire gagner un liard.... Vous ne vous douteriez pas comment il passe son temps: à apprendre à lire aux jeunes détenus. Il faut en avoir du temps de reste, de s'occuper de ces beaux pages, qui finiront au bagne. Ça leur servira, hein, aux galères, de connaître leurs lettres.... Encore, si on marquait de notre temps, ils auraient la satisfaction d'épeler sur leurs épaules. M. le préfet est bien bon de croire à ce ladre d'imprimeur, qui fait mourir de chagrin les gens qu'il a ruinés... M. le préfet est venu l'autre jour visiter la maison; il a interrogé tous les prisonniers; l'imprimeur l'avait tellement enjôlé, qu'il avait l'air de le plaindre.... Je crois, Dieu merci, que M. le préfet lui a fait des compliments sur ses leçons de lecture. En sortant, il m'a recommandé d'avoir des égards pour lui. Je t'en donnerai, va, des égards, que je me suis dit....Il aime à fumer, l'imprimeur, ça le distrait; mais il y a un arrêté qui défend de fumer dans la prison.... on peut mettre le feu; et puis ça amuse trop : si on était ici comme chez soi, amenons les violons alors. Tout le monde voudrait demeurer en prison; parbleu, il y a assez de *faignants* sur la terre qui seraient heureux d'être nourris, chauffés, logés, blanchis..... Mais j'ai mis ordre à tout; j'ai empêché le tabac d'arriver jusqu'à l'imprimeur. Ah! j'ai été vengé. Notre homme est devenu deux fois plus triste qu'auparavant.

— Ce que vous avez fait là est mal, dit Grelu, et vous ne devriez profiter de votre position que pour tâcher d'adoucir le sort des malheureux prisonniers.

— Ma parole, vous me faites rire, dit le guichetier; vous parlez là comme un curé. On ne dirait guère, ma foi, que vous êtes au secret; si je ne voyais pas clair, je croirais que je suis à confesse, et que la robe noire tâche de me rappeler mon *Pater*.

Le fermier fit un brusque mouvement; il avait oublié ses fers, il aurait voulu se lever pour jeter le misérable à la porte.

— Laissez-moi, dit-il. Si vous venez ici pour faire entendre vos injures contre les prêtres et contre les malheureux, je ne suis pas disposé à vous entendre.

— Ah! c'est comme ça que vous êtes aimable ? dit le guichetier; eh bien! on vous en donnera de la conversation.... A partir d'aujourd'hui, je n'ouvre plus le bec. Nous verrons combien durera votre envie de causer avec les murs.

Là-dessus le geôlier s'en alla.

VI

LA FAMILLE CANCOIN.

La boutique du tonnelier se trouve dans la rue Cadet, une des plus étroites rue de Dijon. On voit tout de suite que les gens riches de la ville n'habitent pas là. Mais, si les maisons n'ont pas un aspect riche, deux grands ormes verts qui sont plantés près des barrières, car les voitures n'y passent pas, donnent un aspect tout joyeux à ces habitations de pauvres gens.

Un grand puits est devant la maison du tonnelier; la corde est suspendue à une admirable grille de fer du dernier siècle. Autour du puit, une grande quantité de sable blond permet aux enfants du voisinage de *faire la cutimblô* (la culbute).

Alors la rue, triste et calme, est égayée par les cris joyeux de tous les marmots; de temps en temps une tête de femme paraît aux fenêtres : c'est une mère qui veille sur son enfant, et qui ne peut s'empêcher de l'admirer dans ses ébats.

La Cancoin sortit tout à coup de sa boutique enfumée, où le jour se perdait dans le ventre de vieux tonneaux rougis et dans les profondeurs plus neuves de grandes cuves.

— Allons, les enfants, dit-elle, à la *papôte!*

La tonnelière tenait dans sa main une vaste gamelle remplie de bouillie blanche dont l'odeur fit lever en l'air tous les petits nez roses.

La mère Cancoin était de cette race de grandes et solides femmes qui vous donne envie de goûter de leur cuisine. Ces grosses personnes à plusieurs mentons n'ont jamais laissé le chagrin se loger dans les plis et dans les fossettes de leur chair. A la bonne heure, la joie! Voilà le meilleur des fards !

Les enfants s'étaient groupés autour de la Cancoin et recevaient, chacun à son tour, une énorme cuillerée de papôte, dont quelques gouttes s'égaraient sur leurs joues, dans leur cou; mais ils n'y regardaient pas de si près.

Cancoin apparut au bout de la rue, en costume de travail, ses marteaux passés dans sa ceinture; il avait la mine chagrine.

— Qu'est-ce que tu as, mon homme ? dit la tonnelière. Est-ce que l'affaire du fermier s'embrouillerait ?

— Ce n'est pas ça; le pauvre homme est assez à plaindre.... Mais il s'agit d'Alizon.

— Quoi, Alizon? dit la Cancoin; qu'y a-t-il ?

— Il y a que notre fille est grande, jolie, et qu'il faut la surveiller.

— Est-ce qu'elle aurait donné à parler?

— Je ne sais pas, je ne veux pas savoir; seulement

le voisin Chatoire m'y a fait penser aujourd'hui : il paraîtrait qu'à sa couture elles ont toutes un amoureux ; quand je dis amoureux, je suis bien honnête. Si Alizon remarquait un brave ouvrier, un garçon honnête, je la laisserais faire, parce qu'enfin on est jeune ou on ne l'est pas. Nous deux, femme, nous nous sommes connus de la sorte, et nous nous en sommes bien trouvés ; mais on me dit que des jeunes gens riches, des avocats, des clercs d'avoué, des commis de boutique, attendent tous les soirs à la porte de la couture, et ça ne me va pas.

— Je le crois bien, dit la Cancoin.

— Je ne veux pas qu'Alizon devienne une fille débauchée, une gaudrille..... Je lui tordrai le cou plutôt.

— Allons, mon homme, voilà que tu exagères aussi. Alizon est une brave fille incapable de mal agir ; parce qu'on t'a dit un mot en l'air, ce n'est pas une raison.

— C'est égal, dit Cancoin, il vaut mieux prendre des précautions : la jeunesse se laisse si vite tourner la tête ; il ne faut qu'un moment. Quel mauvais exemple pourtant, si Alizon se laissait entraîner à mal ! ses pauvres petites sœurs le sauraient plus tard. Quand une brebis a sauté le fossé, toutes y passent.

— Tiens, au fait, la voilà, dit la tonnelière ; demande-le-lui plutôt à elle simplement.

— Elle est avec quelqu'un, reprit Cancoin.

Alizon venait de paraître à un bout de la rue

Cadet, donnant le bras à une grande femme pâle et souffrante, qui s'appuyait aussi sur le bras de Guenillon.

— C'est la fermière ! s'écria Cancoin. Comme elle a l'air exterminé ! Vite, femme, prépare un lit pour elle.

— Bonjour, Coincoin, dit Guenillon, je vous amène la femme à Grelu.

— Et vous avez bien fait.

— A-t-elle besoin de manger quelque chose, de boire un peu ? dit la tonnelière ; car elle a la mine à l'envers.

— Non, dit Guenillon, nous sommes venus en voiture de la Mal-Fichue ; elle est abattue, mais seulement de chagrin.

— Eh bien ! je vais préparer un lit pour elle, dit la tonnelière.... Vous mangerez bien la soupe avec nous, monsieur Guenillon.

— Oh ! v'là bien de la gêne que je vous donne.

— Mais non.... sans façon.... Cependant, je vous préviens qu'il n'y a pas grand'chose à dîner.

— Parbleu ! dit Guenillon, ne dirait-on pas que je suis un prince, et qu'il me faut des assiettes d'argent ? Un peu de pain, du fromage, me voilà heureux, avec des amis pour trinquer.

La tonnelière emmena la Grelu, qui continuait à garder un silence profond, plus chagrinant que ses larmes. Alizon aida sa mère. Pendant ce temps, le colporteur interrogeait Cancoin sur ce qu'il avait vu la nuit de l'incendie, et sur ce qu'il savait de l'arrestation du fermier.

Cancoin s'étendit longuement sur l'incendie, et raconta à Guenillon les charges nombreuses qui accablaient Grelu. A son tour, le colporteur dit comment il avait trouvé la fermière dans les bois et son grand désespoir.

— Mais l'enfant ? demanda Cancoin.

— Je n'ai rien pu tirer de la bouche des paysans rapport à l'enfant. Il aura été brûlé.

— Que non, dit le tonnelier. Je l'avais déposé sur l'herbe à côté de sa mère ; après le feu, on ne les a plus trouvés ni l'un ni l'autre.

— Ah ! dit Guenillon, je ne savais pas ; je retournerai alors dans quelques jours à la Mal-Fichue, et j'essayerai de le retrouver.

La tonnelière vint avertir que le dîner était prêt ; et tous se préparèrent à manger. Guenillon, après la soupe, par ses propos joyeux, fit oublier à Cancoin ce qu'il s'était promis de dire à Alizon.

— Ah ! dit Cancoin, que vous êtes heureux d'être toujours aussi *remargôtore* (enjoué) !

— Il faut savoir prendre la vie ribon-ribaine ; ma foi, j'aurais les yeux trop rouges si je m'inquiétais de demain. Vive la joie ! dansons la tricotée, jetons nos sabots par-dessus les moulins. Tout ça n'empêche pas de compatir aux peines des autres, bien du contraire ; seulement je dis que les hommes sont des lâches, et que s'ils me ressemblaient, ils chanteraient tous : « Vive la joie ! »

— Votre femme doit être bien heureuse, dit la Cancoin.

— Eh non ! c'est ce qui vous trompe. Ah ! je n'ai fait qu'une bêtise dans ma vie, ç'a été de prendre femme, surtout celle-là. Avec un autre homme, elle le forcerait à enterrer sa joie dans ses souliers. D'abord ma femme est maigre ; je crois, Dieu merci, qu'elle est jalouse de ma graisse : comme s'il n'y en avait pas pour tout le monde ! Eh bien ! non, elle se figure que le bon Dieu a décidé, dans sa caboche, qu'il devait y avoir seulement tant de livres de graisse pour l'homme et pour la femme, et que moi j'ai tout pris sans lui en laisser. Enfin, ma femme a une voix pointue comme ses os. Quand je suis au cabaret, dans l'hiver, à boire une bonne pinte avec les amis, et que j'entends : « Guenillon, fainéant, paresseux, » il me semble qu'on m'a jeté du vinaigre dans mon vin. Elle n'est jamais contente de rien. Quand j'ai fait ma campagne et que je rapporte quelques sous, vous croyez qu'elle va me sauter au cou.... Jamais ! Elle se lamente ! elle fait des comptes de Robert-mon-oncle pour deviner combien j'ai pu boire de pintes. Et puis elle me dit : « Travaille, fais des chansons, puisque tu ne sais pas d'autre état, lâche. » Ah ! la maupiteuse !

— On ne se douterait jamais de ça, à vous voir, dit le tonnelier.

— N'est-ce pas ? reprit Guenillon. Ma femme croit qu'on fait comme ça des chansons au coin de son feu, toutefois quand il y a du feu. Eh non ! il faut le vin, il faut le cabaret, il faut les amis : alors ça coule, les vers ça vient tout seul ; mais aussi, quand madame

Guenillon me fait trop aller *de guingoi* (de travers) je lui administre sur les épaules une petite chanson avec des archets qui ne servent pas au violon. Eh! vive la la joie! Alors ma femme devient aimable pour une huitaine.

Et, sans se le faire demander, Guenillon entonna le chant :

> Les pauvres lavandières,
> Au son de leur battoir,
> En chantant à la rivière,
> La tête au vent, les pieds mouillés ;
> Nous, devant le feu,
> Pour le mieux,
> Chantons-en jusqu'à minuit.

Les enfants de Cancoin s'étaient formés en groupe autour de Guenillon, et écoutaient avec grand plaisir ces poésies naïves, qui prenaient un caractère tout nouveau dans la bouche du chanteur.

— Ah! dit-il, les enfants, ça vous amuse. Je m'en vais vous donner quelque chose qui vous ira encore mieux.

En même temps il alla chercher son sac déposé dans un coin, le déboucla, et en rapporta des images d'Épinal, qui représentaient la Passion. Encore quelques années, et il ne restera plus rien de ces curieuses images en bois dont les *tailleurs* ignorés sont enterrés depuis longtemps. Les vieux bois de l'imprimerie de Pellerin, après avoir tiré des milliards d'exemplaires, ont fini par perdre tous leurs traits.

L'image à deux sous n'est pas morte tout à fait, mais elle a perdu ses charmes ; elle s'est faite moderne. Les *Juif errant*, les *Enfant prodigue*, les *Damon et Henriette* qui ont été regravées n'ont rien de naïf, rien de particulier. Leur devancières faisaient songer à Albert Durer, aux vieux maîtres allemands ; les modernes images à deux sous rappellent en laid l'horrible commerce lithographique des marchands de la rue Saint-Jacques.

Guenillon rapporta une immense image qui représentait la Passion. Aussitôt les petits enfants se rapprochèrent de lui : les uns montaient sur les bougeons de la chaise pour mieux voir ; les autres montraient du doigt le groupe qui leur plaisait le plus. Tous ouvraient de grands yeux.

Après avoir étalé ses imageries coloriées, où le profane coudoyait le sacré, telles que *le Miroir du pécheur* et *le Jardinier galant*, *le Royaume des cieux* et *l'Arbre d'amour*, *les Sept Péchés capitaux* et *Isabeau et Colas*, Guenillon s'arrêta et dit :

— J'en ai gardé une pour la bonne bouche. C'est la plus belle ; vous n'en avez jamais vu de pareille.

— Oh! montrez voir, s'écrièrent les enfants, séduits par le plaidoyer du colporteur.

— Eh bien! il faut que vous deviniez le sujet rien qu'à l'image....

— C'est Jacquemart! cria avec enthousiasme toute l'assemblée.

— Madame Jacquemart aussi!

— Ils ressemblent bien les Jacquemart.

— Vois-tu la grosse pipe de M. Jacquemart ?
— Et puis les marteaux.
— Mais on ne voit pas le petit Jacquemart, demanda avec anxiété un des enfants.

En effet, cette image était de nature à provoquer la joie de la famille Cancoin; car la peinture brutale de l'image, sortie des imprimeries de Strasbourg, rendait avec une grande vérité les statues coloriées de l'horloge de Notre-Dame de Dijon.

Quoique originaire de la Flandre, Jacquemart est en grande religion chez les Dijonnais. On sait que le duc de Bourgogne enleva cette horloge aux habitants de Courtrai, pour les punir d'avoir refusé de rendre à Charles VI les éperons dorés des chevaliers français tués sous ses murs, en 1312.

Depuis cette époque, Jacquemart et sa femme ont été naturalisés Dijonnais; ils ont conservé le costume flamand, mais leur cœur est tout français. Ils frappent les heures à Dijon avec le même zèle qu'à Courtrai. Aussi Changenet, un vigneron poëte du XVIᵉ siècle, a-t-il chanté les vertus et bonnes mœurs du ménage Jacquemart en vers francs qui encadrent d'ordinaire les gravures de Strasbourg.

Guenillon chanta cette poésie sincère, qui laisse bien loin toutes les combinaisons mathématiquement rhythmiques des poésies dites lyriques :

Jacquemart de rien ne s'étonne :
Le froid de l'hiver, de l'automne,
Le chaud de l'été, du printemps,

Ne l'ont su rendre mécontent.
Qu'il pleuve, qu'il neige, qu'il grêle,
Il a sa tête dans son bonnet
Et les deux pieds dans ses souliers.
Il ne veut pas sortir de là.

Guenillon dit tous les naïfs couplets du vigneron Changenet, au grand contentement des Cancoin. Mais il fut interrompu par un des garçons qui avait déjà demandé des nouvelles du petit Jacquemart, et qui répéta sa question.

Il est bon de dire aujourd'hui qu'on voit, à l'église de Dijon, un petit enfant tout nu qui est chargé de frapper les quarts d'heure, les demies et les trois quarts sur de petites cloches appelées en patois *dindelles*. Le graveur en bois qui a taillé les images de Strasbourg a eu un vif sentiment de l'art : il a supprimé le fils de Jacquemart. Et il a eu raison ; car ce petit dénudé a été rajouté au *Jaccomachiardus* vers le commencement du seizième siècle.

Guenillon n'en savait pas si long en archéologie :

— Ma foi, dit-il, on a retiré le petit Jacquemart parce qu'il avait trop froid.

— Mais, dit un des fils à Cancoin, poussant son raisonnement jusqu'au bout, qui est-ce qui sonnera sur la *dindelle?*

— Madame Jacquemart, répondit sans hésiter Guenillon, qui, sans s'en douter, détruisait, par cette réponse, tout le savant mécanisme de l'horloge.

— Malheureusement, dit Cancoin, ce n'est pas consigné dans votre chanson, que madame Jacquemart a perdu le mois dernier sa boucle d'oreille. C'est un fier anneau, allez; en tombant, il a fait un trou dans le toit du savetier Givat.

— Bon ! dit Guenillon. Et qu'est-ce qu'a dit de ça M. Jacquemart ?

— Ma foi ! dit Cancoin, je n'en ai pas eu connaissance; vous savez que Jacquemart n'est point causeur, et qu'il se ferait tuer plutôt que d'ôter sa pipe une minute de ses dents. Après ça, on a retrouvé la boucle d'oreille dans une vieille botte de la boutique à Givat; et ç'a été quasi une fête quand on l'a enfilée dans l'oreille de madame Jacquemart.

À peine Cancoin avait-il commencé l'histoire du ménage Jacquemart, que le bonhomme Blaizot entra. Il avait quitté ses habits printaniers, et apportait l'hiver dans les plis de sa vaste redingote.

— Oh ! oh ! dit-il, nous sommes en nombreuse société.

— Eh ! oui, monsieur Blaizot, à votre service, répondit le tonnelier. Femme, apporte une chaise.

— Je ne veux pas vous déranger, dit le bonhomme, je n'ai qu'un mot à vous dire, monsieur Cancoin.

Le tonnelier savait d'avance le mot du bonhomme; mais il l'engagea à s'asseoir, reculant ainsi le plus qu'il pouvait une explication avec son terrible créancier. Il espérait aussi que la présence de son propriétaire lui fournirait peut-être quelques bonnes raisons pour s'excuser du retard du payement.

— Comment vont les affaires? dit Blaizot.

— Dame, monsieur Blaizot, vous savez, pas trop bien ; je voudrais pouvoir dire tout à la douce.

— C'est vrai, dit le reneuvier, que l'argent devient bien rare à Dijon... On n'entend plus parler que de faillites. Ce n'était pas comme ça dans le temps. Aussi les marchands font tout leur possible, ma parole, pour arriver là. Ils mettent tout leur argent en pas de porte... Je vous demande si leur marchandise en est meilleure.

— Vous n'avez pas tort, dit le tonnelier.

— Tâchez de voir, reprit Blaizot, que je commande une redingote d'hiver à tous les tailleurs qui arrivent de Paris, et qui voudraient nous faire croire qu'ils ont été coupeurs chez le tailleur du roi... Graine à niais, tout ça !... Moi, j'avais le petit Carré, qui me faisait une redingote qui durait des six ans; on n'en voyait pas la fin... Du drap solide et beau; il y avait la qualité et la quantité..... Eh bien! aujourd'hui, mon petit Carré est mort, jamais je ne trouverai à le remplacer. Malgré son honnêteté, il a laissé quelque chose à sa veuve. Voilà ce que j'appelle le bon commerce; mais aussi le petit Carré n'avait pas une boutique avec six ouvriers fainéants; il n'encadrait pas les carreaux de sa boutique dans des tringles de cuivre doré. Aurait-il ri, ce pauvre petit Carré, ri de pitié, en voyant le nouveau tailleur qui vient de se loger sur la grande place, et qui vous a mis à sa porte un portrait à l'huile de grandeur naturelle, habillé comme un prince, plein de chaînes d'or !... N'est-ce pas une dérision ? Le plus souvent que j'entrerai là-dedans! Je me dirais avant : Blaizot, songe que ce portrait-là a coûté bigrement d'argent, et qu'on va te voler au moins deux aunes de ton drap pour payer un pied de peinture.

— Je l'ai vu tantôt pour la première fois, le portrait, dit Alizon; il y avait beaucoup de monde amassé pour le regarder.

— Plus de curieux que d'acheteurs, dit Cancoin.

— Savez-vous, dit Blaizot, que vous avez là une belle fille, comme il n'y en a guère à Dijon? J'ai été tout étonné, moi, quand elle est venue dernièrement chez moi... Elle a l'air sage, au moins.

Cette dernière phrase réveilla chez le tonnelier le souvenir de la conversation de l'après-midi ; il fronça le sourcil.

— Vaudrait mieux, dit-il, qu'elle ne fût pas si sage !

Alizon rougit et du compliment de Blaizot et du ton de voix de son père.

— Non-seulement, dit Guenillon qui n'avait pas soufflé mot depuis l'entrée du reneuvier, elle en a l'air et la chanson. Ça se voit bien dans les yeux, allez. Moi qui cours tous les villages, les foires, je me connais en filles, et je peux leur dire hardiment, sans être sorcier : Toi, t'as un amoureux ; toi, t'en as deux ; toi, t'en as six.

— Oh! oh! six, dit Blaizot en ricanant.

— Allons, Alizon, monte à ta chambre, dit le tonnelier, il est temps. Et toi, femme, va coucher les mioches qui s'endorment.

En effet, depuis l'arrivée de Blaizot, les enfants avaient paru intimidés et s'étaient réfugiés les uns dans le giron de la tonnelière, les autres sur leurs petites chaises, où ils n'avaient pas tardé à sommeiller. Madame Cancoin obéit à son mari et sortit.

— Je n'aime pas, voyez-vous, Guenillon, dit le tonnelier, qu'on parle trop librement d'amour et d'amoureux devant les jeunes filles en âge de comprendre. Ça leur donne des idées.

— Bah ! dit Guenillon : au contraire, vaut mieux en parler ouvertement que d'avoir l'air d'en faire un mystère. Si vous êtes trop sévère, votre fille n'osera jamais vous rien dire. Et il faudra bien qu'un jour Alizon s'amourache de quelqu'un; vous ne pouvez pas l'empêcher, c'est dans l'air, c'est dans la nature. Je ne dis pas qu'elle tournera mal, que le bon Dieu l'en préserve ! mais, là, un amoureux qui sera bon pour le mariage, voilà ce que je demande. Eh bien ! tant mieux si vous le savez, vous y veillerez, vous connaîtrez le jeune homme, vous l'inviterez à venir chez vous; nos deux amoureux sortiront le dimanche, avec leurs beaux habits; ils iront sauter à la danse, et puis ils rentreront bien fatigués; en chemin, à votre porte, vous n'empêcherez pas qu'ils se donnent un petit baiser. Et voilà votre fille heureuse toute la semaine, travaillant à coudre et repassant dans sa tête les moindres mots que son amoureux lui aura dits. Vous n'y voyez point de mal, pas vrai ?

— Non, dit Cancoin.

— Tandis que si vous bronchez et si vous dressez

les oreilles, comme un cheval emporté, au moindre mot d'amour, Alizon n'en parlera jamais. Elle aura raison ; elle le dirait peut-être à sa mère, mais elle aurait peur que la maman Cancoin, une fois la tête sur l'oreiller, ne régalât le père Cancoin de l'aventure. Alors, elle prendra un amoureux tout de même, mais tout se passera en tapinois, pour que vous ne le sachiez pas. Vous ne connaîtrez pas le jeune homme, vous ne saurez pas d'où il vient ni où il va, si c'est un bon ou un mauvais sujet. Au lieu de le voir le dimanche, elle le verra dans la semaine. Le fruit défendu est si bon, que les deux amoureux se rencontreront six fois dans la huitaine. Par exemple, ils n'iront pas à la danse ; ils s'en garderaient bien. Tout le monde se voit, se connaît ; il y a toujours des âmes charitables qui vous en avertiraient. S'ils ne vont pas à la danse, où iront-ils? Un beau jour, Alizon reviendra, pâle, pleurant, les yeux rouges même, et elle vous avouera...

— Allez au diable, Guenillon, dit le tonnelier, avec vos suppositions de malheur.

Blaizot écoutait attentivement le pour et le contre de ce nouvel avocat.

— Il n'a peut-être pas tort, dit-il au tonnelier.

— Au fait, mon brave Guenillon, je vous demande pardon de m'être laissé emporter : vous êtes un homme prudent ; vous avez assez roulé les chemins pour amasser de l'expérience. Je suivrai vos conseils ; dès demain il faut qu'Alizon se confesse de son amoureux, bon gré mal gré.

— Voilà encore la dureté qui vous reprend, dit Guenillon; vous n'y êtes pas. Soyez bon comme à l'ordinaire; parlez doucement à Alizon; elle est brave fille, je gage qu'elle vous dira tout.

Blaizot se leva tout d'un coup et dit au tonnelier :

— Je m'en vais aussi : il se fait tard... Venez-vous, monsieur Cancoin, que je vous dise un petit mot ?

— Il n'y a pas de danger, monsieur Blaizot; vous pouvez tout dire devant Guenillon : c'est un ami.

Le tonnelier se rattachait à ce dernier brin d'espoir; il pensait que la présence d'un témoin gênerait un peu son propriétaire et rendrait l'explication plus amiable.

— Comment se fait-il, dit Blaizot, que vous, monsieur Cancoin, qui vivez modestement, qui faites tranquillement vos petites affaires, comment se fait-il que vous vous fassiez autant tirer l'oreille pour régler notre petit compte?

— Hé, monsieur Blaizot, petit compte, petit pour vous, mais gros pour moi... Je suis désolé, croyez-le bien, de ne pouvoir acquitter cette malheureuse dette; mais je n'ai pas eu grand ouvrage cette année : la vigne n'a pas donné, on ne m'a nécessairement pas commandé de tonneaux.

— Vous concevez, dit Blaizot, que je ne peux pas entrer là-dedans; si tous mes locataires m'en disaient autant, alors vaudrait mieux ne pas avoir de maisons.

— Je le sais bien, monsieur Blaizot. Aussi ça me tracasse ferme de ne pas être en mesure. Ma femme est accouchée il n'y a pas longtemps encore d'un petit nouveau : tout ça mange, les grands comme les petits. Tous les jours l'appétit s'agrandit avec la bouche, et la nourriture ne tombe pas du ciel.

— Il faudrait pourtant trouver un moyen, dit Blaizot. Je ne suis pas riche, moi ; j'en entends qui disent que je remue des louis à la pelle. Je voudrais les voir à ma place, ceux-là ; il est facile de vous faire millionnaire de réputation. Dans ce moment-ci, je retranche sur ma nourriture pour aller ; les rentrées ne veulent pas rentrer... L'argent est timide, il se cache, on ne le voit plus. Je sais le chagrin qu'on a de donner la volée à des pièces de cent sous en cage ; ce sont des oiseaux sauvages qui ne reviennent jamais, et c'est le diable pour en avoir d'autres. Mais il faut se faire une raison. Celui qui doit, qu'il se coupe plutôt un membre que de ne pas payer.

— Cependant, dit Guenillon, supposons que je sois joueur de violon et que je vous doive : vous serez donc bien avancé si je me coupe la main gauche et que je vous la porte?

— Il n'est pas question de violon ni de main gauche, monsieur le plaisant, dit Blaizot, qui fut blessé de l'intervention de Guenillon ; je veux dire qu'on doit se remuer, se mettre en quatre, faire l'impossible pour payer ce qu'on doit, si on est un homme d'honneur.

— Je suis un homme d'honneur ! s'écria Cancoin.

— Sans doute, dit Blaizot ; mais, quand mes deux termes seront payés, vous le serez bien plus. Maintenant, nous perdons notre temps à discuter sur les mots; quand est-ce croyez-vous me payer?

Cancoin hésitait et ne répondait pas.

— Eh bien, je désirerais une réponse, monsieur Cancoin.

— Mon Dieu, dit le tonnelier, vous savez, monsieur Blaizot, que je vous avais fait prévenir par Alizon que je payerais tel jour...

— Oui, et vous ne m'avez pas payé...

— Voilà pourquoi, dit Cancoin, je n'ose plus vous donner une date certaine; il arrive tous les jours des événements qui changent la position d'un homme et qui contre-carrent tous ses projets.

— Voilà bien des phrases, dit le reneuvier, mais pas d'argent au bout.

— Que voulez-vous, monsieur Blaizot, je vous payerai le plus tôt possible.

— Ah! le plus tôt possible, dit en sautant le bonhomme, le plus tôt possible! Ce n'est pas dans le calendrier. Je ne connais pas saint Le-plus-tôt-possible; c'est le frère de saint Jean-va-te-promener... Mais je n'entends pas de cette oreille-là. Dites-moi plutôt: Je vous payerai la semaine des quatre jeudis; faites-moi un billet pour le trente-six du mois... Ah! le plus tôt possible! Ça n'a pas de cours dans le commerce, une monnaie pareille! Adieu mon argent, alors... Vous vous imaginez donc, monsieur Cancoin, que je suis de ceux qui croient qu'on attrape des hirondelles en leur mettant un grain de sel sur la queue!... Le plus tôt possible! Je ne suis point un *grapignan* (procureur), mais, ma foi, il vous faudra trouver des espèces plus sonnantes.

— Cependant, monsieur Blaizot...

— Cependant ne me suffit pas, mon brave homme.

— Vous savez...

— Je ne sais pas, dit le bonhomme Blaizot, je ne sais rien, je ne veux rien savoir; je sais que mon terme n'est pas payé.

— Diable! dit Cancoin en frappant énergiquement de son poing sur la table, si vous ne voulez pas m'écouter, faites ce que vous voudrez.

— Parlez, alors, mais parlez bien, dit Blaizot un peu radouci par l'emportement de son débiteur.

— Je vous avais fait dire par Alizon que j'allais à la Mal-Fichue livrer une commande de tonneaux, et que je reviendrais avec de l'argent. Est-ce de ma faute si ce pauvre Grelu est ruiné, si dans la nuit où j'arrive la ferme brûle?..

— En voilà une autre bonne paye! s'écria Blaizot... celui-là, il me fait tort de plus de deux mille francs... Ah! le scélérat! il brûle sa ferme lui-même... On n'a pas idée d'une invention pareille. Il pouvait bien s'en aller; il aurait demandé l'aumône; il se serait fait pauvre : ils ne sont pas déjà si malheureux, les pauvres!... Mais au moins il aurait laissé sa ferme debout. Point! Le satané a tout mangé; il ne lui restait plus la valeur d'une épingle... il se dit : Je veux que mes créanciers perdent tout; et il met le feu, le misérable, à sa ferme! Ça ne valait pas grand'chose, c'est vrai; mais, quand je n'aurais eu que dix du cent, il y en a assez pour se consoler... Ah! le tribunal va arranger son affaire. Il n'en sera pas quitte à bon marché, ce maudit Grelu!

— Eh bien, moi, dit Guenillon à Blaizot, je vous ai laissé parler tout à votre aise; je ne vous connais pas; mais je dis que vous êtes dans votre tort de parler ainsi. Grelu était un honnête homme.

— Un coquin, dit Blaizot.

— Oui, un brave et digne homme!

— Un misérable! s'écria Blaizot, qui frappait du pied et que ces contradictions irritaient.

— Et je ne souffrirai pas, dit Guenillon en se levant et en s'approchant du rencuvier, qu'on l'insulte devant moi avant que les juges n'aient donné leur opinion.

Blaizot ricanait et haussait les épaules, quoi qu'à un moment la peur le prit en voyant Guenillon se lever et dérouler sa haute taille.

— Est-ce que tout le pays ne l'accuse pas? dit Blaizot. Est-ce moi qui ai inventé ça? D'ailleurs la justice ne se trompe pas; quand un homme est au secret, c'est qu'il y a des motifs. Les innocents ont une langue; ils n'ont qu'à parler.

— Je mettrais presque ma main au feu que c'est Grelu qui a brûlé sa ferme, dit Cancoin, et ça me fait d'autant plus de peine que je l'estime.

— Parbleu, c'est sûr, reprit Blaizot, Grelu est condamné d'avance; il ira aux galères, et avant il ira au tabouret...

On appelle en province *s'asseoir sur le tabouret,* être exposé, assis, lié au poteau.

— C'est mal, dit Guenillon, des propos pareils !

— Oui, continua Blaizot, fort de l'opinion qu'avait émise le tonnelier, le Grelu dînera à la table sans nappe.

Cette autre expression populaire, *la table sans nappe,* est d'une vérité trop cruelle pour ne pas faire deviner à l'instant le parquet de l'échafaud qui sert aux expositions.

— Malheureux ! c'est vous qui avez perdu mon mari, s'écria tout à coup une voix qui partait du fond de la chambre.

Les trois hommes tressaillirent en entendant cette voix. A ce moment, la lampe suspendue à la cheminée par son manche recourbé de fer ne donnait plus qu'une imparfaite lueur ; la mèche noircie faisait tous ses efforts pour avaler quelques larmes d'huile. La flamme vacillait et éclairait tour à tour les trois têtes de Guenillon, du tonnelier et de Blaizot, qui causaient ensemble.

Le fond de la chambre ne recevait aucune lumière ; par hasard le reneuvier Blaizot se trouva éclairé par la lampe mourante ; la voix l'avait terrifié et rendu plus jaune que le parchemin. Sa figure s'était plissée de mille nouveaux plis, et dans chacun d'eux logeait un rayon de terreur.

— C'est la fermière ! s'écria Guenillon.

— Elle se sera réveillée et aura entendu le nom de Grelu, dit Cancoin. Il faut la recoucher.

Comme il allait se lever, une main se posa sur son épaule et le força de s'asseoir. C'était la main de la fermière. Une main maigre, hâve et décharnée, qui sortait des manches larges d'une chemise de toile grise.

La fermière, depuis l'incendie de la ferme, avait changé de telle sorte qu'elle était devenue méconnaissable. Les larmes avaient fait des caves de ses orbites; un ruban noir accusait en demi-cercle la paupière inférieure. Le nez, quoique toujours d'une belle forme, avait pris, en s'allongeant, un accent cruel. Le rouge joyeux s'était envolé des lèvres de la Grelu, et avait envoyé, pour le remplacer, un sang pâle et funèbre.

La fermière arrivait, les yeux inquiets et remuants; ils semblaient vouloir s'élancer sur le reneuvier Blaizot.

— Rends-moi mon mari, lui dit-elle.

Cancoin, craignant qu'elle ne se jetât sur Blaizot, lui avait pris les mains; mais elle était pleine de force, et se serait échappée des étreintes du tonnelier sans l'assistance de Guenillon.

— Voyons, madame Grelu, dit-il, voyons...

— Tu l'as fait aller aux galères, mauvais homme, mon pauvre Grelu... Il ne me restait plus que lui sur la terre... L'enfant est mort... Ah! dit-elle en se débarrassant des deux hommes qui la tenaient.

— Prenez garde... prenez garde, dit Blaizot tout tremblant en se recoquillant sur sa chaise, prenez garde!

— Ma femme, ma femme! appelait Cancoin.

— Cœur indigne, s'écriait la Grelu en lançant des regards de flamme à Blaizot, lâche, tu as ruiné le village... c'est toi qui as mis le feu à la ferme, c'est toi, carcasse sans pitié... Je voudrais te voir manger par les loups dans les champs quand il tombe de la neige... Et, vrai, je rirais le lendemain en voyant ton sang de chrétien qui remplirait les ornières.

— Tenez-la bien, dit Blaizot dont la voix haletait.

— Quel tapage vous faites ! dit en entrant la tonnelière, qui n'aperçut pas d'abord la Grelu.

Cancoin, en entendant sa femme, voulut lui faire signe de préparer de l'eau pour calmer les nerfs irrités de la fermière ; il la lâcha. Celle-ci profita de ce moment de répit et s'élança d'un bond sur le bonhomme Blaizot. La lampe tomba et s'éteignit.

On n'entendit plus que des cris et des hurlements de rage.

— Ah ! elle m'étrangle, au secours ! criait le malheureux renouvier, qui sentait entrer dans les chairs de son cou sec les dix ongles de la Grelu.

Dans un mouvement de rage, la fermière fit tomber de sa chaise Blaizot, et tous deux roulèrent sur les pavés de la chambre. Guenillon s'était précipité sur la fermière et essayait de lui faire lâcher prise. Cancoin courait par la chambre et maudissait sa femme de ne pas apporter de lumière. Les enfants, réveillés par ce tapage, pleuraient. Les voisins, qui n'avaient jamais ouï de semblables bruits dans le ménage tranquille du tonnelier, frappaient à la porte.

Enfin madame Cancoin reparut avec une lampe nouvellement arrosée d'huile, et trouva la chambre tout en désordre. Guenillon serrait dans ses bras nerveux la Grelu, en détournant la tête pour ne pas attraper les coups de poing dont elle remplissait l'air.

Blaizot était étendu par terre et s'écriait :

— Je suis mort !.. je suis mort !

Cancoin le releva. Les vêtements du bonhomme étaient indignes d'être offerts au plus pauvre des fripiers. La redingote semblait avoir été déchiquetée par un corbeau à jeun.

— Voyez mon cou, dit-il, je ne peux plus parler; elle m'a étranglé, la criminelle.

— Oh ! ce n'est rien, dit Cancoin; il n'y a que de petites égratignures.

Blaizot se tâta le cou et frémit en sentant sa peau éraillée par les ongles de la fermière.

— Elle est plus calme maintenant, dit Guenillon. Madame Cancoin, veuillez, je vous prie, à ce qu'elle ne manque de rien. Frottez-lui les tempes de vinaigre... Brûlez une plume sous son nez.

La fermière était sans connaissance. On l'assit sur une chaise et on la frictionna de vinaigre.

— Oh ! s'écria tout à coup le petit vieillard qui se palpait tous les membres pour en faire l'inventaire, je sens froid à ma jambe gauche... le sang doit couler !.. Oh ! je me trouve mal.

Il se laissa tomber sur une chaise. Guenillon alla à lui, prit une de ses mains et frappa de sa large main dans celle du reneuvier, qui revint à lui immédiatement.

— Avez-vous visité ma jambe ? demanda-t-il tout tremblant.

— C'est peu de chose, dit Cancoin; seulement, dans

la lutte, votre culotte s'est débouclée, et je cherche après votre bas et votre soulier qui se promènent bras dessus bras dessous je ne sais dans quel coin... Bon! voilà le soulier.

— Je la ferai condamner aussi, dit Blaizot, pour m'avoir étranglé...

— Je vous conseille, dit Guenillon, de n'en rien dire... c'est un peu votre faute que les choses se soient passées de la sorte.

— Ah! de ma faute! on verra... Vous vous entendiez tous... Qu'elle idée ai-je eue de venir ici ce soir! J'aurais mieux fait de ne jamais réclamer mon argent par la douceur.

— Monsieur Blaizot!... dit Cancoin.

— Bon, bon, je ne me laisse pas prendre à vos protestations... Vous entendrez parler de moi...

— Voilà votre bas, dit le tonnelier; mais il est tombé dans l'huile.

— A bientôt!... Je ne veux pas de mon bas, dit le bonhomme Blaizot, qui sortit furieux en fermant rudement la porte.

VII

UN HUISSIER DE PROVINCE.

Le lendemain samedi, qui est jour de grand marché, Blaizot se leva aussi bon matin que de coutume, malgré les émotions de la veille; il allait frapper chez son huissier habituel, M. Tête.

Jamais on ne connut d'aussi gai compagnon que ce M. Tête, qui semblait avoir servi de type à la série de vaudevilles des *Jovial*.

Tête, petit homme frais comme une pomme d'api, regardait les gens avec ses joues; car ses yeux se perdaient entre ses sourcils et deux montagnes roses, veloutées comme des pêches.

De même que ses joues usurpatrices, le ventre avait dévoré les jambes de Tête; il ne marchait plus, il roulait. L'huissier était une petite tonne joyeuse qui parlait et chantait. Aussi exerça-t-il de tout temps son ministère, à Dijon, sans choquer les gens saisis, peu disposés à trouver un huissier aimable.

Depuis longtemps une plaisanterie traditionnelle de la basoche l'avait surnommé *Mauvaise Tête*, innocent jeu de mots que l'huissier acceptait avec joie, et qu'il répétait complaisamment à toutes les filles de la campagne qu'il prenait pour servantes.

— Je suis mauvaise Tête et bon cœur, leur disait-il en les embrassant dès le début.

Le petit huissier avait en effet bon cœur ou plutôt grand cœur. Madame Tête, en quinze ans, accoucha de quatorze enfants.

Les quatorze enfants moururent tous successivement. Jamais Tête ne fut père plus de trois mois; et il n'en était pas plus chagrin. Les petits cercueils que l'on amena quatorze fois dans la maison ne firent pas couler une larme sur les grosses joues du comique huissier.

On remarqua seulement dans la ville qu'à ces jours de funérailles, Tête buvait au café deux ou trois bouteilles de bière de plus qu'à l'ordinaire.

Tête avait la réputation d'être le plus fort joueur de piquet de l'estaminet de la Côte-d'Or. Quelques vieillards de Dijon se rappellent encore ces fameuses parties de *piquet à trois* qui avaient pour acteurs principaux le cafetier, Vincent, chapelier de la rue des Moineaux, et Tête.

Un jour, les trois adversaires arrivèrent ensemble à compter sur la marque *quatre-vingt-onze*, résultat bizarre qui n'offre de suprême importance qu'en raison des habitudes tranquilles de la province.

A cause de ces parties innocentes de piquet, à cause de son naturel plaisant, Tête était mal vu du tribunal. Un fait plus grave indique pourquoi il *n'avait pas l'oreille du président :* c'est que l'huissier changeait si souvent de bonnes qu'on voulut y voir des galanteries anti-matrimoniales.

Cependant madame Tête ne se plaignait jamais; mais M. le président du tribunal fut plus que mécontent de ce qu'une de ses plus jolies servantes avait été engagée au service de l'huissier.

Malgré la fécondité de madame Tête, malgré les parties de piquet, malgré ses habitudes galantes, l'huissier menait les affaires de son étude avec intelligence. Son *jeune homme*, ainsi appelait-il son clerc, travaillait dix heures par jour.

La meilleure clientèle de l'étude de Tête était représentée par le bonhomme Blaizot. Aussi, l'huissier Tête prenait-il sa mine grave quand venait le reneuvier.

— Eh bien! Tête, demanda Blaizot, venez-vous faire un tour avec moi?

Faire un tour, dans le langage de Blaizot, voulait dire faire une affaire, ou plutôt faire une saisie.

— Comment donc! monsieur Blaizot, s'écria Tête; je suis tout à vous!..

— Vous me ferez l'amitié, Tête, de poursuivre Cancoin...

— Bah! dit l'huissier, le tonnelier!

— Immédiatement et sans répit.

L'huissier était étonné, Blaizot ayant coutume de patienter pour ses débiteurs de la ville.

— Mais, dit-il, Cancoin est un brave homme... Il faudrait peut-être attendre.

— Lui! honnête homme... Ah! Tête, vous ne le

connaissez guère; ils m'ont assassiné hier... Si j'avais des témoins, je les poursuivrais, même au criminel. Ils ont lâché sur moi la femme du brûleur de la Mal-Fichue; un moment j'ai cru que je prenais le chemin du purgatoire, car tout chacun a toujours quelques fautes à expier, je ne me fais pas meilleur que je ne suis; mais les scélérats... Je vais chez eux tranquillement leur réclamer le loyer arriéré. Enfin, ce qui est dû est dû... Si personne ne me paye, demain je n'ai plus qu'à mourir de faim. Pendant que je m'expliquais, la Grelu sort de sa cachette, me saute au cou avec ses ongles. Ils s'étaient donné le mot pour éteindre les lumières, et ils ont profité de la nuit pour crier comme s'ils venaient à mon secours... Je voudrais les voir tous sous la roue...

— En effet, dit Tête, l'affaire est grave; je m'en vais faire la signification, le commandement, le récolement et la saisie. Ce ne sera pas long.

— A propos, dit Blaizot, avez-vous terminé l'affaire Picou?

— Terminé? répondit l'huissier; j'ai bien peur que nous ne soyons enfoncés. Picou est parti de la Mal-Fichue, à la suite de l'incendie, sans dire au revoir à personne. On ne sait pas ce qu'il est devenu.

— Eh bien! il fallait saisir.

— Saisir quoi? dit Tête. Je me suis borné à faire un procès-verbal de carence.

— Diable, dit le bonhomme, pourquoi ne m'avertissez-vous pas? Si je vous prends pour faire mes affaires, ce n'est pas pour me ruiner. Je vous demande toujours; quand un paysan vient chez moi, si je peux lui prêter sans danger pour mes écus, et je me rappelle, comme si c'était d'hier, que vous m'avez dit qu'un billet de Picou était bon.

— Écoutez, monsieur Blaizot, dit l'huissier, moi je ne peux pas deviner dans l'avenir; si je savais ce qui arrivera demain, dans huit jours, dans six ans, je vendrais ma charge d'huissier et je m'établirais sorcier. Tout ce que vous avez prêté du côté de la Mal-Fichue a mal tourné, ce n'est pas ma faute; voilà Picou qui mange tout à boire, qui perd un procès, qui se sauve; voilà Grelu qui brûle sa ferme. Quand vous leur avez prêté, tous ces paysans étaient bons; aujourd'hui le hasard veut que les affaires s'embrouillent, je ne peux pas empêcher ça.

— Hein! dit Blaizot, me voilà à la tête de deux morceaux de papier timbré... ça me fait lourde poche.

Tout en causant affaires, le reneuvier et l'huissier étaient arrivés sur la place où se tiennent les marchandes de volailles et de légumes.

De tous côtés partaient les cris :

— Bonjour, monsieur Blaizot!

A chaque étal, on l'arrêtait; on lui faisait des compliments sur sa santé.

Le bonhomme faisait des affaires avec toutes les fermières des environs.

— Je vous quitte, lui dit Tête.

— Bon! surtout ne manquez pas de préparer la saisie Caucoin.

— Tout de suite il sera assigné, dit l'huissier.

Blaizot continuait à se promener dans le marché; tout à coup, il fut heurté violemment par un paysan qui se retourna brusquement.

— Maladroit, s'écria le renouvier... Mais, dit-il en regardant la tournure du paysan qui avait failli le renverser... je ne me trompe pas?... .

Blaizot courut quelques pas.

— Eh! dit-il, vous voilà, Picou!

Picou, dont le chapeau de paille était fort enfoncé sur les yeux, fut embarrassé un moment.

— Salue bien, monsieur Blaizot!

— Nous ne pensons donc plus à notre petit billet? demanda Blaizot.

— Pardon... au contraire, dit Picou... j'espère être en mesure.

— Comment, vous espérez? mais l'échéance est passée!

— Allons donc, dit Picou, ce n'est que demain; je suis venu exprès aujourd'hui à Dijon.

— Ah! vous faites erreur, Picou, il y a huit jours que votre billet est échu... Rappelez-vous bien.

— C'est vous, monsieur Blaizot, qui êtes dans votre tort; ces choses-là, c'est sacré: les pauvres gens n'ont que leur honneur...

— Ah! Picou, je vous crois honnête...

— A l'avantage, monsieur Blaizot, dit le paysan; je passerai demain chez vous sans manquer...

Le bonhomme tenait son débiteur et n'était pas fâché de voir s'il pourrait en tirer quelque à-compte, le jour même.

— Demain, dit-il, je ne suis pas à Dijon; venez donc un peu à la maison, vous boirez bien un verre de vin avec moi. En même temps, je vous montrerai le billet... Pardi, ça n'engage à rien, puisque vous payez demain. Nous nous entendrons pour que vous versiez chez Tête.

Picou suivit son créancier en hésitant.

— Eh bien! comment vont vos affaires à la Mal-Fichue? dit le bonhomme, feignant d'ignorer que le paysan avait quitté le hameau.

— Ça va toujours la même chose, répondit Picou pris au piége... Il n'y a que la ferme de Grelu de moins...

— Est-ce que cet incendie ne causera pas de tort au hameau?

— Du tort? dit Picou... Tous les médecins du monde ne rendraient pas la vie à un mort; on ne trouve pas de diamants au cou d'un cochon... La Mal-Fichue sera toujours un pays abandonné de Dieu; il aurait mieux valu que tout brûle d'un coup, et nous avec; ça serait fini, on n'en parlerait plus.

— Mais, dit Blaizot, il y avait par là quelques pauvres familles qui vivaient de la ferme.

— Ils vivaient sans vivre, ce fainéant de Grelu passait son temps à regarder les nuages.

— Au fait, dit Blaizot, vous êtes témoin dans l'affaire; avez-vous déjà déposé?

Picou parut embarrassé.

— Je ne sais rien, répondit-il... je ne dépose pas.

Qu'ils s'arrangent comme ils voudront au tribunal, on peut bien condamner Grelu sans moi.

— Ah! vous n'avez rien vu de l'incendie?

— Pas un fichtre!

— Allons, nous voilà arrivés, dit Blaizot; je vais vous faire goûter d'un petit vin de mon clos.

Le créancier et le débiteur entrèrent dans le cabinet; c'était un musée provincial d'un goût particulier.

Des lithographies de Boilly, chose rare à cette époque, ornaient les murs; elles représentaient différentes expressions de têtes.

Boilly, le Daumier de l'empire, popularisa l'un des premiers la lithographie; mais son œuvre est d'un comique douteux.

Un des sujets, colorié avec soin et encadré plus richement que les autres, accusait chez Blaizot d'autres goûts que l'argent : c'était une jeune fille endormie, le buste un peu dévoilé, que trois têtes de vieillards contemplaient avec une avide curiosité.

Une pareille imagerie, d'un libertinage tempéré, ne se trouveraient pas chez un prêtre; elle n'a pas été encadrée par hasard et placée sans réflexion dans un cabinet de travail. L'œil qui aime à s'arrêter quotidiennement devant cette lithographie coloriée trahit d'autres appétits.

L'industrie était représentée par deux bougies, l'une bleu de ciel, l'autre jaune, qui attendaient vainement sous leurs globes, depuis deux ans, l'honneur d'éclairer le cabinet.

La pendule servait d'étagère, et étalait les objets les plus variés, des phénomènes de la nature, tels qu'une noisette trois fois mère, un coquillage dont le nom n'est écrit que dans les tableaux représentant le *Lever de la Mariée*, des animaux en verre filé.

Les meubles étaient de toutes les époques et de toutes les conditions, signe certain que le bonhomme avait glané dans chaque saisie opérée par Tête.

— Asseyez-vous, dit Blaizot à Picou, pendant que je vais *aveindre* la fine bouteille.

Blaizot grimpa sur une chaise, se haussa sur la pointe du pied, et atteignit la bouteille; il prit sur la cheminée un gros verre orné, d'une mode antique, et versa quelques gouttes.

— Buvez-moi ça, dit-il à Picou.

Le paysan porta le verre à ses lèvres et fit la grimace; pendant que le bonhomme riait aux éclats.

— Eh! eh! eh! vous voilà pris comme les autres, dit Blaizot.

Picou jura entre ses dents de la plaisanterie de son créancier; le verre était taillée de telle sorte, qu'en l'approchant des lèvres, le vin, par une ouverture, coulait dans le cou du buveur. Cette farce était encore une des traditions de Blaizot, qui manifestait ainsi son humeur plaisante.

— Ah! vous ne m'y reprendrez plus, dit Picou, qui aurait volontiers tordu le cou du bonhomme.

— Allons, Picou, dit Blaizot, ne nous fâchons pas: je vais vous donner à boire dans un gobelet qui ne fuit pas.

— Non, dit Picou, je me fiche de votre vin... je ne crève pas de soif; d'ailleurs, le cabaret n'a pas été inventé pour les brebis galeuses.

— On ne peut donc pas rire une goutte? dit le bonhomme... Tenez, voilà mon gobelet d'argent tout plein rasibus; vous me direz des nouvelles de ce *vinot;* il n'y en a pas de pareil au cabaret.

Picou but le verre d'un trait, s'essuya la bouche avec sa manche, et ne marqua ni approbation ni désapprobation.

— Maintenant, dit le bonhomme, je vais vous montrer le billet...

— C'est bon, dit Picou, je vous crois... je me serai trompé...

— Non, non, dit Blaizot, je veux que vous lisiez vous-même la date.

— Ah! quel homme que vous faites! s'écria Picou; il faut en passer par tous vos désirs. Mais n'importe, je vous paye demain.

Le bonhomme fouilla dans un carton crasseux, plein de notes, de petits carrés de papier sales et jaunes, et en retira le billet.

— Quand je vous disais, Picou; est-ce clair?

Picou prit le billet et le regarda attentivement; Blaizot tendait la main pour le reprendre.

— Vous pouvez pourtant le garder, ça ne tient qu'à vous, dit Blaizot, dont la main était attirée comme par un aimant vers la petite image du timbre.

— Ah! je veux bien, répondit Picou; vous m'en faites cadeau alors?

— Eh! dit le bonhomme, qui saisit vivement un des coins du billet, j'entends que vous devriez bien le solder aujourd'hui.

— Puisque c'est convenu pour demain, dit Picou.

Blaizot s'empara de la moitié du billet que tenait toujours son débiteur.

— Prenez garde, vous allez le déchirer, dit Picou.

— Rendez-le-moi alors, fit le bonhomme... Vous payerez demain sans manquer, n'est-ce pas?.. Mais vous pourriez peut-être aujourd'hui me donner un petit à-compte.

— Seigneur! dit Picou, que vous êtes soupçonneux!.. Je vous dis que demain vous aurez tout...

— Alors lâchez le billet...

Picou rendit le billet à Blaizot, dont la figure s'épanouit tout d'un coup; il avait eu une sueur froide en songeant à l'imprudence qu'il avait commise de mettre un billet impayé dans les mains du débiteur.

Blaizot remit le billet sur la table et posa dessus une poire pétrifiée qui servait de serre-papier. On entendit quelqu'un marcher dans le corridor qui communique au cabinet.

— Bon! dit le bonhomme, c'est la Rubeigne qui ouvre la grande porte pour les fermiers qui vont arriver tout à l'heure.

— Moi, je m'en vais, dit Picou... A l'avantage! monsieur Blaizot.

Il ouvrit la porte du cabinet.

— Vous ne voulez donc rien donner aujourd'hui? dit Blaizot.

Picou revint sur ses pas.

— Alors, Picou, demain passez chez mon huissier Tête, vous savez...

— Oh ! je le connais bien, dit Picou...

— C'est que je serais obligé d'agir contre vous, si demain, à midi, les fonds n'étaient pas arrivés à l'étude de Tête.

Picou s'était approché de la cheminée et s'amusait à regarder les curiosités sous globe.

— Quelle drôle d'invention ! dit-il. Et en même temps Picou, par un geste rapide, saisit vivement son billet et l'avala.

— Eh bien ! cria le bonhomme, qui avait vu ce manége dans la glace.

Picou sortit brusquement, traversa le corridor et courut à toutes jambes.

Blaizot était resté anéanti une seconde ; la surprise que lui causait ce vol audacieux avait fait fléchir ses jambes.

— Au voleur ! cria-t-il, au voleur !

En un clin d'œil la servante arriva et cria à l'unisson :

— Au voleur ! au voleur !

Les deux portes étaient ouvertes ; les voisins entendirent et répétèrent le cri : toute la rue fut en rumeur. On avait vu Picou fuir à toutes jambes. Blaizot sortit de sa maison pâle et défait : la Rubeigne suivait et criait de sa voix la plus glapissante, en étendant les bras vers un point noir qui diminuait à vue d'œil, et qui allait disparaître.

En effet, Picou allait s'engager dans une rue transversale, lorsqu'il fut renversé par une voiture de maraîcher qui débouchait de la rue opposée ; il tomba roide.

On se précipita sur lui, et on le porta dans la maison du boulanger.

Blaizot arriva, toujours suivi de sa servante ; le bonhomme se trouva mal en apercevant son débiteur mort.

De minute en minute la foule grossissait autour de la maison du boulanger ; le commissaire de police et un médecin qu'on avait été prévenir purent à grand'peine la traverser.

Le médecin ausculta Picou.

— Il n'est pas mort, dit-il.

— Et mon billet ! s'écria Blaizot.

Pendant que le médecin saignait Picou, qui n'avait qu'un étourdissement causé par le choc, le commissaire de police faisait un procès-verbal et recueillait la déposition du bonhomme Blaizot.

Picou revint très-vite à lui ; il jura énergiquement en apercevant la figure de son créancier.

— Brigand ! s'écria Blaizot.

— Buvez cela, dit le médecin à Picou ; vous devez avoir besoin de prendre quelque chose.

— C'est vrai, dit Picou ; mon estomac est tout à l'envers.

— Et vous, monsieur Blaizot, dit le commissaire de police, laissez un peu de tranquillité au prévenu.

A peine Picou avait-il bu la potion préparée par le

médecin qu'il soupira, ferma les yeux et fit entendre des gémissements.

— Un vase! s'écria le docteur; baissez la tête.

Le malade fut pris de vomissements. Blaizot sauta de joie; on venait de recueillir sur le plat la preuve du vol.

— C'est à moi le billet, dit le bonhomme, qui s'élança vers le plat.

— Pardon, monsieur Blaizot, dit le commissaire de police, cette pièce d'accusation ne peut vous être remise; je vais la déposer au greffe.

Après ces incidents, la gendarmerie fut mandée et transporta Picou à la maison d'arrêt.

VIII

LE CLERC AMOUREUX.

Tête avait pour clerc un jeune homme nommé François, fils d'une pauvre femme du faubourg. François travaillait comme un nègre, et gagnait quarante francs par mois, somme énorme dans les études d'huissier.

Avec ces quarante francs, François nourrissait sa mère, la logeait, et trouvait encore moyen de s'habiller d'un habit noir, car les relations qui l'appelaient au tribunal nécessitaient une tenue décente.

— François, ôtez vos bouts de manches, dit Tête après sa conférence avec Blaizot.

Toutes les fois qu'il envoyait son clerc en course, l'huissier débutait par ces paroles :

— Otez vos bouts de manches.

François obéit et ploya ses bouts de manches, qu'il rangea dans un coin du pupitre ; mais ses bouts de manches ne semblaient avoir servi qu'à faire reluire davantage les coudes du pauvre habit.

On se serait miré sous les coudes de l'habit.

François se leva lentement ; il paraissait craindre de se faire voir en pied. Qu'on pense à l'effet que devait produire l'habit du gros et court patron sur le dos d'un jeune homme long et maigre ; car tous les deux ans Tête récompensait son clerc en lui faisant cadeau de son vieil habit.

Beaucoup trop large pour la poitrine, l'habit était trop court pour les bras et rappelait cette situation comique des collégiens qui grandissent tout d'un coup, sans parvenir à pousser leurs vêtements dans cette croissance.

La taille arrivait au milieu de l'épine dorsale ; le pantalon, quoique plus convenable, faisait froid à regarder. Forcé de porter du noir, François achetait du lasting, qui est une cruelle étoffe d'hiver. Le reste du costume, le chapeau, le gilet et les souliers étaient tout un monde de misère et de propreté.

Tête expliqua à son clerc l'affaire du tonnelier Cancoin. François fut plus étonné que son patron en entendant ce nom ; il se troubla.

— Eh bien ! ne m'entendez-vous pas, grand Nicodème ? dit Tête.

— Pardonnez-moi, Monsieur ; et il faudra saisir ?

— Vous le savez mieux que moi, et presto encore...

— Saisir Cancoin ! s'écria François qui se parlait à lui-même, oubliant complétement la présence de l'huissier.

— Qu'est-ce que vous voyez là d'extraordinaire ? Ah çà, François, vous perdez la tête ; je voudrais vous voir courir.

— Ah, mon Dieu ! dit François.

— Je vous demande ce qui vous prend, François, cria l'huissier ; notez bien que je vous dirais demain d'aller saisir les meubles du pape, qu'il n'y aurait pas à reculer.

— C'est bon, Monsieur, je vais au tribunal.

François partit, la mine décontenancée. Dans la rue, il regarda si Tête n'était pas à la fenêtre, et prit la rue opposée à celle qui conduit au tribunal. Ordinairement le long clerc marchait lentement, les yeux cloués sur le pavé, craignant de rencontrer quelque regard ironique attaché sur ses habits ; mais ce jour-là il courait follement, se heurtant aux volets des maisons, aux étalages des boutiques ; il gesticulait, faisait aller les bras et mimait d'une façon extravagante. Il arriva à la maison du tonnelier et l'entraîna d'une façon mystérieuse.

6

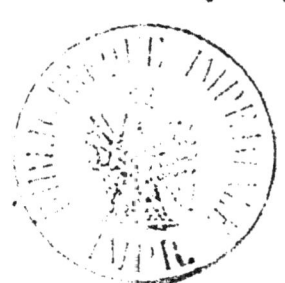

— Monsieur Cancoin, lui dit-il, préparez-vous à un fier malheur.

— Encore un malheur! dit le tonnelier; quoi donc?

— Je ne sais comment vous dire... Seigneur!

— Est-ce qu'Alizon aurait été écrasée par une voiture? demanda Cancoin tout ému.

— C'est bien pis, dit François, je vais au tribunal...

— Je comprends! s'écria le tonnelier; il y a du nouveau dans l'affaire Grelu... Pauvre femme! Vous avez bien fait de ne pas en parler à la maison...

— Ce n'est pas encore ça, dit François.

— Que le diable vous emporte! s'écria Cancoin, avec toutes vos *gieries*, vos mystères... Nom de nom, parlez donc! je ne crains rien.

François s'engagea dans les mille détours, les mille ruelles du langage, pour expliquer au tonnelier qu'il allait être saisi.

— Je m'y attendais, mon pauvre garçon, dit le tonnelier.

— Vous ne m'en voulez pas? dit François.

— Moi t'en vouloir, moi qui sais combien tu travailles et la peine que tu te donnes pour soulager ta mère! Je n'en veux pas non plus à M. Tête; il faut que tout le monde vive.. Son métier est de se nourrir des malheureuses gens, qu'il fasse son métier. Je n'en veux même pas au bonhomme Blaizot, et, si Dieu lui pardonne aussi franchement que moi, il ira tout droit en paradis.

— Mais comment allez-vous faire ? demanda François.

— Ah bah ! un jour chasse l'autre. Le boulanger cuira encore demain ; il ne me refusera pas crédit pour quelque temps. Tant qu'on a du pain, on vit bien. Et je suis connu dans Dijon pour un honnête homme, ma femme aussi et mes enfants ; avec ça on trouve de l'ouvrage.

— Vous n'avez donc pas dit tout ça à M. Blaizot ? dit François.

— A lui ! j'aimerais mieux jouer du violon pour les pierres de la cathédrale ! Il est sec comme de l'amadou. Mon pauvre François, son habit de nankin me fait peur : il me fait l'effet d'une peau de tigre. Cours au tribunal et presse mon affaire, que ton huissier ne gronde pas.

— J'ai pourtant l'idée de voir M. Blaizot, dit François.

— Je te le défends, dit le tonnelier ; je te le défends dans ton intérêt comme dans le mien. Ça serait capable de te faire perdre ta place, et, dis-moi, comment nourrirais-tu ta mère ?

François secoua la tête tristement.

— Et moi, dit Cancoin, il croirait que je m'humilie, que je me prosterne ; d'ailleurs, je lécherais ses souliers que ça ne servirait à rien. Allons, mon garçon, va-t'en... Ne vas-tu pas pleurer maintenant ? Mon Dieu que tu es bête !

— Je ne pourrai jamais remplir l'assignation qui vous concerne, dit François en sanglotant.

— Ah! le mauvais huissier que tu feras ! dit Cancoin en prenant les mains du clerc. Je te remercie toujours, mais sauve-toi ; voilà ma femme qui nous regarde, elle se doute de quelque chose. Adieu, François.

Le pauvre clerc partit pour le tribunal en s'essuyant les yeux avec un mauvais mouchoir de couleur; il fut tiré de ses tristes réflexions par une fraîche voix de jeune fille qui criait :

— Bonjour, François.

— Bonjour, mademoiselle Alizon, bonjour.

— Vous ne me dites rien, François?

Le clerc d'huissier fut forcé de s'arrêter devant Alizon, mais il n'osa la regarder ; jamais homme ne fut aussi embarrassé de ses bras : il mettait les mains dans ses poches, puis il les croisait sur la poitrine; enfin il finit par les croiser derrière le dos. Le pauvre garçon était humilié de ses manches d'habit si courtes, et cherchait un moyen de les dissimuler.

— Dieu! François, que vous êtes drôle! dit Alizon en riant.

Les oreilles du clerc rougirent considérablement.

— Mademoiselle Alizon, je suis pressé, dit François en levant sa longue jambe gauche pour courir.

— Je comprends, dit Alizon en souriant ; voilà midi qui sonne, et vous avez peur de manquer votre amoureuse qui sort de la couture.

— Peut-on dire des choses pareilles, Mademoiselle? répondit le clerc, qui devenait pourpre. Vous savez pourtant...

— Qu'est-ce que je sais?

François balbutia quelques mots inintelligibles; il eut le courage de regarder en face la jolie couturière, et il fondit en larmes, laissant Alizon fort étonnée d'une douleur aussi subite.

— Ce pauvre François! se dit-elle.

IX

LE JUGE D'INSTRUCTION.

— Les prévenus sont-ils arrivés, demanda M. Romain à son commis?

— Pas encore, répondit celui-ci.

— Veuillez sonner Legros.

M. Romain, juge d'instruction au tribunal de Dijon, était un homme à nez pointu, orné de besicles très-fines. Un pareil nez inquiétait les accusés; il paraissait entrer comme une vrille dans les consciences. M. Romain, homme intelligent, passant dans la société dijonnaise pour un homme spirituel et sarcastique, était glacial dans son cabinet de magistrat.

Legros, le concierge du tribunal, entra : ce personnage à triple menton, toujours essoufflé, justifiait bien son nom. Attaché depuis trente-cinq ans au parquet de Dijon, il jouissait d'un libre parler, et il s'associait si intimement aux actes et aux condamnations du tribunal, qu'il se servait ambitieusement du *nous*.

— Eh bien! monsieur Romain, dit-il au juge d'instruction, *nous* allons avoir une belle session.

— Alors, demanda plaisamment M. Romain, *vous* condamnez Grelu?

— Il n'y a pas de doute, dit le concierge.

— En attendant que vous ayez prononcé sur sa peine, préparez les deux sellettes.

— Nous avons donc deux accusés à interroger? demanda Legros.

— Sans doute : le nommé Picou, dont l'affaire est claire, et le nommé Grelu, qui me tracasse un peu plus.

On entendit les bottes de la gendarmerie qui résonnaient dans le corridor.

— Legros, dites au brigadier de m'amener d'abord le prévenu Picou.

Picou entra, les menottes aux mains, entre deux gendarmes; on le fit asseoir sur une chaise dans l'angle d'une petite construction en bois à grilles, qui est spécialement affectée aux prévenus dans les tribunaux français.

Picou avoua avoir avalé le billet.

— Ce n'est pas pour la somme, dit-il, c'est pour faire une niche à M. Blaizot, qui m'en avait fait un tas d'autres.

Et il expliqua l'innocente farce du verre de vin entrant dans le cou du buveur au lieu d'entrer dans son gosier.

— Cependant, dit M. Romain, ce projet était médité ; vous êtes venu à Dijon dans cette intention.

— Oh ! non, monsieur le juge ; le père Blaizot le dira bien, s'il ne craint pas que la vérité l'étouffe ; c'est lui qui m'a forcé de l'accompagner à sa maison.

— Alors expliquez-moi cette contradiction : M. Blaizot prétend que vous lui avez dit demeurer toujours à la Mal-Bâtie ; cependant il est bien constaté par l'assignation de l'huissier Tête que vous aviez abandonné le hameau le lendemain de l'incendie.

— Tout ça est vrai, monsieur le juge ; je disais à M. Blaizot que je demeurais toujours à la Mal-Fichue, croyant qu'on ne s'était pas encore présenté pour toucher ce que je lui devais.

— Très-bien... Où demeuriez-vous alors ?

— J'ai un peu roulé dans tous les villages, cherchant de l'ouvrage ; je n'en ai pas trouvé, je suis venu à Dijon.

— Comment avez-vous vécu pendant ce voyage ?

— J'avais de l'argent...

— Et, demanda M. Romain, il vous en restait encore dans une ceinture de cuir qu'on a saisie sur vous le jour de votre arrestation... D'où venait cet argent ?

— De mes économies, dit Picou.

— Très-bien... Vous gagniez par jour ?

— Dix-sept ou dix-huit sous.

— Quelle somme emportâtes-vous en quittant le hameau.

Cinquante-cinq francs.

— Dites-nous en quelle monnaie : en or, en argent ou en cuivre ?

Picou hésita, se gratta la tête.

— Ah ! je ne me rappelle pas... Faudrait une mémoire d'ange pour répondre.

— Le tribunal est très-curieux, dit M. Romain ; voyons, cinquante-cinq francs en cuivre, en sous ou en liards seraient bien lourds...

— Je crois bien, dit Picou... il y aurait la charge d'un mulet.

— Ce n'était pas en liards ni en sous, vous en êtes sûr, prévenu ?

— J'en prendrais à témoin le bon Dieu.

— Votre ceinture en cuir était toute neuve ?

— Oui, monsieur le juge, je l'avais achetée il y aura demain huit jours.

— Il est présumable, dit M. Romain, que vous n'aviez pas acheté une ceinture exprès pour y mettre un double louis ou deux louis.

— C'est encore vrai, dit le prévenu.

— Alors vous avouez n'avoir ni or ni cuivre, c'était de l'argent.

— Je ne l'ai pas dit, s'écria vivement Picou, pris dans les raisonnements du juge d'instruction.

— Avez-vous connaissance, Picou, d'un quatrième métal ?

Picou ne répondit pas.

— Vos cinquante-cinq francs étaient en argent; il s'agit maintenant de chercher à vous rappeler combien de pièces de dix sous, de quinze, de trente, de quarante, de cinq francs servaient à former le total.

— Ma foi, monsieur le juge, vous qui êtes si savant, et qui devinez si bien que mon argent était en argent, tâchez de trouver le reste; moi je n'en sais rien.

M. Romain ne jugea pas à propos de relever la malice du paysan; il affirma.

— C'étaient des écus de cent sous?

— Oui, dit en goguenardant Picou, des écus de cent sous.

— Greffier, dit le juge d'instruction, écrivez que le prévenu avoue que ses cinquante-cinq francs étaient des écus de cent sous.

— C'est pas vrai, s'écria Picou, c'est pas vrai.

— Ne l'avez-vous pas dit à l'instant?

— Je l'ai dit pour rire.

— Mais je ne ris pas, dit M. Romain en regardant fixement le prévenu; nous ne sommes pas ici au spectacle, rappelez-vous que vous êtes sous le coup d'une condamnation sévère, d'un vol qualifié; et rappelez-vous surtout, prévenu, que des aveux peuvent vous mériter l'indulgence du tribunal... Ce n'étaient donc pas des écus de cent sous?

— Monsieur le juge, aussi vrai qu'il y a un enfer, que ma langue m'étouffe si je ne dis pas comme je me rappelle. C'était de l'argent mêlé.

— A la bonne heure, dit M. Romain; reconnaissez-vous ce petit rouleau de pièces de trente sous cousu dans de la toile et saisi sur vous?

— Je le reconnais, dit Picou.

— Vous n'êtes pas marié?

— Non, dit le prévenu.

— Vous ne vivez pas maritalement, en concubinage avec une femme?

— Non plus, dit Picou.

— Qui est-ce qui a cousu ce rouleau de pièces de trente sous?

— C'est moi, dit Picou.

— Il est fort bien cousu, dit le juge; les points sont faits très-régulièrement, et une ménagère habile de Dijon ne s'en tirerait pas mieux. Combien y a-t-il dans ce rouleau?

Picou se leva un peu de son siége; mais le juge d'instruction mit la main sur le rouleau afin que le prévenu ne pût pas le voir et deviner le contenu.

— Je n'en sais rien, dit Picou.

— Il est bizarre, dit M. Romain, qu'un homme qui se donne tant de peine pour renfermer des pièces de trente sous ne sache pas ce que le rouleau contient.

— Mettons qu'il y a six francs.

— Est-ce une supposition? demanda le juge d'instruction.

— Il y a peut-être bien dix francs, dit Picou.

— *Peut-être* n'est pas répondre; voulez-vous que le greffier écrive que vous ne savez pas ce que contient le rouleau?

— Non, non, dit Picou ; attendez, qu'il n'écrive pas encore... Si, il y a dix francs.

Le greffier écrivit.

— Vous comptez mal, prévenu... jamais des pièces de trente sous ne peuvent faire dix francs.

Picou jura et sauta sur sa chaise ; le gendarme lui mit les mains sur l'épaule et le contraignit à s'asseoir.

— Un peu de calme, prévenu, dit tranquillement M. Romain. A quoi cela vous sert-il de jurer par le nom de Dieu? vous vous êtes trompé dans votre compte, mais ce n'est pas un crime ; tous les jours il arrive pareille chose. Vous n'êtes pas condamné d'avance pour ignorer ce que contenait ce rouleau cousu avec tant de soin ; un moment j'avais cru que vous aviez soigneusement cousu ce rouleau pour payer ce que vous deviez à M. Blaizot ; alors il eût été très-naturel d'acheter un sac de cuir pour ne pas perdre votre argent, et de venir à Dijon ; mais vous avez déclaré que vous veniez à Dijon pour chercher de l'ouvrage et que votre dette ne vous y attirait nullement. Aviez-vous cousu pareillement d'autres petites sommes?

— Je ne sais pas, dit Picou.

— Il est singulier que vous ne vous rappeliez rien ; combien mettriez-vous de temps à coudre ce rouleau ?

— Un quart d'heure, dit Picou.

— Bien !... cela me suffit pour le moment, reprit M. Romain. Greffier, veuillez me passer l'interrogatoire.

Le juge d'instruction se renversa sur son fauteuil et lut attentivement chaque demande et chaque réponse. M. Romain avait pour système de ne pas bâtir son interrogatoire d'avance; il arrivait dans son cabinet sans s'être préoccupé des faits recueillis précédemment; mais une fois la première question lancée, il se jetait dans la controverse avec le prévenu, avec tout le recueillement du prêtre au confessionnal. Froid en apparence, M. Romain dépensait pour recueillir la vérité autant d'ardeur enthousiaste qu'un de ces pauvres génies méconnus qui s'occupent encore des sciences occultes. Toute la joie du juge arrivant à la découverte du crime ne se manifestait que par un signe que le prévenu ne pouvait deviner : les narines du nez de M. Romain s'écarquillaient et occasionnaient un léger soubresaut à ses lunettes.

Jamais un prévenu ne fut acquitté quand ces symptômes avaient paru sur la figure du juge d'instruction.

— C'est donc pas fini? demanda Picou au gendarme chargé de le veiller.

Le brigadier de gendarmerie fit un signe indiquant qu'il n'en savait rien; M. Romain lisait toujours l'acte d'accusation avec la mine ennuyée d'un teneur de livres. Il remit l'interrogatoire à son greffier et continua :

— Connaissez-vous ce sac, Picou ?

Et le juge, en même temps qu'il posait la question, faisait voir un sac en grossière toile bleue. Picou regarda le sac et ne répondit pas.

— Eh bien ! Picou, vous ne le reconnaissez pas ?

— Je voudrais le voir de plus près, dit le prévenu,

essayant de gagner quelques secondes pour trouver une réponse.

Le greffier porta le sac et le retourna dans tous les sens afin que Picou fût bien édifié sur la physionomie du sac.

— Non, dit Picou, ce sac n'a jamais été à moi.

— Il a été trouvé, dit M. Romain, dans une petite mare, dite la Mare-aux-Crapoussins, à une portée de fusil de la Mal-Bâtie.

— Je connais bien la Mare-aux-Crapoussins, dit le prévenu ; mais le sac, je ne l'ai jamais vu.

— Il y avait une marque dans le principe, reprit M. Romain, une marque en fil rouge ; on semble l'avoir arrachée.

— Voyons la marque, dit Picou ; votre *écrivain* ne me l'a pas montrée.

— Que vous importe? dit le juge ; la grandeur du sac, l'étoffe, ne vous suffisent-elles pas pour le reconnaître, s'il avait été à vous?

— Non, dit Picou, le sac n'est pas à moi ; jamais.

— Alors la marque au fil rouge ne vous sert à rien ?

— Peut-être, dit Picou ; puisque vous dites qu'on a trouvé le sac dans la Mare-aux-Crapoussins, ce n'est pas une hirondelle qui l'aura laissé tomber là. Comme les enfants vont bien souvent se rouler là-dedans, il se pourrait qu'ils l'aient pris à leur père ; moi, je connais tout le monde des environs ; en cherchant bien, avec la marque, je trouverais peut-être. Je ne demande pas mieux que de vous aider, monsieur le juge, quoique vous preniez plaisir à vouloir m'entortiller.

— Vous avez raison, dit le juge; vous dites donc que les enfants du village vont souvent jouer à la mare ?

— Oh! je crois bien, ils se roulent dedans comme des canards, ils se jettent de la boue; il n'y a rien qui aime plus l'ordure que les enfants. Après ça, les mioches pourraient aussi bien avoir trouvé le sac sur la route et l'avoir apporté là...

— Greffier, faites voir le sac au prévenu.

Le greffier s'était levé.

— Arrêtez, s'écria vivement le juge d'instruction qui ne quittait pas des yeux les yeux de Picou, et qui avait vu un éclair passer sur sa figure en voyant le greffier lui apporter le sac.

— J'étudierai moi-même la marque, dit M. Romain. Brigadier, l'interrogatoire est clos pour aujourd'hui. Reconduisez le prévenu à la prison.

Picou sortit, non sans avoir jeté un regard sur le juge, espérant y découvrir quelques traces des sentiments qu'avait laissés l'interrogatoire; mais M. Romain était calme, et sa physionomie ne laissait rien percer.

Peu après on introduisit Grelu : le fermier, qui sortait de l'infirmerie de la prison, était d'une pâleur mortelle; le gendarme le soutenait sous les bras, car il ne pouvait marcher.

— Comment vous trouvez-vous, Grelu? demanda le juge d'instruction.

— Mieux, Monsieur, je vous remercie.

— On a eu des soins pour vous, n'est-ce pas ?

— Oh ! monsieur Romain, je ne passerai plus un jour sans prier pour les bonnes sœurs de l'hôpital et pour monsieur le curé, qui ont fait tout ce qu'il est possible pour adoucir ma position.

— Vous voyez que la justice n'est pas si dure qu'on le croit ; maintenant que vous voilà en convalescence, il faudrait reconnaître ces soins par des aveux complets...

— Je ne peux vous avouer, monsieur le juge, un crime que je n'ai pas commis.

— Est-ce que M. le curé ne vous a pas donné le même conseil ?

— Pardonnez-moi, monsieur Romain ; je lui ai répondu comme à vous. Bien mieux, je me suis confessé, j'ai avoué toutes mes fautes ; mais je ne puis pas dire que j'ai brûlé ma ferme, puisque cela n'est pas.

— Vous avez demandé à voir votre femme ?

— Oh ! je crois bien, ma femme, ma pauvre femme ! Ah ! monsieur Romain, dit le fermier en pleurant, faites que je la voie, je n'en demande pas plus : je ne lui dirai rien ; elle non plus, je vous le garantis, mais que je la voie... Ça me donnera du courage, ça me remettra la santé.

— Je ne peux pas satisfaire à votre demande, dit M. Romain. Si vous aviez fait des aveux, le lendemain, le soir même, vous auriez pu revoir votre femme ; mais, puisque vous persistez à nier votre crime, il faudra attendre à la fin de l'instruction.

— Ah! Seigneur!... que vous êtes cruel! dit Grelu.

— Vous sentez-vous de force à supporter une heure d'interrogatoire? demanda M. Romain.

— Je ne sais pas... si vous le voulez...

Le fermier s'évanouit.

— Brigadier, dit le juge d'instruction, emmenez Grelu à l'infirmerie; qu'on lui laisse encore quelques jours de repos... ensuite nous verrons.

X

L'ATELIER DE MADAME PAINDAVOINE.

Sur la place des Orfévriers on remarque une vieille maison, plus élevée que ses voisines; au dernier étage, qui forme pignon, se voit une singulière peinture à fresque, qui est d'un joyeux peintre d'enseigne ignoré.

Cette fresque représente un long balcon sur lequel se promènent de jeunes souris; derrière un balustre apparaît un gros chat, les prunelles pleines de feu, le corps gonflé d'une joie cruelle, les poils inquiets. Ce sujet, peint à la colle depuis une soixantaine d'années, s'en va tous les jours, dévoré par la pluie; il est devenu pâle et n'a plus que peu d'années à briller ; malgré tout, on le cite aux voyageurs, qui s'en reviennent assez désappointés d'avoir visité la *Maison au Chat.*

Au premier étage est un grand tableau représentant un homme vêtu à la mode de 1818, avec des manches à gigot et jouant de la pochette. On lit : PAINDAVOINE, élève de *Lefèvre*, professeur de danse et de musique.

Au rez-de-chaussée, les rideaux sont tirés et ne laissent voir que des gravures de modes, non pas des plus modernes. C'est l'atelier de couture de madame Paindavoine, la couturière de Dijon « qui habille le mieux. »

Alizon travaillait dans cette importante maison, qui n'occupait pas moins de dix ouvrières, appointées à douze sous la journée. Elle revint à une heure de l'après-midi, toute émue des pleurs du clerc de Tête ; elle n'avait pas osé en parler au tonnelier, qui déjeuna avec ses enfants sans dire un mot.

La sœur de François travaillait aussi chez madame Paindavoine, et confiait ordinairement ses petits secrets à Alizon ; celle-ci n'hésita pas à lui demander la cause de la douleur du clerc d'huissier.

— Mon frère, dit Françoise, est un drôle de garçon, il n'est pas bâti comme les autres ; du reste, il ne me dit rien : il a été élevé au collège, il a peut-être peur que je ne comprenne pas.

— Est-ce qu'il serait fier?

— Oh! fier, jamais; il est sauvage par timidité,

voilà tout. Il étudie la nuit à faire trembler, il ne dort pas trois heures; et encore, la moitié du temps il n'étudie pas, il copie des rôles pour la recette : ça lui rapporte à peu près vingt-cinq francs par mois, qu'il donne tout à maman.

— Le bon garçon! dit Alizon.

— Veux-tu que je te dise pourquoi il se sauve ordinairement quand il te voit? c'est parce qu'il est mal habillé; il a honte de lui, des lubies! Quelquefois il m'a demandé si tu ne te moquais pas de lui.

— Et pourquoi ça? dit Alizon.

— Ah! c'est que tu as un petit air moqueur, sans le savoir.

— Eh bien, Françoise, la première fois que je le rencontrerai, je lui dirai bien le contraire.

— Ne t'en avise pas, ma chère Alizon; s'il se doutait que je t'ai répété cela, il ne me reparlerait plus...

— Avez-vous bientôt fini, chuchoteuses? s'écria madame Paindavoine, grande personne sèche et maigre, qui trônait comme une impératrice sur une chaise haute. Quand la langue pique, l'aiguille ne pique pas. Je vous demande ce qu'elles peuvent se conter de si intéressant... Allons, Françoise, raconte-moi ta petite histoire, que ces demoiselles en profitent.

Françoise ne répondit pas.

— Voyez-vous? maintenant que je la prie de parler, elle se tait.

Heureusement pour Françoise et Alizon, qui étaient

toutes confuses, on entendit au dehors une voix grêle qui criait :

— Peut-on entrer, madame Paindavoine ?

— Oui, dit la maîtresse couturière.

Alors apparut une singulière caricature, qui n'était autre que M. Paindavoine, professeur de danse. Ses insignes étaient renfermés dans un sac de serge verte qui laissait dépasser un archet menaçant. M. Paindavoine marchait comme les zéphyrs de l'Opéra ; ses jambes étaient pleines de coquetteries audacieuses et de séductions. M. Paindavoine ne fit qu'un bond de la porte auprès de sa femme.

— Mimiche, dit-il, en lui baisant la main.

— Ah ! qu'il est léger, le monstre ! s'écria madame Paindavoine.

— Mesdemoiselles, dit le maître de danse, vous savez que j'ai organisé un bal à votre intention ?

— Oh ! merci, monsieur Paindavoine.

— Seigneur ! dit la maîtresse couturière ; Charles, que vous avez la langue subtile ! nous étions convenus de ne pas en parler sitôt.

— Eh bien ! Mimiche, battez-moi de votre douce main, je l'ai mérité, dit le maître de danse en se posant devant sa femme dans l'attitude d'un berger suppliant.

Ces fausses querelles matrimoniales mirent les élèves couturières en bonne humeur ; surtout il fallait voir le petit corps du maître à danser, et sa grosse tête, auprès de la longue et sévère taille de madame Paindavoine.

C'est pour Noël le bal, Mesdemoiselles, dit le maître de danse... On sautera jusqu'à la mort des jambes, n'est-ce pas Mimiche? Et je vous exécuterai le fameux pas de Lefèvre, de Dijon, celui qu'il eut l'honneur de danser devant le roi dans le ballet d'*Elizida ou les Amazones*.

Ce Lefèvre, dont M. Paindavoine mettait toujours le nom en avant, était un simple figurant à l'Opéra ; mais il arrive que les annuaires provinciaux, fort au dépourvu de célébrités, enregistrent avec un soin puéril les noms de tous les habitants de petites villes qui ont signé une fois leur nom, soit sur la première page d'un livre, soit sur une affiche de spectacle. Quand M. Paindavoine racontait les hauts faits de Lefèvre, il était difficile d'arrêter son enthousiasme.

— Allons, monsieur Paindavoine, dit sa femme, accoutumée à cette manie, il est temps de courir à vos leçons... J'ai des robes à essayer aujourd'hui, et il ne serait pas convenable pour vous d'être remarqué au milieu des ouvrières.

— Je suis à vos ordres, Bibiche, dit le maître de danse.

— Monsieur Paindavoine, dit une ouvrière, faites-nous donc le salut de Lefèvre.

Monsieur le maître de danse, flatté de cette invitation, partit en faisant subir à son chapeau et à ses jambes mille contorsions distinguées.

XI

COMMENT LA FAMILLE CANCOIN PRIT LA PLACE D'UNE RELIQUE.

Un matin, Guenillon qui, depuis huit jours, roulait la campagne à vendre ses chansons, fut tout ébahi en arrivant à la maison des Cancoin. Sur la porte était placardé : *Maison à louer*.

— Oh ! dit-il, le vieux pillard de Blaizot a fait des siennes.

Il demanda aux voisins ce qu'étaient devenus le tonnelier et sa femme. Mais, avant que d'obtenir une réponse, il eut à écouter les plaintes et doléances des braves gens de la rue Cadet. On se répandait en imprécations contre le renouvier ; on le maudissait. Si Blaizot eût entendu le quart de ces plaintes, il eût tenu quitte Cancoin des termes échus ; car sa réputation devait être écorniflée de ce qui se disait relativement à la saisie.

— Ah ! mon brave homme, disait à Guenillon une cardeuse de matelas, occupée dans ce moment à secouer la laine au bout de longues baguettes, c'était à fendre le cœur que de voir la pauvre Cancoin quitter une maison qu'elle habite depuis bientôt trente ans, avec ses trois enfants, dont le plus petit, qu'elle portait sur le dos, ne peut pas marcher à cause de ses *anjaulures!*

— C'est tout de même vrai, continuait le matelassier, celui qui a dit : Cent ans bannière, cent ans civière. Vous vous exténuez le corps pour donner un morceau de pain à vos enfants ; vous travaillez jour et nuit ; vous vous privez d'un verre de vin pour mettre ensemble les deux bouts ; tout d'un coup le propriétaire arrive, qui vous flanque tout nus dehors pour une malheureuse somme.

— A quoi que ça sert d'être honnête ! disait Marion le fripier. Moi, j'aurais mieux aimé mettre la tête sur le billot que d'acheter un meuble saisi chez Cancoin. Ça doit porter malheur. Ah ! si tous les revendeurs étaient comme moi, ils ne mettraient pas une *arnôte* d'enchère sur les objets que la main de l'huissier a touchés. Alors les propriétaires, voyant leurs meubles traités comme des Judas Iscariote, regarderaient à deux fois avant de faire de la peine à un honnête homme.

— Où demeurent-ils à cette heure ? demanda Guenillon, que ces révisions du Code n'éclairaient pas.

— C'était Alizon qui me faisait peine, reprit la matelassière ; de grosses larmes coulaient de ses yeux. Il faut dire aussi que le père est trop rigide. Pendant trois jours il a eu le temps d'emporter un tas de petites choses qui servent dans les ménages ; il n'a pas voulu... C'est trop fier de sa part. Je ne dis pas qu'il fallait détourner les meubles ; pour mon compte je le ferais si je pouvais, et j'aurais raison. Mais M. Cancoin a décidé que les robes d'Alizon, avec quoi elle s'habille le dimanche, devaient rester en gageries, comme ils disent. Cette jeunesse, avec une petite méchante robe d'à tous les jours, ne se sentait guère à la fête.

— Bon, dit Guenillon ; dites-moi où ils demeurent.

— C'est pourtant la fermière de la Mal-Fichue qui leur a porté malheur. Il ne s'agit pas de faire le bien, dit la cardeuse ; il s'agit de le faire à propos, parce que souvent le bien se tourne contre vous. Voilà que le mari est en prison et qu'on dit partout dans la ville qu'il n'y aura pas de choses atténuantes ; la grande pâle qu'ils nourrissent à rien faire est peut-être bien aussi dans le complot.

— Ah çà, vieille bavarde, s'écria Guenillon, avez-vous fini de *barguigner* de votre langue ?

Les baguettes de coudrier qui secouaient la poussière s'arrêtèrent à ce mot du marchand de chansons ; elles se tinrent droites d'abord et commencèrent à décrire une courbe dont le point d'arrêt pouvait bien être les épaules de Guenillon.

— Eh bien ! femme, dit le matelassier.

Les baguettes se redressèrent prudemment, mais pour retomber avec colère sur la laine du matelas.

— Voilà une heure, dit Guenillon, que je vous demande où sont les Cancoin, et vous me racontez un tas d'affaires qui ne sont pas de mon besoin.

— Vous voulez les voir? demanda la matelassière.

— Oui, je les cherche.

— Fallait donc le dire, dit la matelassière.

— S'il n'y a pas vingt fois que je le demande, il n'y en a pas une.

— Voyez-vous, continua la cardeuse de matelas, ce malheur-là m'a frappée. Ça peut arriver à tout le monde. Il n'y avait que M. Cancoin qui avait l'air résigné : c'était lui qui soutenait la fermière, qu'on ne m'ôtera pas de la tête que...

Guenillon poussa un juron énorme.

— Ah! la pie borgne qui recommence! Nom d'une pipe! je ne connais pas d'avocat qui ait une *loquence* pareille.

Heureusement le fripier Marion vint mettre un terme à ces petites discussions.

— Connaissez-vous, dit-il au colporteur, l'église Saint-Béat?

— Ma foi non! dit Guenillon.

— C'est que les Cancoin demeurent dedans.

— Il est donc sacristain? demanda plaisamment Guenillon.

— Eh! non, c'est une église abandonnée où il mettait le surplus de ses tonneaux.

— Bon, dit Guenillon, je vois ça, ce n'est pas loin de la rue de Brosses.

— Précisément, dit le fripier.

— En ce cas, bonjour, je suis pressé.

Tout près de la rue de Brosses, qui a pris son nom

du facétieux premier président au parlement de Bourgogne, est une église abandonnée qui n'est pas la seule dans Dijon. Des unes on a fait des magasins de fourrages, des autres des marchés publics. Ainsi dans beaucoup de provinces, depuis la révolution, ont été démolis, pour faire place à l'industrie, des monuments sur lesquels l'art n'a guère à pleurer. Nous sommes étonnés aujourd'hui, en voyant d'anciennes gravures de petites villes, de ces quantités de flèches dans l'air; ce ne sont que cathédrales, églises, couvents, chapelles, maisons de dévotion, établissements monacaux qui portent de grandes ombres ou écrasent les petites maisons des bourgeois, les boutiques obscures des marchands, les échoppes des ouvriers.

Par un singulier retour, l'ouvrier, aujourd'hui, peut demeurer dans une église.

Cancoin, chassé de sa petite maison, avait à sa disposition la chapelle de Saint-Béat.

Mais le brave tonnelier ne pensait guère à ces antithèses : il trouvait le nouveau logement froid.

Guenillon ouvrit sans difficulté le petit loquet de fer qui branlait dans une vieille porte noire ornée de dessins formés par de gros clous, et il aperçut la grande salle haute et froide, avec ses fresques naturelles et ses fresques peintes par les hommes.

Les fresques des peintres morts étaient en mauvais état. Le temps est quelquefois intelligent : il détruit les mauvaises œuvres. Ce qui restait des anciennes fresques donnait raison à la destruction, mais les fresques naturelles, peintes par l'humidité en camaïeux verdâtres, et qui formaient des nuages sans formes arrêtées, des cartes géographiques de pays inconnus, menaçaient de se propager abondamment.

Près du mur du fond était une petite échelle courte qui conduisait à une ouverture obscure. Là avait été jadis la châsse du saint. Cancoin l'avait convertie en appartement.

A droite était disposé tout le matériel de la tonnellerie qui n'avait pas été saisi ; à gauche Guenillon remarqua des tonneaux disposés dans un certain ordre. Il y en avait cinq rangés à la suite les uns des autres et solidement calés. De chacun de ces grands tonneaux sortaient des linges blancs et des couvertures.

Cancoin en avait fait des lits pour ses enfants.

— Ce n'est pas dommage de vous rencontrer, dit Guenillon en entrant. Bonjour, les amis.

La petite famille, qui était accroupie devant un pauvre feu fait avec des morceaux de cerceaux frais, accourut au-devant de Guenillon.

— A ce que je vois, la santé n'a pas été saisie avec le reste, dit le marchand d'images.

Guenillon, comme tous les gens d'apparence brutale, avait cependant un sentiment très-délicat. Il n'eût pas prononcé le mot *saisie*, pas plus qu'il eût prononcé le mot *mort* devant un malade, s'il ne se fût aperçu de la tranquillité qui régnait dans l'église habitée par le tonnelier.

— Nous n'y pensons seulement pas, dit la tonnelière. Tenez, auparavant nous n'avions pas de fauteuils; mais, comme Cancoin est habile, au bout de deux jours nous étions assis comme des empereurs.

Du doigt, elle montra à Guenillon la fermière qui était assise dans un des meubles créés par l'imagination de Cancoin. Il avait scié des tonneaux par la moitié, en conservant un demi-cercle qui servait naturellement de dossier.

Les tonneaux répondaient à tous les besoins : lits, chaises, fauteuils, armoires et commodes.

— Ah! dit Guenillon, ce n'est pas un fainéant qui aurait trouvé une pareille invention. Je veux avoir des fauteuils pareils, à mon village ; j'en ferai cadeau à ma femme, et j'aurai soin d'arranger les planches de telle sorte que, quand madame Guenillon criera, je la ferai descendre au fond du tonneau, où je la laisserai un jour tout entier. A propos, savez-vous du neuf sur Grelu?

— Rien du tout, dit Cancoin en baissant la voix ; nous en parlerons dehors, s'il vous plaît.

— Tout à votre disposition, vous savez. Mais dites-moi donc comment le brigand de Blaizot a été aussi vite dans ses poursuites.

— Je n'en sais rien, allez ; mais je ne me plains pas. Un brave homme, poussé par ce bon garçon de François, m'avait offert la moitié de la somme. Le renouvier a été plus dur que les pierres : « Il me faut tout ou rien, » a-t-il dit.

— Je me demande quelquefois, dit Guenillon, à quoi pense la Providence de sauter à pieds joints sur le corps de braves gens, tandis qu'elle en enrichit d'autres qui ne valent pas la corde que je suis tenté de leur mettre au cou.

— Bah! dit Cancoin. Laissez donc tranquilles les riches, et ne vous faites pas de mauvais sang à les regarder. Nous sommes plus heureux qu'eux. Voilà le bonhomme : il m'a mis sur la paille, pour ainsi dire ; croyez-vous qu'il en mangera de meilleur appétit? Je dors mieux que lui, allez. Mais son argent lui tinte dans les oreilles la nuit, comme s'il avait une cloche sous son oreiller ; ou bien il rêve qu'on le vole. Je ne changerais pas de peau avec lui, j'aime mieux la mienne. Seulement je suis tracassé par une idée : Alizon se fait grande tous les jours ; j'aurais voulu lui mettre quelques sous de côté pour la marier.

— Elle est assez belle femme pour qu'on ne lui achète pas un homme. De l'argent pour se marier! dit le colporteur, en voilà encore des sottises de vos villes! nous ne connaissons pas ça à la campagne ; je dis entre gens pauvres; chacun apporte un gros rien entre deux plats, et le lit des noces n'en est pas plus froid.

— Oui, dit le tonnelier, c'est la faim qui épouse la soif.

— Eh bien! moi, dit Guenillon, je me charge de lui trouver un épouseur, à Alizon, pourvu qu'elle ne fasse pas trop la difficile. Je te lui amènerai un solide gars, bâti comme un cheval de labour, et qui travaillera comme un bœuf ; ça vous va-t-il, père Cancoin ?

— Nous verrons, répondit le tonnelier en ouvrant la porte ; il ne s'agit guère du mariage d'Alizon dans ce moment-ci. Vous avez vu la Grelu dans notre hangar?

— Oui, elle a toujours l'air..., dit Guenillon en agitant ses mains au-dessus de son front. Est-ce qu'elle vous parle quelquefois de son mari ?

— Elle ! elle n'en dit pas plus que vous n'en avez entendu.

— Elle n'en a pas ouvert la bouche, dit Guenillon, quand je l'ai rencontrée dans le bois.

— Eh bien, jamais je n'en entends davantage. Le jour, je ne sais pas quelles idées la tourmentent en dessous. Les enfants jouent et crient, quoique leur mère les empêche ; la Grelu ne bouge pas. On dirait que ce qui se passe sur la terre ne la regarde pas.

— Avez-vous prévenu un médecin ? demanda le marchand d'images.

— Attendez, vous allez voir. Au contraire, la nuit, il semble qu'un démon la travaille. A peine qu'elle est couchée, ses agitations la reprennent. Elle se remue, se remue, comme si elle était possédée. Depuis deux jours, ça augmente. Nous étions tous endormis, lorsque ma femme me pousse dans le lit ou plutôt dans le tonneau ; elle me dit : « J'ai peur. » Moi je crois que c'est le grand bâtiment qui l'effraye. « De quoi as-tu peur ? c'est des bêtises. — Tu n'as donc pas entendu ? demande ma femme. — Entendu quoi ? je lui dis. — Je ne sais pas trop ; des soupirs, des gémissements. » J'allais me rendormir, lorsque ma femme me dit : « Entends-tu, maintenant ? » Vous savez, Guenillon, que je suis un homme ; ma parole, j'ai senti mes cheveux se dresser sous mon bonnet. Ça n'a duré qu'une minute, car je me suis vite rendu compte. La Grelu gémissait comme quand je suis arrivé à la ferme et que son enfant se mourait. Je me suis jeté bien vite à bas du tonneau. « Qu'est-ce qu'il y a, madame Grelu ? » Rien, elle ne répond rien. « Où souffrez-vous ? » que je lui demande. Elle ne répond pas davantage. Je crus qu'elle dormait, lorsque tout à coup elle se met à parler des paroles que je ne comprends pas. J'ai cru remarquer qu'elle semblait répondre à une voix que je n'entendais pas, car il n'y avait pas de suite dans son discours.

— C'est ça, dit Guenillon, la tête n'y est plus.
— Il était toujours question de l'Encharbôté.
— L'Encharbôté ! s'écria le marchand d'images.
— Pourquoi, qu'est-ce qui vous étonne ?
— Mais c'est dans le bois de l'Encharbôté que j'ai trouvé la Grelu, quand elle était quasiment morte de faim. Ça lui aura resté dans la tête.
— Il y a donc quelque chose d'extraordinaire dans ce bois-là ?
— Rien du tout, dit Guenillon, excepté qu'il est si touffu, si plein d'épines, que les arbres y viennent comme il leur plaît, et que c'est pour ça que nous autres l'appelons l'Encharbôté.
— C'est drôle, dit le tonnelier, qu'un simple bois lui reste dans la tête. J'aurais plutôt pensé qu'elle rê-

verait d'incendie; moi, quelquefois j'y pense bien....
Vous ne m'avez jamais dit, Guenillon, ce qu'elle faisait quand vous l'avez rencontrée.

— Ma foi, elle ne faisait rien, elle avait l'air d'une grande âme abandonnée.

— Ce n'est pas tout, reprit Caucoin, elle parle aussi à son enfant la nuit. Je n'y comprends rien, elle a l'air d'en avoir peur. « Va-t'en, dit-elle, va-t'en ! » Et puis elle ajoute : « J'ai cru bien faire. » C'est comme un remords qui lui pèse.

— Voyons, dit Guenillon, racontez-moi, vous, à votre tour, qui est-ce qui les a sauvés du feu, Grelu d'abord !

— Le fermier s'est sauvé tout seul, dit Caucoin. Puisqu'il avait mis le feu, il ne tenait pas à griller.

— Et la fermière?

— C'est moi, dit le tonnelier, qui l'ai prise dans mes bras pour la faire vite passer par la fenêtre; et il n'était que temps.

— Et alors? dit Guenillon.

— Alors je l'ai assise par terre.

— Mais l'enfant ?

— L'enfant mort était à côté d'elle.

— Après? demanda le marchand d'images.

— Je sais que plus tard je n'ai plus retrouvé ni femme ni enfant.

— Quand je l'ai rencontrée dans le bois de l'Encharbôté, se dit Guenillon, comme s'il se fût parlé à lui-même, la fermière était seule. C'est de la Mal-

Fichue au petit bois que l'enfant a disparu. Il a dû se passer quelque chose de terrible pendant la route.

—Ah ! que vous raisonnez bien ! dit Cancoin. Avez-vous fouillé le bois ?

— Je ne savais rien à cette heure, répondit Guenillon. Je chantais un peu pour égayer la route, sans me douter des calamités qui étaient arrivées en une nuit aux Grelu.

— L'enfant n'aurait-il pas été emporté par une bête... par un loup ? demanda le tonnelier.

— J'ai jamais vu de loups ni de grosses bêtes dans les alentours de l'Encharbôté.

— J'ai une idée, moi, dit Cancoin. Si j'emmenais la Grelu par là... Un jour de marché, il ne me sera pas difficile de trouver deux places dans une voiture de fermière. Peut-être bien que la vue du pays ne lui ferait pas de mal.

—Bah ! dit Guenillon, je ne vois pas de grand soulagement dans votre remède. Est-ce qu'au contraire les restants de murs noircis de la ferme ne lui rappelleraient pas son infortune ? Si vous me croyez de bon conseil, vous me laisserez arranger cela. D'ailleurs, vous n'êtes pas dans de trop bonnes affaires pour aller courir la campagne en compagnie d'une pauvre femme qui a le cerveau affecté. Le lendemain de la Noël, mon ouvrage sera *faite*, j'aurai sans doute quelques écus ; c'est mon chemin pour retourner au village. Je me charge de la Grelu et je vous en réponds. Maintenant, je vous quitte pour aller à l'imprimerie, où ils me font languir pour une malheureuse rame de noëls. Et vous, bon courage : nous ne serons pas longs à nous revoir.

XII

LA PREMIÈRE OIE.

C'est aux approches de l'Avent que certaines boutiques de Dijon prennent une gaie physionomie. Les charcutiers et confiseurs sont les marchands qui profitent le plus de la fête de Noël, surtout les charcutiers, qui dépensent toute leur imagination à faire leur *montre*.

Quelques-unes de ces boutiques ressemblent à un conte de fées où le prince aborde dans l'île de la Ripaille. On remplace les gros quartiers de porc par des linges blancs, comme s'il s'agissait d'un reposoir. Les bordures sont faites de guirlandes de boudins noirs mariés à des boudins blancs. On y voit des ornements de cervelas, de saucisses, d'andouilles.

Certains charcutiers, plus artistes encore, élèvent à grands frais des monuments d'architecture en graisse blanche comme du lait, où sont reproduits, avec grande exactitude, le Panthéon, la Bourse, la Madeleine.

Des montagnes de pâtés lourds et ventrus comme un banquier goguenardent la bourse des pauvres gens qui, huit jours à l'avance, vont voir les boutiques.

C'est à ces montres que l'œil brille, que le nez s'allonge vers ces grosses friandises. On comprend, en voyant ces désirs inassouvis, le mot de Quévédo, qui rapporte que don Pablo de Ségovie regarda un pâté avec des yeux tellement ardents, que le pâté s'en dessécha.

Les confiseurs, qui s'adressent plus directement aux riches, dépensent dans leur étalage encore plus de coquetterie, mais ils n'offrent pas le même intérêt.

A leur commerce de vin les cabaretiers joignent, pour cette époque, le commerce des oies. Dans les grandes rues larges de Dijon, et moins passantes que les autres, il est facile d'assister à l'engrais de ces blanches bêtes, qui ont cependant un fond de mélancolie, quoi qu'en ait dit le savant Grimod de La Reynière.

Déjà, dans Dijon, on commençait à flairer le Noël ; depuis huit jours la ville, le soir, entrait en fête. Le vin blanc coulait à flots dans les cabarets, et, pour attiser la soif des buveurs, sur chaque table s'élevaient de pleines assiettes de marrons.

La veille de Noël, Blaizot envoya aux provisions la Rubeigne, qui était une cuisinière habile. Le bonhomme célébrait Noël à sa façon ; il ne lui survenait pas, ce jour-là, des bouffées religieuses ; il obéissait, comme la plupart des gens du pays, à une vieille coutume.

Les fermiers qui faisaient des affaires avec le reneuvier avaient envoyé leurs redevances, sortes d'épingles qui se traduisent partout en volailles, cochons de lait et fromages.

La Rubeigne dépensa tous ses secrets culinaires dans les apprêts de l'oie, qui était la pièce la plus importante du repas.

Enfin, le 24 décembre de l'année 1820, on vit arriver en grande tenue, rue du Tillô, les convives de Blaizot, qui appartenaient pour la plupart aux corps des notaires, des avoués et des huissiers.

Il faut dire que Me Tassier, le notaire, et Me Parcheret, l'avoué, étaient gens un peu véreux, ayant eu plus d'une fois maille à partir avec la corporation dont ils faisaient partie. D'autres officiers ministériels, d'une meilleure réputation, auraient rougi et se seraient crus ravalés de dîner en compagnie d'un huissier, qui tient le bas de l'échelle parmi les gens noirs à cravate blanche.

Mais l'avoué et le notaire étaient tout à la dévotion de Blaizot; sans la clientèle du bonhomme, les panonceaux du notaire n'auraient pas étalé le brillant de leur dorure. L'avoué, long personnage blême, était à la tête d'une étude si pauvre, qu'il n'avait pas même de clerc, et qu'il jugeait prudent, dans les longues soirées d'hiver, de copier des rôles pour l'administration des contributions.

Aussi était-il plein de respect pour l'huissier Tête, qui occupait un clerc.

Le repas commença vers les six heures du soir. L'avoué mangea le potage avec l'obstination avide des personnes maigres que la vue des hommes gras irrite. Il en redemanda.

— C'est un bon plat... le potage, dit-il, quand il est bien accommodé. J'en ferai mes compliments à mademoiselle Rubeigne.

— Mademoiselle est toujours fraîche, au moins, dit Tête, comme la servante entrait. Ah! monsieur Blaizot, que vous êtes heureux d'avoir une cuisinière aussi appétissante!

— Mademoiselle Rubeigne, c'est un bon plat, dit l'avoué.

Le notaire ne disait rien et approuvait par un signe de tête les compliments de son confrère.

— Ah çà, dit Blaizot, qui est-ce qui aime le gras ou le maigre dans le bouilli?

— Oh! le bouilli, dit l'avoué, c'est un bon plat. Je vous demanderai un peu de gras..... et aussi de maigre.

Blaizot n'avait pas manqué, à ce dîner, d'apporter son fameux verre à surprise, dont le vin disparaissait dans la cravate du buveur. Le notaire, quoique réservé, fut victime de cette plaisanterie, qui mit Tête au comble du bonheur.

— Vous savez la grande nouvelle, dit l'huissier; le procès Grelu se complique. Nous allons avoir une affaire bien intéressante. M. le juge d'instruction et

M. le procureur du roi sont retournés à la Mal-Bâtie, emmenant cette fois avec eux la fermière et un colporteur qui avait, a-t-il dit, des révélations importantes à faire. On croit connaître maintenant le mot de l'affaire, d'après ce que j'ai pu savoir au greffe.....

— Monsieur Blaizot, je demanderais volontiers un peu de cette échinée de porc; c'est un bon plat, dit l'avoué.

— Tête, attendez un moment, dit Blaizot; que j'écoute avec attention. Vous disiez donc...

— Qu'on connaît maintenant le motif qui a porté Grelu à incendier sa ferme. Ce n'est pas par intérêt, quoi qu'en dise la compagnie d'assurance, qui cependant conserverait son recours au civil.

— Ça lui rapportera beaucoup, le recours, dit Blaizot.

— N'importe! Le fermier, à ce qu'on suppose, désolé de ce que son exploitation n'allait pas, voulait se suicider, lui et sa femme, à cause aussi du chagrin de la mort de leur enfant.

— Tout ça, Tête, ne sont pas des raisons, dit le reneuvier. Je n'en perds pas moins mon argent.

— Je mangerais bien, dit l'avoué, une de ces cailles grasses, qui me paraissent un bon plat.

— Il faut en prendre son parti, dit l'huissier au bonhomme.

— Vous avez bientôt dit une dure parole ; on voit bien que ça ne sort pas de votre sac. Mais je ne vous comprends pas, Tête, vous avez l'air d'absoudre Grelu.

— Oh! ça regarde les jurés... Il s'est passé encore

à la Mal-Bâtie un fait assez étrange ; comme je vous le disais : un témoin important, un colporteur qu'on nomme Guenillon...

— N'est-il pas ami des Cancoin ? demanda Blaizot.

— Précisément, c'est lui qui a retrouvé la fermière.

— Et il n'est pas arrêté ?

— Guenillon ? demanda l'huissier.

— Mais c'est encore un gibier de potence, celui-là, un sacripant, un *gradasse*...

— Vous vous trompez, monsieur Blaizot.

— Si, c'est un *mandricar*, s'écria le reneuvier plein de colère, en pensant à la scène qui s'était passée le soir chez les Cancoin. La Grelu, son mari, les Cancoin, Picou, ils sont tous complices, ils s'entendent, je vous le dis. Il n'y en a pas un qui paye. Et qu'est-ce que c'est que des gens qui sont sans argent ? des voleurs ! Ils empruntent avec l'idée qu'ils ne rendront pas : des voleurs ! Ils louent des maisons sans payer leur terme : des voleurs ! Ils vous font des billets sur papier marqué ; il ne les payent pas : des voleurs, je vous dis ! Ils vous achètent des bestiaux pour les brûler : des voleurs ! des voleurs ! des voleurs !

Pendant que l'huissier Tête frémissait d'avoir provoqué un tel réquisitoire, et que Blaizot buvait un grand coup de vin pour rafraîchir son gosier allumé par la colère, l'avoué maigre mangeait avec la férocité d'un tigre de ménagerie qu'on aurait oublié de servir pendant deux jours. A lui seul il avait fait disparaître un plat de cailles.

— J'aime beaucoup les cailles, c'est un bon plat,

disait-il au notaire. Faites-m'en passer un fragment.

— Il n'y a plus de cailles, dit le notaire.

— Oh! la! la! s'écria l'avoué du ton d'un homme à qui on apprendrait une ruineuse catastrophe.

La Rubeigne entra avec un plat contenant l'oie dorée. L'avoué se livra à une joie extrême ; il appuyait sa chaise sur les deux pieds de derrière afin de se reculer de la table. Il regardait l'oie de loin, comme on regarde de la peinture. Puis il se rapprochait et il inclinait la tête comme s'il eût rendu hommage à une princesse. Ses yeux s'ouvraient et se fermaient avec une expression de volupté inouïe : ses narines s'élargissaient.

— Ah! monsieur Blaizot, s'écria-t-il, l'oie!!! Ah! monsieur Blaizot!

Ne trouvant pas de mots pour rendre son enthousiasme :

— C'est un bon plat, l'oie! s'écria-t-il.

— Eh bien! dit Blaizot, chargez-vous de la découper.

La Rubeigne passa le plat à l'avoué qui, armé d'un grand couteau, commença par l'attaquer aux cuisses. Le notaire, qui jusque-là n'avait pas dit une parole, fit entendre des murmures significatifs.

— Oh! dit-il, monsieur Parcheret, vous commettez une grande faute ; tout l'esprit de la bête s'évapore.

— C'est un goulu, dit Blaizot, il n'y entend rien... Heureusement il n'a encore massacré qu'une cuisse ; gardez-la.

— J'aime beaucoup la cuisse, dit l'avoué; c'est un bon plat.

Le notaire alors se livra à d'ingénieuses découpures de l'estomac de l'oie; il appartenait à l'école des gourmets. Il leva diverses aiguillettes sur le corps de l'oie, et offrit à Blaizot celles du milieu comme plus *fondantes*.

— Les personnes qui savent vivre, dit-il, ne divisent jamais les membres dès le début, car la bête rend moins de jus et paraît moins tendre.

L'avoué, qui dévorait la cuisse, ne prêtait aucune attention à ces leçons gastronomiques.

— Malheur à celui qui s'attache d'abord à découper les cuisses de l'oie!

— C'est vrai, disait l'avoué, c'est un bon plat.

Tête, qui avait aussi quelque science dans ces sortes de matières, et qui voyait les aiguillettes diminuer avec une sensible rapidité, proposa de lever encore quelques filets sur la partie charnue des cuisses.

— Non, dit l'avoué qui regardait la seconde cuisse comme sa propriété, ne détruisons pas ce fragment; je le demanderai si personne n'y tient.

— Ah! si j'avais su, dit Blaizot, M. Tassier me l'a donnée sur mon assiette.

— Oh! la! la! s'écria l'avoué avec un grand soupir.

— Tenez, dit Tête, en emplissant l'assiette de son voisin de marrons, voilà.

— Avec un peu de carcasse, si vous permettez, dit l'avoué, j'aime beaucoup la carcasse.

— Si je prenais des pensionnaires, monsieur Parcheret, dit Tête, je vous nourrirais volontiers, vous n'êtes pas difficile, vous aimez tout.

— Avec tout ça, dit Blaizot, vous ne m'avez pas achevé l'histoire des ravageurs de la Mal-Bâtie.

— Et je ferais bien autant de ne pas continuer; ça vous irrite la bile, et je le comprends. Nous sommes là à dîner bien tranquilles; pourquoi nous faire du mauvais sang?

— Non, dit le reneuvier, maintenant j'écouterai sans me fâcher.

— J'en reviens donc au procureur du roi et au juge d'instruction, qui sont partis avec la Grelu et Guenillon. C'est sur les conseils du marchand de chansons que la voiture a fait un détour pour ne pas passer devant la ferme brûlée; ils sont tous arrivés au bois de l'Encharbôté que vous connaissez bien. Là, la fermière est devenue comme une folle, m'a-t-on dit. Elle a pris sa course au milieu des ronces, des épines; il n'y avait que le paysan qui pouvait la suivre, ces messieurs du parquet se seraient arraché la figure et les habits dans le taillis. A un endroit du bois la Grelu s'est arrêtée. C'est alors qu'on a remarqué que la terre avait été remuée, qu'on avait arraché des gazons.

— Ils avaient caché leur argent, s'écria Blaizot.

— Non, c'était là qu'elle avait enterré son enfant. Guenillon a couru à un village voisin pour ramener le curé, et alors on a recommencé à lui dire la messe des morts et à transporter le corps dans le cimetière du village.

— Ça ne m'avance pas à grand'chose, dit le reneuvier. Mais qu'est-ce que ça fait au procès?

— Je n'en sais pas plus long, dit Tête. Mais quel coup elle a fait là, la fermière! Ah! si madame Tête m'avait monté des scènes pareilles, moi qui ai eu quatorze enfants défunts!

— Allons, buvons un coup, dit le bonhomme, qui n'aimait pas à entendre parler d'enterrement.

— Oui, dit Tête ; à votre santé!

— Je prendrais bien de ces épinards accommodés à la graisse d'oie, dit l'avoué ; c'est un bon plat.

Le dîner se passa ainsi jusqu'à onze heures, tous mangeant d'un grand appétit et buvant largement, à l'exception de l'avoué engloutisseur, qui semblait craindre de dissiper par le vin les grosses viandes du repas.

On se sépara. Tête, qui n'entrait jamais à l'église, offrit à l'avoué maigre de boire de la bière au café.

XIII

LA SECONDE OIE.

Le fermier Grelu sortit de l'infirmerie guéri; il ne fut plus remis au secret, et il obtint la permission de voir sa femme en présence d'un gendarme. Combien de fois se serrèrent-ils les mains à travers les barreaux du parloir! Le mari et la femme ne se tenaient pas de longs discours; mais chaque mot était plein de douces affections, de plaintes et d'espoirs.

Depuis l'enterrement de son enfant, la Grelu semblait revenir à la vie. L'emprisonnement de son mari lui serrait encore le cœur; les murs de la prison lui tiraient des larmes; mais le sourd désespoir l'avait abandonnée.

— Ma pauvre femme, disait Grelu, que de fois j'ai pensé à toi dans le cachot! je ne croyais plus te revoir.

— Moi aussi j'ai bien souffert, et je souffre encore; mais je suis bien consolée aujourd'hui... Quel honnête homme que le juge qui a donné la permission! Il y a encore de braves gens. Si tu savais comme Guenillon a été bon pour moi! et les Cancoin, jamais nous ne pourrons les récompenser de leur attachement.

— N'aie garde, dit le fermier; les bons se retrouvent toujours, et ils ont des façons de se payer à eux qui valent mieux que les richesses des gens comme M. Blaizot.

En un clin d'œil se passa l'heure qui avait été accordée à la Grelu, et elle quitta son mari pleine de joie de l'avoir revu, mais pleine de chagrin en pensant à son incarcération. Elle rencontra le geôlier, et lui mit dans la main cinq francs que Guenillon lui avait donnés :

— Je vous en prie, Monsieur, si Grelu a besoin de quelque chose, faites-le-moi savoir, je tâcherai de le lui procurer; c'est un honnête homme, allez! et vous verrez qu'on finira par connaître son innocence.

— Honnête ou non, ça ne me regarde pas, dit le geôlier. Mais il suffira que vous me le recommandiez à chaque visite comme aujourd'hui...

La Grelu sortit. Quelque temps après, le fermier put se promener pour la première fois dans le préau, en compagnie d'autres prisonniers. Tous le regardaient avec curiosité, car ils connaissaient l'accusation qui pesait sur sa tête. Plus d'une fois il en avait été question. Les événements sont si peu nombreux en prison, qu'on s'occupe avec avidité des nouveaux venus; ils sont, pour ainsi dire, jugés d'avance. C'est là, bien souvent, que sont débattus les moyens de défense, et ces éternels alibis devenus si communs qu'ils viennent en aide à l'accusation.

Mais Grelu ne semblait pas d'humeur communicative; les prévenus ne tentèrent pas d'entrer en conversation avec lui. Le fermier se promenait à grands pas et cherchait l'air et le soleil; il en avait été privé si longtemps, pour un homme habitué à vivre dans les champs, qu'un endroit où les murs n'avaient pas porté d'ombre lui sembla plus beau que tout ce qu'il avait vu dans la campagne.

Des enfants jouaient dans ce coin et s'amusaient comme s'ils avaient été en pleine liberté. Près d'eux était assis une homme de quarante ans, d'une haute taille, les cheveux grisonnants, et qui souriait à leurs jeux.

La pensée avait semé son visage de rides qui rendaient un peu sévère sa physionomie; mais son sourire n'en était que plus expressif. Cet homme, par ses habits et ses manières, contrastait tellement avec les autres prisonniers, que Grelu s'arrêta pour le regarder; par une coïncidence frappante, les yeux de l'homme habillé de noir rencontrèrent ceux du fermier.

Grelu salua l'étranger, qui répondit en homme bien élevé à cette salutation.

— Pardon, Monsieur, vous devez être l'imprimeur? demanda Grelu.

— Vous me connaissez? répondit celui-ci.

— Je n'ai pas cet honneur, mais j'ai entendu parler de vous dans mon cachot, dit le fermier.

— Et qui est-ce qui a pu vous parler de moi?

— Le geôlier. En entrant dans cette cour, je n'ai

rencontré qu'une figure honnête, et je ne me suis pas trompé.

— Sans vous faire de compliments, dit l'imprimeur, vous n'avez pas non plus la mine d'un scélérat. Seriez-vous enfermé pour dettes?

— Je suis prévenu d'incendie à ma ferme.

— Je ne l'aurais pas cru, dit l'imprimeur.

— Et vous auriez eu raison, dit Grelu.

— D'ailleurs, reprit l'imprimeur, je ne m'occupe pas de ce qui se passe ici. Les enfants me suffisent, croyez qu'ils me donnent du tracas; cependant je suis parvenu à ce que je voulais. Regardez ces quatre petits qui jouent. Eh bien! ceux-là, si on me les laissait, je les sauverais et j'en ferais de bons ouvriers. Il n'y avait qu'à les redresser; mais vous, qui êtes de la campagne, vous savez combien doit rester auprès de l'arbre faible le solide tuteur. Si on les enlève à ma direction, je ne réponds plus d'eux. Ils retomberont. Ils ont le caractère ouvert; ils sont bons au fond, mais faciles à entraîner. Je me garde bien de les laisser seuls avec un autre petit garnement que vous pouvez voir là-bas avec les autres prisonniers. Celui-là est farouche, peu communicatif; il a douze ans et déjà ses moustaches poussent. Il sera très-fort de caractère et de corps; mais il n'aime que les cartes, il retient tout ce qui est mauvais, des chansons ordurières, des mots d'argot. Il a étonné le fameux Lerouge, qui a trouvé moyen de s'évader trois fois d'ici. Je crois qu'il y a des natures vouées fatalement au mal; je crois aussi que l'hérédité y entre pour beaucoup. La mère de ce garçon était une fille de mauvaise vie, son père est un forçat. Tous deux ont été condamnés pour avoir assassiné un homme A neuf ans ce garçon débutait par voler; il a été mis dans une maison de correction. Il en est sorti et il a recommencé. J'ai essayé de tout avec lui, rien n'a réussi. Maintenant je le laisse tranquille, bien heureux s'il ne corrompt pas mes petits élèves.

— Je vois que je ne m'étais pas trompé, dit Grelu; je suis bien heureux de rencontrer ici un homme comme vous. N'est-ce pas triste qu'on soit enfermé pour de l'argent?

— Je ne me plains pas, dit l'imprimeur. Je n'ai pas perdu mon temps ici, et je ne demande qu'une chose, c'est qu'on ne m'en fasse pas sortir trop vite, avant que j'aie fait l'éducation de ces enfants; ou je voudrais être assez riche pour les faire sortir d'ici; voilà qu'ils savent lire maintenant, je les prendrais avec moi, ou je m'en servirais comme apprentis dans mon imprimerie. J'ai de l'ouvrage maintenant pour aller dix ans; j'ai composé ici de petits livres que je ferai tirer à des nombres considérables pour les répandre à bas prix dans les villes et les campagnes. Ce sont des livres utiles. Avant cinquante ans vous allez avoir une France nouvelle, qui s'inquiétera du passé et plus encore de l'avenir. Et je plains ceux qui, avec une mauvaise éducation, ne comprendront que la surface des idées. C'est surtout l'amour du vrai qu'il faut tâcher d'inspirer : le mensonge nous tue. Il y a bien des esprits intelligents qui ne demanderaient pas mieux que de s'associer aux idées nouvelles; mais habitués à vivre avec des gens sans conviction, ils regarderont comme de la même bande les premiers qui se présenteront, les mains ouvertes, semant la vérité.

— Je ne suis pas assez savant, dit Grelu, pour voir aussi loin que vous, mais je vous crois.

— Tout homme qui tient une plume, dit l'imprimeur, doit avoir quelque chose à dire. Et surtout il faut qu'il soit sincère et qu'il croie à son œuvre. S'il n'y croit pas, l'œuvre est mauvaise et malfaisante. Et malheureusement, parmi ceux qui pratiquent l'enseignement, je n'en vois pas beaucoup qui croient. Ils redisent ce qu'on leur a dit; ils refont ce qui a été fait, et ont peur d'une vérité comme si on allait les saigner aux quatre membres.

Le geôlier entra à ce moment dans la cour; il fit sa tournée en disant à ceux qu'il supposait avoir quelque argent, qu'en considération de la Noël, il avait obtenu la permission de vendre de l'oie aux prisonniers. Le matin, la femme du geôlier avait acheté une oie tellement maigre, que le mari entra en fureur à la vue de cet animal, qui semblait atteint de phthisie tertiaire.

Le geôlier ne trouva rien de mieux que de mettre l'oie en souscription parmi ses prisonniers. Quelques-uns, les voleurs, recevaient de l'argent par divers moyens; mais, habitués à être trompés par le geôlier, ils discutèrent longuement chaque partie de la bête qu'ils devaient recevoir en échange de leur argent.

Grelu fut tout étonné quand le geôlier lui dit d'un ton plus bienveillant que de coutume :

— Je vous ai mis un bon morceau d'oie de côté.

— Oh! dit l'imprimeur, vous avez ici une mystérieuse protection.

Le fermier raconta alors avec beaucoup de détails ses entretiens avec le geôlier, sa mise au secret, sa translation à l'infirmerie, et enfin l'affaire de la Mal-Bâtie.

— Je ne connais, dit-il, que le juge d'instruction, un jeune avocat qui veut bien se charger de me défendre, et M. Blaizot.

— Soyez certain que le bonhomme n'est pour rien dans l'amabilité du geôlier; c'est lui qui me tient ici, et il me tient bien, dit l'imprimeur; c'est un homme plein d'adresse au fond; il n'est pas en nom dans mon affaire. Il a une espèce d'usurier endosseur qui se charge pour lui de tous les mauvais coups.

— Ma femme est venue me voir aujourd'hui, dit Grelu.

— Alors tout s'explique, dit l'imprimeur. Le geôlier lui aura tiré de l'argent.

— C'est difficile : elle n'a rien.

— Alors elle vous aura apporté une oie, sur laquelle le geôlier prélève une dîme.

— Je ne le pense pas, dit Grelu, elle me l'aurait dit.

Le geôlier revint et appela le fermier.

— Vous faites des amitiés, dit-il, à un homme que je n'aime guère; mais, à cause de la fête d'aujourd'hui, nous ne sommes pas forcés à voir si clair. Si vous voulez dîner en compagnie de l'imprimeur, je vous laisserai volontiers une heure de plus.

— Ah! merci, dit le fermier : vous êtes bon, vous, et je regrette les paroles que j'ai pu lâcher quand j'étais au cachot.

Le geôlier se laissa remercier comme s'il avait fait une bonne action. Il ne dit pas que le juge d'instruction permettait de laisser à Grelu quelque liberté; il ne dit pas qu'il avait reçu le jour même une lettre à l'adresse de l'imprimeur, lettre qu'il soupçonnait de contenir un mandat sur la poste.

A six heures du soir, Grelu et l'imprimeur étaient dans une petite chambre, où le geôlier apportait un morceau d'oie qu'il avait jugé à propos d'entourer d'une forêt de navets, afin d'en dissimuler la maigreur. Pendant le repas, Grelu raconta à l'imprimeur toute l'accusation qui pesait sur lui. Par extraordinaire et contre toutes les habitudes, François, le clerc de Tête, fut introduit dans la prison; mais ses rapports avec le greffe, avec les gens de justice, lui faisaient obtenir quelques priviléges.

François avait connu l'imprimeur au temps de sa prospérité. Il était dans la destinée du pauvre clerc d'huissier d'employer toutes les rigueurs de la loi contre ceux avec lesquels il était lié.

Aussi ne manqua-t-il jamais, depuis l'emprisonnement de l'imprimeur, de venir lui rendre visite à chaque huitaine. Il croyait par là effacer ce qu'il regardait comme la souillure de son métier.

François était tenté, toutes les fois que Tête lui donnait à expédier des pièces de saisie, de les anéantir. Jamais on ne vit un ouvrier souffrir autant de sa profession. Quoique travailleur, François était très-lent dans ces sortes d'écritures, qui lui donnaient des hallucinations de bienfaisance. En transcrivant des commandements, des protêts, des récolements, il rêvait toujours que des millions étaient tombés chez sa mère. Alors il faisait ses comptes, remboursait les frais, arrêtait la saisie, allait porter l'argent aux débiteurs, beaux rêves que troublait l'arrivée de Tête.

Le plus souvent ses rêves se traduisaient en actions plus directes : ainsi, depuis l'emprisonnement de l'imprimeur, François faisait tout son possible auprès des créanciers pour obtenir un concordat qui venait toujours se briser contre les opiniâtres refus de Blaizot.

L'imprimerie marchait sous la direction des intéressés ; et François, qui avait été appelé par l'imprimeur à tenir les livres, avait conservé, depuis la faillite, cette place qu'il lui était facile d'exercer au sortir de son étude. M. Fromentin avait grand intérêt à avoir des nouvelles de son ancien établissement ; il espérait toujours y rentrer, et il craignait que son absence n'apportât de grands dommages à l'imprimerie.

M. Fromentin fut une *intelligence en province*, c'est-à-dire une nature méconnue, souffrante, incomprise et broyée par les ignorances de la bourgeoisie. L'un des premiers, M. Fromentin introduisit en province le journal politique, qui succomba sous les amendes de la restauration.

Ce fut au moment où il venait d'acheter une presse mécanique qui devait servir à tirer vite et à grand nombre une série de petits livres populaires, que Blaizot vint mettre un terme à ses projets.

— Et l'imprimerie? demanda-t-il à François : quoi de neuf?

— Pas grand'chose, Monsieur, excepté quelques *bilboquets* par-ci par-là.

Les imprimeurs donnent le nom de *bilboquet* aux petits travaux, tels que factures, cartes de visite, billets de mort, qui ne sont pas d'un grand bénéfice.

— Les ouvriers, que disent-ils? demanda M. Fromentin.

— Ils s'attendent toujours à vous revoir un jour ou l'autre, et ils seraient bien heureux, car ils vous aiment. Mais ils ne sont guère content de ceux qui tiennent aujourd'hui l'imprimerie, qui veulent se mêler de tout et qui n'y entendent rien. Aussi les compositeurs s'en moquent par derrière et même par devant. Les nouveaux ne connaissent pas la langue de l'imprimerie; ils devinent bien qu'on rit d'eux, mais ils n'osent se fâcher. Et tous les jours ils sortent de l'atelier, bien sûr, en *gobant la chèvre*.

François qui vivait depuis cinq ans au milieu de l'imprimerie, avait fini, malgré ses habitudes timides, par adopter l'argot particulier dont plus d'une fois il avait été victime en débutant.

Après que le clerc de Tête eut rendu compte à l'imprimeur des événements peu importants qui se passaient en dehors de la prison, Grelu continua le récit de l'incendie de la Mal-Bâtie.

— M. le juge d'instruction, dit-il, m'a tourné dans tous les sens pour me faire expliquer une chose que je ne comprends pas moi-même, la sortie de la charrette sur laquelle étaient les tonneaux de Cancoin. C'est comme un tour de sorcier. J'ai entendu, la nuit, un bruit sourd pareil au roulement d'une voiture; je sors sans déranger ma femme, qui avait assez de chagrin avec notre enfant mort : plus de charrette dans la cour. Je pense qu'il est entré un voleur ; ce n'est pas qu'il aurait eu gros à grapiller... j'entends encore le roulement. Dans la nuit, je ne pouvais m'orienter qu'au bruit ; je cours du côté du bruit, et puis plus rien. J'allais toujours sans voir clair, et plus d'une fois je me suis buté aux arbres. Je crois, ma foi, que j'ai fait une bonne lieue. Lorsque je suis revenu, tout était en feu. Je rentre par derrière, craignant pour ma femme; je ne l'ai pas trouvée, ni Cancoin. Et on m'accuse d'avoir mis le feu. Si c'est Dieu possible! Malheureusement tout ça était dans la nuit, sans quoi on m'aurait peut-être rencontré courant après ma charrette de tonneaux.

— Si vous aviez eu de l'argent chez vous, dit l'imprimeur, on pourrait soupçonner que le feu a été mis à la ferme pour permettre de vous voler plus facilement.

— C'est juste ce que soutient le juge, dit le fermier ; il m'a montré un sac bleu que je reconnais bien comme à moi ; seulement, je ne conçois pas qu'il n'ait pas été brûlé. Il paraît maintenant qu'il a été retrouvé dans la mare aux Crapoussins, qui est à une portée de fusil de la ferme. Le juge m'a demandé s'il y avait de l'argent dedans quand le feu a pris. Je lui ai répondu qu'il ne devait pas être lourd. Je ne sais pas ce qu'il voit dans ce sac, il y revient toujours ; il me fait mille questions. J'avais presque envie de dire au juge, puisqu'il tenait tant à ce sac, de se mettre dedans ; mais il a une mine qui ne donne pas à plaisanter. Le lendemain, ne voulait-il pas savoir combien il y avait d'argent au juste dans le sac, en quelle monnaie ?.. Pour ça, lui ai-je dit, adressez-vous à ma femme, c'était la ménagère, elle tenait la bourse. Si elle ne le sait pas, personne n'en sait rien.

— Et depuis deux jours on a levé le secret ? demanda l'imprimeur.

— Oui, dit Grelu.

— Alors l'instruction est terminée. Votre femme aura été entendue.

— Je l'ai vue chez M. Cancoin, bien triste, dit François. Mais maintenant elle reprend... il n'y a plus que les Cancoin... que j'ai saisis aussi. Ah ! monsieur Fromentin, je m'en veux comme si j'avais commis un crime.

Là-dessus le geôlier entra et vint prévenir les prisonniers de rentrer chacun dans sa cellule.

XIV

LA TROISIÈME OIE.

Le repas n'était pas splendide chez les Cancoin, quoique la tonnelière eût mis en branle toute son imagination pour tâcher d'arriver à déguiser la pauvreté.

Qu'était devenue la carbonnade habituelle qui frissonnait sur les charbons et répandait dans la chambre des odeurs si appétissantes ? Il n'y avait plus au plafond de ces jambons qui semblent plantés là rien que pour exciter le pinceau d'un maître flamand. Le boudin noir n'aurait servi qu'à mieux faire déplorer l'absence du vin blanc.

Aussi, ce jour-là, Cancoin était-il réellement abattu.

— Femme, dit-il, où sont les enfants ?

— Je les ai envoyés voir les boutiques avec Alizon.

— Et qu'est-ce que tu vas leur donner à manger après la messe ?

— Nous les coucherons.

— Diable, diable ! c'est qu'ils ont de la mémoire, et qu'ils se souviendront bien de l'année dernière.

— Nous n'étions pas des *maupiteux* alors, dit la Cancoin.

— Les enfants auraient été si heureux de manger une saucisse. Voyons, est-ce que, pour aujourd'hui, tu ne pourrais pas leur acheter à chacun une petite crépinette?

— Non, dit la tonnelière, je ne veux plus de crédit nulle part. Nous mangerons, en revenant, un bon morceau de fouace.

— La fouace, dit Cancoin, ce n'est pas très-gras.

A la Noël, les plus pauvres ne manquent pas d'acheter du pain blanc qu'on appelle *la fouace*.

— C'est pourtant moi, dit la Grelu, qui jusque-là s'était tue, qui vous gêne.

— Oh! madame Grelu, répondit Cancoin, peut-on dire des choses pareilles!

— Maintenant que je suis rétablie, dit la fermière, je vais vous quitter. Demain je vais faire des démarches pour entrer en condition.

— Est-ce que vous y songez? répondit la tonnelière. Vous en condition! vous qui sortez d'être fermière! N'êtes-vous pas à votre aise chez nous?

— Au contraire, j'y suis trop bien ; mais il ne faut pas que ça dure trop longtemps. Le cœur me manque de manger le pain de gens qui en ont à peine pour eux.

— Allez donc! madame Grelu, dit le tonnelier; pour un moment que tout va *de guingoi* (de travers), ça ne peut pas durer. C'est de ma faute, aussi, d'être accablé pour une misère. Eh bien! si nous ne mangeons pas, nous chanterons. Guenillon viendra avec sa vielle, et nous danserons. Voyons, préparons la fête pour ce soir. Femme, il ne s'agit pas de penser à l'année passée. Le Noël d'il y a un an est vieux : qu'il aille se promener. Il s'agit du Noël d'aujourd'hui. Il faut d'abord une suche ; nous n'avons pas de bois... Un noël sans suche est un triste Noël !.. Bon ! s'écria-t-il, je vois une suche en l'air.

Aussitôt il saisit une scie et une hache, grimpa à l'échelle qui conduisait à l'ouverture où jadis était la châsse du saint. Près de là était une charpente qui consolidait la voûte de la chapelle ; mais Caucoin jugea cette charpente trop compliquée, et se mit en mesure d'en abattre quelques parties indifférentes sans compromettre l'existence de la voûte.

La *suche* est connue partout en France sous le nom de bûche de Noël. Aussi choisit-on une de ces bûches massives et imposantes qui ont autant de ventre qu'un bourgmestre d'Anvers.

La coutume, à Dijon, est de cacher derrière cette suche mille friandises qui varient suivant la fortune des gens. Généralement on y met des marrons, des pruneaux, de petits chiens en sucre. Et l'idée reçue chez les enfants est « que la suche les a pissés, » car ils veulent voir du surnaturel dans ces gourmandises.

La poutre, sciée en deux, figura une suche imposante.

— Bah ! dit Caucoin après avoir réfléchi, nous avons encore un demi-sac de noix ; on cachera des noix. Ça ne sera pas une suche bien généreuse ; mais seulement, une fois que les enfants cherchent, ils sont heureux, et bien plus heureux quand ils trouvent.

— Avez-vous ici un peu de graisse? demanda la Grelu.

— Je m'en sers assez dans mon état, dit le tonnelier.

— C'est que, dans mon village, dit la fermière, on amuse les enfants avec de petites clartés qu'on leur allume dans des coquilles de noix pleines de graisse.

— Fameux ! dit Cancoin ; nous allons illuminer ce soir comme si le pape entrait à Dijon. A l'ouvrage, femme, remplis-moi une trentaine de coquilles de noix de graisse, au milieu tu mettras un peu de coton. Nous allons avoir un Noël superbe. Après ça, bonsoir, il n'y aura plus qu'à jeter nos sabots pour danser la tricotée.

La Cancoin se dépêcha de faire ses préparatifs de fête, afin que les enfants, lorsqu'ils arriveraient, ne pussent soupçonner la petite surprise qu'on leur ménageait.

On entendit sonner à la cathédrale minuit moins un quart.

— Madame Grelu, dit le tonnelier, il est temps de partir si nous voulons arriver au commencement de la messe.

— Est-ce que nous n'attendons pas Alizon et les enfants?

— Ils seront allés tout droit à l'église, dit le tonnelier.

La Grelu, Cancoin et sa femme sortirent. A peine avaient-ils tourné l'angle de la rue de Brosses, qu'un homme sembla se détacher du mur. Comme la rue était très-noire, il était perdu dans l'ombre. Il regarda de côté et d'autre, sembla écouter si personne ne venait, et se dirigea vers la porte de la chapelle où demeurait Cancoin. Il ouvrit sans effraction cette porte fermée par un simple loquet et disparut dans l'intérieur.

On entendit alors des bruits d'enfants dans la rue voisine : Alizon venait avec ses frères et sœurs chercher ses parents pour aller à la messe de minuit; tout à coup elle poussa un cri perçant que répéta toute la bande de marmots. Au moment où elle allait entrer chez elle, la porte s'était ouverte et un étranger en sortait. Celui-ci parut aussi effrayé que la jeune fille, et ne songea pas à fuir.

— Ah! que vous m'avez fait peur, François, s'écria Alizon....

— Et moi donc! dit le clerc qui ne pouvait plus respirer.

— Je vous ai pris un moment pour un voleur.... Eh bien! qu'est-ce qui vous prend maintenant?

François s'était laissé tomber dans une niche vide, et il était aussi immobile que la statue qu'il remplaçait.

— Mon Dieu, dit Alizon, il se trouve mal... François?

Le clerc ne répondit pas. Tous les enfants, étonnés de cette scène, s'étaient groupés en silence autour de François et s'efforçaient autant de comprendre que de voir clair, malgré la petite lanterne qu'Alizon portait à la main.

— Si j'avais de l'eau encore... Jean, dit Alizon à l'aîné de ses frères, rentre vite et apporte la cruche.

— S'il vous plaît, non, dit François qui venait d'ouvrir les yeux.

— Ah! vous voilà revenu à vous, mon pauvre François; c'est égal, je vais vous chercher un peu d'eau.

— Non, oh! non, s'écria le clerc, qui paraissait jouir encore moins que de coutume de son sang-froid.

— Vous aviez quelque chose à dire à mon père? demanda Alizon.

— Non... oui... précisément.

— La Noël vous tourne la tête, dit Alizon, qui pensa que François avait fêtoyé contre son habitude.

— Je n'ai pas trouvé M. Cancoin... Il n'y a personne... c'est inutile d'entrer.

— Ils seront partis sans nous; je m'y attendais, dit Alizon. Les enfants ne voulaient pas quitter les boutiques; mais, monsieur François, nous causerons en chemin, si vous vous sentez mieux.

— Oui, nous causerons en chemin, dit François qui se leva sur ses longues jambes; c'est une idée.

En ce moment, les cloches sonnaient à toute volée. Les bruits de la ville étaient éteints par les bruits du clocher. Les rues étaient noires; mais de temps en temps on voyait errer au loin des feux follets verts, jaunes et rouges, qui n'étaient autres que des lanternes enveloppées de couleurs.

— Comme vous êtes pâle, François! dit Alizon, qui put le regarder à la lueur d'un double falot porté par un domestique chargé d'éclairer les démarches d'une famille de riches bourgeois.

— Vous trouvez, Mademoiselle?... C'est que... dit François.

— C'est que?... demanda Alizon, qui attendait inutilement la fin de la phrase.

— Oh! rien, dit le clerc; je pensais...

— Savez-vous, François, que vous m'intriguez beaucoup?

— Moi?... je vous en demande bien pardon, Mademoiselle.

— Vous êtes tout pardonné d'avance; mais je voudrais vous voir causer plus clairement. Vous commencez toujours des phrases sans les achever; ce n'est pas poli.

— Ah! si j'avais su... quel malheur! dit François.

— Tenez, je vous y prends encore. *Quel malheur y a-t-il?...* Vous ne me répondez pas maintenant... Comme vous êtes peu galant!

— Est-il possible, Mademoiselle?

— C'est très-possible... François, voulez-vous que je vous dise? je crois que vous êtes un peu peureux, n'est-ce pas, un petit peu?

— Vraiment?... je ne le savais pas.

— Et que vous vous êtes trouvé mal d'être entré

dans notre logement qui est un peu grand, tandis que vous croyiez y rencontrer quelqu'un.

— Peut-être bien... dit François; j'aurai eu peur... Non, cependant... c'est vous, Mademoiselle, qui m'avez renversé quand je n'y songeais pas.

— Je vous fais autant d'effet? dit Alizon.

— Je te cherche, Alizon, s'écria tout à coup M. Paindavoine, qui semblait attendre quelqu'un devant la porte de la cathédrale... Ah! bonjour, François.

— Je n'ai pas encore osé en parler à papa, dit Alizon.

— Oh! dit M. Paindavoine, le père Cancoin ne peut pas empêcher ça. Un bal, mais c'est de ton âge! D'ailleurs, tu as payé ta part du Noël, il faut que tu le manges. Eh bien! écoute, va entendre la messe; moi, je me charge du consentement de ton père. François, veux-tu venir avec moi?

— Oui, dit le clerc, qui n'était pas mécontent d'échapper aux interrogatoires de la jolie Alizon.

M. Paindavoine fit plusieurs fois le tour de l'église, accompagné de François; il remarqua le banc où s'étaient placés Cancoin et sa femme, et il attendit la fin de la messe, qu'annonça bientôt Jacquemart en frappant de son marteau sur la cloche. Madame Paindavoine rejoignit son mari, et avec elle la sœur de François et toutes les ouvrières en couture. Depuis deux mois, grâce à certaines amendes payées avec joie dans la *Maison au Chat*, une petite somme avait été mise de côté par les jeunes couturières pour faire le *rossignou*, qui est le repas à la suite de la messe de minuit

Le maître à danser s'était chargé des frais du bal, auquel avaient été invités les frères, amis ou amoureux des couturières de la maison Paindavoine. Cancoin commença d'abord à faire la grimace quand le petit maître de danse lui fit la demande d'emmener Alizon à cette fête.

— Y penses-tu? Cancoin, lui dit tout bas la tonnelière. Notre fille n'a déjà pas trop de joie. Nous nous priverons bien de faire Noël ; mais tu ne peux pas songer à l'empêcher de s'amuser un peu.

Cancoin céda, tout en recommandant bien à Françoise et à François de veiller sur elle et de ne pas la ramener trop tard.

C'est au sortir de la messe que la ville prend une physionomie chantante. A partir d'une heure du matin, les cabarets redoublent de joie ; les noëls deviennent bachiques, comme celui que chantait à tue-tête une bande d'hommes au sortir de la cathédrale :

>Messire Jean Guillot,
>Curé de Saint-Denis,
>Apporta plein un pot
>Du vin de son logis.
>Prêtres et écoliers,
>Toute cette nuitée,
>Se sont mis à chanter :
>Ut, ré, mi, fa, sol,
>La gorge déployée.

Ces noëls à boire se chantent sur des motifs graves qui ont quelque parenté avec le plain-chant.

Toutes les rues retentissaient de noëls qui ne se ressemblaient guère : les uns venus du moyen âge, les autres plus récents, de La Monnoye; ceux-ci pieux, ceux-là grivois, quelques-uns modernes, embarbouillés de politique, quelques autres qui semblent bons tout au plus à endormir les enfants.

Depuis quinze jours, Guenillon en avait vendu plus de dix rames, malgré les nombreux volumes qui restent dans les familles, malgré les cahiers crasseux copiés à la main, malgré les souvenirs de ceux qui en ont un répertoire au bout de la langue. Les jours de marché, pour mieux faire valoir sa marchandise, Guenillon chantait des noëls et était entouré d'auditeurs attentifs qui suivaient sur le cahier et chantaient à voix basse en accompagnant la forte voix du maître. Aussi ce cours musical en plein vent exerçait-il une grande influence, qu'il était impossible de nier à la sortie de la messe de minuit.

— Pourquoi mon pauvre mari n'est-il pas là pour entendre toutes ces chansons? dit la Grelu que cette joie populaire attristait.

— Oui, dit le tonnelier qui cherchait un moyen de détourner la conversation; si nous entrions acheter un peu de pain brié chez le boulanger?

— Oh! oui, du pain brié! cria la bande d'enfants.

Le *pain brié* est une sorte de gâteau fait avec de la farine broyée, dont les boulangers de Dijon ont toujours eu le monopole.

On arriva à la porte du tonnelier,

— Où donc as-tu mis le briquet, femme! demanda Cancoin.

— C'est toi qui l'as rangé.

— Diable! dit Cancoin, je ne le trouve pas... Ah! sur quoi donc ai-je mis la patte?

— Qu'est-ce qu'il y a, demanda la tonnelière.

— Il y a, il y a... Tiens, regarde! dit Cancoin en faisant flamber une allumette.

Sur un tonneau, dans une feuille de papier, se tenait étendu, les pattes croisées, une oie rôtie, d'une couleur dorée à faire plaisir à un avare. Le tonnelier regarda sa femme; la tonnelière regarda son mari. L'étonnement les empêchait de parler. Les enfants riaient et formaient le rond autour de l'oie; ils se montraient la bête du doigt. Sans connaître à fond les causes de la misère, les enfants la comprennent. ils ne s'attendaient guère à trouver une oie à leur retour, et leur plus grand désir était de la toucher, pour s'assurer qu'elle n'était pas en carton.

— Ma foi, dit la Cancoin, c'est un vrai miracle.

— Je ne crois guère aux miracles de ces temps-ci, dit le tonnelier. Mais, en tous cas, nous mangerons le miracle, pas vrai, madame Grelu?

La fermière, qui connaissait le bon cœur de Guenillon, qui lui avait longuement parlé la veille de la position précaire de Cancoin, laissa entendre que le marchand d'images ne devait pas être étranger à la venue de cette oie.

— Il est fou, dit le tonnelier, de dépenser son argent ainsi. Est-ce que nous avons besoin de ces nourritures-là ? Mais tout à l'heure, quand il va venir, je lui dirai ce que je pense...

La Cancoin dit aux enfants de chercher dans la chambre ; puisque la suche avait envoyé une oie, il était présumable qu'elle n'avait oublié personne. Et pendant qu'ils cherchaient en se chamaillant, en criant, en se jetant par terre, les fameuses lampes en coquilles de noix furent éclairées. Quoique les gourmandises fussent uniquement représentées par des noix, les enfants, à mesure qu'ils les découvraient n'en étaient pas moins joyeux.

A deux heures du matin, Guenillon arriva ; il était très-fatigué et se laissa tomber dans un des tonneaux-fauteuils. On lui montra l'oie en souriant : il ne comprenait rien aux demi-reproches amicaux qui lui étaient adressés ; et il fut très-étonné quand le tonnelier lui dit qu'on l'avait attendu pour faire les honneurs de *son* oie.

— Je n'ai qu'un chagrin, dit Guenillon, c'est de ne pas y avoir pensé... Ma parole d'honneur si je suis entré ici pendant votre absence ! J'étais trop occupé et j'en ai le gosier enroué. Aussi vous me permettrez que je ne vous chante rien pour le quart d'heure.

Cancoin et sa femme cherchèrent inutilement à expliquer l'oie mystérieuse ; leurs recherches les ramenaient toujours à Guenillon, qu'ils accusaient d'avoir fait un coup en dessous. Malgré l'obscurité de la provenance de l'oie, elle fut mangée avec grand appétit et assaisonnée de joyeux propos.

Vers les trois heures, Cancoin s'étant plaint de ce

qu'Alizon ne revenait pas, Guenillon s'offrit à aller la chercher, et il partit après avoir vu tous les enfants du tonnelier déjà endormis dans leurs tonneaux.

La soirée de Paindavoine fut une de ces fêtes qui laissent trace dans l'esprit des jeunes filles. Quand le *rossignou* fut mangé, il y eut de grandes rondes de Noël dont quelques-unes sont pleines de poésie. Toutes les couturières dirent le fameux chœur :

>Chantons Noël, Jeanneton,
>Chantons, je te prie;
>Entonnons une chanson
>Au doux fruit de vie.
>Chantons Noël autant de fois
>Qu'il y a de feuilles aux bois
>Et d'herbes fleuries
>Dedans les prairies,

François, pendant ce chœur, était dans le rond ; toutes ces jeunes filles qui tournaient autour de lui, et qui avaient la malice de lui crier dans les oreilles, le mettaient dans un pire état que si elles eussent dansé dans son cerveau. Au milieu de toutes ces voix fraîches, il distinguait la voix d'Alizon qui lui semblait plus pure que le cristal. Le pauvre François s'était paré pour le bal; mais ses habits le rendaient plus timide que d'habitude ; non pas qu'il fût à la gêne ; mais il était tombé dans un excès contraire. Mécontent de porter les habits de Tête, qui était petit et gros, et dont les vêtements étaient par conséquent trop courts et trop larges pour le second endosseur, François avait fait part de ses désirs à un tailleur sans idées, qui lui coupa, par opposition à l'ancien, un habit très-long, mais très-étroit.

Aussi comprenait-on maintenant la véritable longueur de ce corps qui, les jours du travail, flottait dans les vastes et vieux habits de Tête. François était emprisonné par l'étroitresse de ce vêtement maladroit, qui le faisait paraître encore plus guindé.

Pour le clerc, la femme était un être tellement au-dessus de l'homme, qu'il en faisait un objet de dévotion mystérieuse, d'adoration respectueuse, et que *lui parler* constituait aux yeux de François un acte d'audace à peine pardonnable.

Cet état, nommé à tort timidité, prouvait chez le clerc d'huissier une délicatesse de sentiments qu'on ne rencontre d'habitude que chez les natures exquises. A ces natures que blesse une feuille de rose pliée, les réunions nombreuses et bruyantes sont fâcheuses. Il faut l'amour à deux, l'amitié à trois. Ils ne se retrouvent plus dans des conversations de huit personnes; ils sont blessés à chaque instant, et la moindre contradiction leur est brutalité.

Aussi François devait-il servir de victime à la réunion de Paindavoine : naturellement il était destiné, le premier, à tomber dans le rond formé par les jeunes ouvrières rieuses.

Les jeux innocents ne manquèrent pas à la fête. François se laissa entraîner à faire partie du Chevalier gentil, que venait de proposer madame Paindavoine.

— Bonjour, lui dit la maîtresse couturière, chevalier gentil, toujours gentil; moi chevalier gentil, toujours gentil, je viens de la part du chevalier gentil, toujours gentil, vous dire que son aigle a un bec d'or.

François frémit à ce discours; il devait répéter ce même texte inepte et s'adresser à son voisin de droite. Il se trompa, perdit son grade de *chevalier gentil* pour passer *chevalier cornard*, c'est-à-dire qu'on lui mit une corne en papier dans les cheveux; au bout d'un quart d'heure le clerc d'huissier avait plus de vingt cornes sur la tête. Malgré les enseignements de madame Paindavoine, il était impossible à François d'inventer que *l'aigle au bec d'or* devait avoir à sa disposition *des griffes d'airain, des yeux de diamants, un cœur d'acier.*

M. Paindavoine était une encyclopédie vivante des jeux de société; il avait réussi à faire partager cette manie à sa femme. Plus d'une fois, quand tout repose, il arrivait aux deux époux de répéter, à eux deux, au lit, ces exercices subtils d'action, de mémoire, d'esprit et d'attrape.

En plein hiver, M. Paindavoine fut obligé de sortir de sa couche en caleçon, et d'aller attendre en grelottant, dans la pièce voisine, que madame Paintendre voulût bien l'appeler. Ainsi le voulaient les règlements *du Loup et de la Biche.*

Mais ces duos enfantins ne satisfaisaient pas les deux époux, qui, aux grandes fêtes de l'année, se livraient en grand à leurs passions. Aussi, M. Paindavoine proposa-t-il le jeu du *Jardin de ma tante*, qu'il mit immédiatement en action.

— Je viens du jardin de ma tante. Peste ! le beau jardin que le jardin de ma tante ! Dans le jardin de ma tante il y a quatre coins.

François répéta avec assez de bonheur cette phrase, qui fut redite par toutes les couturières.

Madame Paindavoine continua :

>Dans le premier coin
>Se trouve un jasmin ;
>Je vous aime sans fin.

Puis le maître à danser dit le second couplet :

>Dans le second coin
>Se trouve une rose ;
>Je voudrais bien vous embrasser,
>Mais je n'ose.

— Attention, dit M. Paindavoine, à ce qui va suivre :

>Dans le troisième coin
>Se trouve un bel œillet :
>Dites-moi votre secret.

— Allons ! que chacun dise à chacune son petit secret tout bas.

François se trouvait près de madame Paindavoine, qui le poussait à des confidences ; mais le clerc d'huissier ne comprenait rien à toutes ces finesses. Il balbutia quelques paroles à l'oreille de la maîtresse couturière, qui se mit à rire aux éclats en récitant le dernier quatrain :

> Dans le quatrième coin
> Se trouve un beau pavot.
> Ce que vous m'avez dit tout bas,
> Répétez-le tout haut.

Malheureusement il fallait répéter toutes les confidences particulières. Il se trouva que M. Paindavoine désirait être papillon en compagnie de sa femme, devenue rose.

François avait répondu qu'il ne savait pas, ce qui mit l'assemblée en belle humeur. Madame Paindavoine *avait donné son cœur au moineau,* donation que le maître à danser s'attribua.

Malgré le vif intérêt qui s'attachait à ces jeux, les jeunes filles voulaient danser; et M. Paindavoine déplia le sac en serge verte, dans lequel était incluse la pochette.

— Nous reprendrons plus tard les jeux, dit-il à madame Paindavoine.

— C'est fort agréable, dit celle-ci; mais il faut en avoir l'intelligence.

La danse commença aux sons vinaigrés de la pochette, que les oreilles des ouvrières trouvaient préférables au meilleur orchestre allemand. Seul, François avait froidement écouté la ritournelle; cependant il fut victime de madame Paindavoine, qui lui prit la main et le lança dans le quadrille. Le clerc d'huissier était aussi ignorant en jeux chorégraphiques qu'en jeux innocents; il troubla plus d'une fois pendant cette contredanse les mélodies du petit maître à danser, qui essayait de lui indiquer les pas et les figures, et qui ne réussissait qu'à jeter du noir dans l'âme de François.

— Ah! le barbare! s'écria M. Paindavoine. Si Lefèvre t'avait vu, il aurait brisé son violon plutôt que de le faire servir à des exercices pareils. On dirait, François, que tu as tes jambes dans tes poches. Et la mesure, qu'est-ce que tu en fais ? Tu as des oreilles, cependant...

François s'enfuit devant une telle mercuriale, il alla se réfugier auprès de sa sœur, tout peiné.

— As-tu invité Alizon ? demanda Françoise.

— Oh ! non, dit le clerc.

— Ce n'est pas bien ; il faut la faire danser.

— Je n'oserais, je ne m'y connais pas... M. Paindavoine vient de me faire des reproches, il a raison... Ce n'est pas ma place ici... Je suis bien malheureux.

— Mon Dieu ! dit Françoise, s'il est possible de se monter la tête parce qu'on ne sait pas danser... On saute, on s'amuse, ça n'est pas plus difficile... Allons, va inviter Alizon.

— Non, dit le clerc, je ne peux pas...

— Eh bien ! reprit Françoise, je vais l'inviter pour toi.

Sans attendre la réponse de son frère, elle courut vers Alizon, qui se tenait assise, et revint dire à François qu'il eût à se préparer pour la prochaine contredanse. A cette nouvelle, le clerc d'huissier se passa son mouchoir sur le front et le retira mouillé de sueur. Il ouvrit la bouche comme s'il eût cherché à attirer tout l'air qui était dans la chambre.

— N'aie pas peur, dit Françoise, qui avait compris par cette pantomime de machine pneumatique combien son frère était craintif des suites de la contredanse. N'aie pas peur, je te ferai vis-à-vis ; regarde-moi en dansant, je te ferai signe avec mes yeux.

En ce moment la pochette fit entendre un *appel* tout guilleret, qui était un compromis de musique de menuet et de contredanse moderne. François, pour échapper aux yeux d'Argus de M. Paindavoine, alla se placer à son opposé ; mais quand il tint dans sa main la main d'Alizon, il crut qu'il allait tomber, tant sa tête bourdonnait, tant son sang bouillait.

Un autre ennemi était ses mains, dont il se montrait aussi embarrassé que d'une paire de rames. Il tâchait de s'en débarrasser en les envoyant dans les poches de son habit faire quelque commission. Mais les mains revenaient immédiatement apportant le mouchoir, le seul objet qui emplit les poches, et elles retournaient le reporter. Quand François eut fait accomplir à ses mains sept ou huit voyages inutiles, il lui prit une envie frénétique de priser qui eût nécessité une tabatière, sorte de meuble qui va et vient, pirouette, tournoie dans les doigts, et donne une occupation factice à des membres gênés par leur inaction.

Ces réflexions modéraient tellement la conversation de François, qu'Alizon, dans les intervalles de la contredanse, essaya divers moyens de rappeler le clerc aux choses présentes. Elle s'informa s'il était remis de son émotion de la soirée, lorsqu'elle le rencontra à la porte de son père.

— Je vous en prie, dit François, si vous... Ne parlez jamais de ça !

— Vraiment? dit Alizon ; mais on dirait que vous avez commis un crime. Qu'il y a-t-il ?

— Me promettez-vous le secret, Mademoiselle ?

— Oui, dit Alizon.

— Eh bien, vous le saurez trop tôt encore... Jurez-moi que vous ne direz à personne m'avoir rencontré.

— Voilà qui est trop mystérieux, dit Alizon ; mais j'aurais voulu savoir le fond.

— Non, Mademoiselle, ne me forcez pas, dit François... Je suis un indigne d'avoir aidé à saisir M. Cancoin, il ne me le pardonnera jamais.

— Vous êtes bien drôle, François... Jamais papa n'a eu mot de reproche, même pour M. Tête. Comment voulez-vous qu'il vous en veuille ? au contraire, il a de l'affection pour vous.

— Vraiment ! s'écria François. Oh ! si je le croyais j'irais tout lui dire, quoique, peut-être, serait-il mieux d'en parler d'abord avec vous.

Alizon attendit vainement la confidence du secret; elle alla se plaindre à Françoise qui rompit la glace.

— Je t'ai déjà fait entendre, ma chère Alizon, que François t'aimait.

— Il n'y a pas de mal à ça.

— Et toi, l'aimes-tu un peu ?

— Je ne déteste pas ton frère, quoiqu'il soit un peu embarrassé de ses paroles et de ses bras.

— Il faut le lui dire, reprit Françoise.

— Je ne peux pourtant pas me jeter à son cou, ce n'est pas dans l'habitude. François pourrait bien parler un peu...

— C'est qu'il craint que tu ne le repousses en te moquant de lui. Vois-tu, Alizon, mon frère a un cœur d'or, au fond. Je le vois souvent triste ; alors il pense à toi. Il est un peu sot dans la compagnie, mais ne crois pas que ce soit son habitude. François est savant, et il ne faut que ta présence pour lui faire perdre contenance.

— Je le sais, dit Alizon ; mais je n'y peux rien....

— Veux-tu, dit Françoise, que je me charge d'une parole aimable pour lui ?

— Qu'est-ce que tu lui diras ? demanda Alizon. Je ne peux pas m'avancer et aller faire la cour à un garçon.

— Bon, dit Françoise, j'y songerai cette nuit.

— Ah ! voilà M. Guenillon, s'écria Alizon ; bien sûr il vient pour moi.

Le marchand de chansons salua Paindavoine, et demanda la fille de Caucoin, qu'il était chargé de ramener chez son père. La soirée continua jusqu'au moment où les sons éteints de la pochette annoncèrent aux couturières que les bras du maître à danser se fatiguaient plus vite que leurs jambes.

XV

CONSÉQUENCES DE LA PREMIÈRE OIE.

Après le dîner, Blaizot fit un tour de promenade avec son notaire. Il rentra chez lui et attendit, en se chauffant, que la Rubeigne revînt de la messe de minuit ; car il s'agissait de faire un rossignou particulier, préparé expressément pour le reneuvier et sa servante.

Quand il avait du monde à sa table, Blaizot sauvait les apparences en se faisant servir par la Rubeigne ; mais, la plupart du temps, ils mangeaient ensemble.

Quoique l'avoué maigre eût englouti une partie du repas, il était assez abondant pour que chacun des convives en eût une bonne part. Blaizot n'était satisfait ni de son dîner, ni de ses invités ; l'huissier Tête l'avait mis en colère, l'avoué lui avait paru d'une gourmandise scandaleuse.

— Je n'ai pas grand appétit, dit Blaizot à sa servante ; j'ai presque envie de me coucher.

— Ah ! Monsieur, dit la Rubeigne, ce serait une honte, un jour de Noël.... Si vous preniez le coup du milieu.

Le *coup du milieu* est une habitude passée de mode et tombée avec la restauration. C'était une liqueur excitante qui réveillait l'estomac et que les gros mangeurs ne manquaient jamais d'employer, afin de précipiter la digestion et de faire place à la queue du festin. Blaizot but un verre de vieux rhum qui lui apporta quelque bien-être; et il se mit à table très-content d'avoir trouvé un nouvel appétit.

Le rossignou qu'avait préparé la Rubeigne était plus délicat que le dîner d'avant la messe.

— Je prendrais bien un peu de café, dit Blaizot, qui n'en usait qu'avec précaution. Je crois, dit-il, que je dormirai fort aujourd'hui, j'ai la tête lourde.

La Rubeigne alla préparer le lit de son maître. Cette opération ne demanda qu'une minute; aussitôt Blaizot fit sa toilette de nuit et se coucha. Vers les trois heures du matin, le bonhomme poussa un cri terrible. Il avait le cauchemar et parlait tout haut.

— Rubeigne! s'écriait-il, chasse-moi tous ces brigands-là! ils me détroussent, ils me détroussent, ils me pillent!... Au voleur! Ah! la maudite oie! elle m'étouffe, ôte-la de mon estomac!... En voilà un troupeau sur ma poitrine!... c'est Cancoin qui les conduit avec une gaule... Je t'en prie, Rubeigne, chasse-les, toutes ces oies qui sortent de la ferme des Grelu... elles sont enflammées et m'entrent toutes chaudes dans le ventre... Ah! je brûle!... Rubeigne, éteins-moi! Ah! Seigneur! Et l'huissier qui me rit au nez, la plume dans l'oreille; il excite les oies! Elles ne finiront donc pas!... il y en a plus que de grains de sable. Toujours des oies, toujours ! c'est une abomination ! Qu'est-ce que je leur ai fait, à ces bêtes ? Rubeigne ! Rubeigne ! cours chercher les gendarmes ! Il y en a déjà plus de trois cents dans moi ; elles me mangent en dedans. Je sens leurs pattes froides ; elles me fouillent avec le bec...

En ce moment Blaizot poussa un tel cri que sa servante accourut.

— Qu'est-ce qu'il y a, Monsieur ?

— J'étouffe, dit Blaizot. De l'eau !

La Rubeigne apporta vivement une carafe et en versa dans un verre.

— Autre chose ! demanda d'une voix faible Blaizot.

— Oh ! Monsieur ! quoi ? dit la Rubeigne.

— Vite, ouvre la fenêtre... de l'air... beaucoup... cours... médecin...

Blaizot essaya de se lever et retomba sur le lit. La Rubeigne, effrayée de voir le bonhomme sans mouvement, courut dans la rue éveiller un médecin.

Blaizot réussit à se lever, et il cherchait sur la cheminée avec des doigts inquiets. Il aperçut dans la glace un vieillard en chemise qui avait la figure violette et les yeux en dehors ; il eut peur de cette figure et ne se reconnut pas.

Il s'embarrassa dans une chaise et tomba dessus, car ses jambes ne le portaient plus. Et il criait encore, mais la moitié de ses paroles restaient accrochées dans son gosier.

— Ah ! je meurs !... Elle ne reviendra pas... Vite... de l'air. Je donne mon argent... tout, pour...

Sans pouvoir achever sa phrase, Blaizot tomba de sa chaise comme un paquet.

La Rubeigne ne revint qu'au bout d'un quart d'heure avec le médecin.

— Il est bien mort, dit-il; c'est une apoplexie.

Cependant il se servit de sa lancette et employa tous les moyens connus en pareil cas, sans pouvoir tirer un souffle de vie du renouvier étendu sur le lit. Après deux heures de médications inutiles, le médecin se retira, laissant la Rubeigne qui pleurait d'un œil et qui riait de l'autre, car elle se livra immédiatement au pillage de différents objets d'or et d'argent faciles à enlever ou à cacher, et que les héritiers ne retrouvent jamais à la mort d'un célibataire.

Deux jours après se fit le convoi du bonhomme Blaizot, auquel assistait une grande partie de la ville : plus de curieux que de pleureurs. Les gens d'affaires se consolaient de la mort d'un si bon client, en pensant que les embarras d'une grosse succession leur vaudraient des procès sans fin, dont le plus clair entrerait dans leur bourse.

On remarqua avec étonnement que l'imprimeur assistait à l'enterrement de M. Blaizot. Les héritiers n'ayant pas voulu continuer l'opposition du bonhomme, M. Fromentin fut mis en liberté. François était avec lui, et semblait aussi heureux de la libération de l'imprimeur que si lui-même avait été enfermé au secret pendant un an.

En revenant du cimetière, François fut rencontré par le tonnelier, qui lui secoua l'oreille familièrement.

— Ah ! je t'y prends enfin, s'écria Cancoin.

— Qu'est-ce que vous avez ? demanda l'imprimeur, qui voyait François changer de couleur.

— Il y a que François s'introduit la nuit chez les gens.

— Oh ! pardon, monsieur Cancoin, s'écria le pauvre clerc, qui avait la mine d'un voleur saisi au collet.

— Oui, monsieur Fromentin... il apporte en secret une oie... Ah ! si je l'avais su, je ne l'aurais pas mangée... Qui est-ce qui te prie de nous faire des présents ? Est-ce que ta mère en a déjà de trop ! A quoi ça rime ton oie ?

François était dans une telle confusion, que l'imprimeur eut pitié de lui. Il avait reçu toutes les confidences du pauvre clerc ; ou plutôt, il les avait tirées à grand'peine une à une.

— Voyons, Cancoin, dit-il, si cette oie menaçait de vous faire grand-père ?

— Hein ! dit-il, je ne suis pas encore d'âge, ni madame Cancoin. Est-ce que tu penserais à quelque chose, François ?

— Il pense à Alizon, dit l'imprimeur.

Le tonnelier parut réfléchir.

— Je ne sais pas, dit-il, si ma femme serait contente de ce ménage-là. Alizon, je ne l'ai jamais interrogée sur ton compte... Mais tu es un brave et digne garçon, François, je t'aime comme mon enfant ; tu feras un bon mari. Avec tout ça tu n'auras pas ma fille !

François eut un éblouissement; cette réponse lui donna mille violents soufflets.

— Vous ne parlez pas sérieusement, Cancoin, demanda l'imprimeur.

— Aussi vrai qu'il fait soleil à cette heure.

— Mais, puisque vous reconnaissez à François toutes ces qualités, pourquoi le refusez-vous aussi brutalement?

— Ne me forcez pas trop, monsieur Fromentin, dit Cancoin, qui semblait se livrer un pénible combat. Donne-moi la main, mon garçon, dit-il à François.

Le clerc se laissa prendre la main : le tonnelier la prit, comme s'il eût pris son marteau. Cancoin avait envie de pleurer et d'embrasser François.

— Je te demande pardon, mon garçon, de te faire tant de chagrin, mais c'est impossible autrement... Je te dirais bien d'attendre; ce serait mal, parce que tu t'habituerais à ton idée. J'aime mieux couper net; tâche d'oublier Alizon, tu m'en remercieras plus tard.

Cancoin s'éloigna très-ému; mais l'imprimeur voulait plus de détails : il pria François de venir le retrouver dans une heure, et rejoignit le tonnelier.

— Maintenant, dit-il, nous sommes seuls. Je comprends que vous n'ayez pas voulu dire devant François des choses que je ne m'explique pas; mais à moi...

— Oui, monsieur Fromentin, je vous les dirai. Dans d'autres circonstances, François aurait épousé ma fille, quand même Alizon ne s'en serait pas souciée, même malgré ma femme ; mais dans sa position !

— Quelle position? demanda l'imprimeur, qui ne savait plus qu'il s'agissait d'Alizon ou du clerc.

— Est-ce que vous croyez, s'écria Cancoin, que je donnerai ma fille à un huissier, ou à un homme qui travaille à devenir huissier?

— Ce n'est que cela? dit l'imprimeur en riant.

— Dame, ça suffit.

— Si François prenait un autre état?

— Il ne le peut pas, le pauvre garçon ; il n'est pas riche. Il faut qu'il gagne sa vie. Lui se passerait encore bien de manger, mais sa mère? Et tenez! il a autant horreur que moi de son état de *saisisseur*, mais il comprend bien qu'il ne peut pas le quitter.

— Alors, à partir d'aujourd'hui, dit l'imprimeur, je prends François dans ma maison, je l'emploie, et je lui donne mille francs par an pour commencer.

— Ah! que c'est beau de votre part, s'écria Cancoin... Je vais courir après François... Oui, qu'il épouse ma fille, demain, s'il le veut.

— Remarquez, Cancoin, combien vous tombez dans un autre extrême. J'ai été saisi, je peux l'être encore.

— Jamais, dit le tonnelier.

— Je peux faire de mauvaises affaires.

— Allons donc! s'écriait Cancoin.

— Alors François ne serait pas payé...

— Bah! bah! je vous comprends monsieur Fromentin; vous voulez un peu vous moquer de moi pour vous avoir fait languir tout à l'heure.

— Je serai plus sage que vous, Cancoin. Mettons le mariage à six mois. Mon imprimerie marchera bien alors; vous verrez votre gendre à l'œuvre. François rencontrera votre fille tous les jours d'ici là, ils se connaîtront mieux.

— Oui, vous avez raison, dit Cancoin ; je cours chez nous, je veux le dire à ma femme, à tout le monde ! Ah ! que je suis heureux ! moi qui me déchirais le cœur pour refuser ce pauvre garçon... Adieu, monsieur Fromentin.

Trois mois après ces événements, on vit Guenillon sur toutes les places de Dijon, qui vendait le « Curieux récit de ce qui était arrivé au hameau de la Mal-Fichue; la condamnation du coupable Picou, et la mise en liberté de l'innocent Grelu. Comment le tribunal lui avait rendu pleine justice. Détails curieux à ce sujet. »

Le tout était accompagné d'une vignette taillée à coup de serpe dans du poirier, et qui représentait Picou dans le costume de forçat. Guenillon, qui n'avait jamais voulu prêter sa voix aux procès criminels, fit une exception, en cette circonstance, pour son ami Grelu. Non content d'avoir prouvé son innocence par sa déposition devant le tribunal, il courut tout le Dijonnais pendant six mois, heureux de chanter sur l'air de : *Approchez, chrétiens fidèles*, l'honnêteté des fermiers de la Mal-Bâtie. Et, par un caprice qui rappelle ceux des vieux maîtres, qui se peignaient, eux, leur famille et leurs animaux, dans les tableaux religieux, Guenillon avait fait entrer dans les vers de sa complainte :

> La belle et pure Alizon,

et son mari François,

> De cette chanson le prudent correcteur.

On y voyait aussi

> La famille du tonnelier,
> Meilleure que du bon blé.

Guenillon n'avait pas oublié

> L'usurier avaricieux
> Justement puni par Dieu.

Paris, 1846 à 1850.

LA
LÉGENDE DE SAINT CRÉPIN

LE CORDONNIER

La petite maison de saint Crépin n'était jamais si gaie qu'à huit heures du soir, dans l'hiver.

Le poêle, bourré jusqu'à la gueule, gronde, les légumes trémoussent dans la marmite, le merle siffle encore une fois avant de s'endormir, l'apprenti chante une chanson aussi vieille que sa grand'mère, les marteaux font *toc* et *tac* sur les clous.

— Les amis, dit saint Crépin, tendez les verres, qu'on boive un coup de cidre.

Les compagnons ne se firent pas tirer l'oreille; ils déroulèrent leurs sacs à outils, où un verre en vieux cuir se promenait avec le fil et la poix.

Il n'y eut qu'un cri dans la salle :

— A la santé de saint Crépin !

Voilà un brave patron qui ne regardait pas à deux, ou trois cruches de cidre dans la soirée. L'ouvrage n'en va que mieux : un coup de cidre à propos donne du courage aux compagnons.

Ce n'est pas comme le chaussetier d'en face, qui fait travailler quinze heures par jour des pauvres filles de dix ans, pâles, maigres, longues comme un jour sans pain. Pour économiser, le chaussetier n'allumerait pas une broussaille. Mais au bout de dix ans le chaussetier aura fait fortune et sera un gros bourgeois.

Lui, saint Crépin, il s'en soucie peu, d'être bourgeois. Il ne demande qu'à être heureux, et la joie de ses compagnons lui suffit. Il ne veut seulement pas gagner plus qu'eux.

Cependant il y a dans un coin de la cheminée une grosse bourse en cuir cachée dans le sabot aux allumettes, plus grosse de liards que de louis d'or. Qu'importe ? Le compagnon qui a besoin d'une semaine d'avance, aussitôt les cordons de la bourse sont déliés, et la bourse retourne un peu plus maigre dormir dans le sabot aux allumettes.

Quand un compagnon tombe malade, saint Crépin, la bonté même, envoie la paye entière. Et ce jour-là il met exprès le pot-au-feu avec un morceau de viande de plus qu'il ne faut. Mais le bouillon est meilleur, on ne compte plus les yeux tant il y en a. Le malade avale le bouillon bien chaud, et ça lui fait dans l'estomac plus doux que la flanelle au ventre.

Saint Crépin s'était bien aperçu depuis longtemps que quelques compagnons arrivaient le matin en hiver les yeux rouges, et qu'ils se plaignaient que la vue leur *piquait*. Il y a dans les souliers des parties qui demandent autant d'application que la gravure. C'est surtout pour enfermer l'*âme* entre les deux semelles qu'il faut de grands soins et de la prudence. Le petit morceau de cuir mince qu'on appelle l'*âme*, parce qu'il est mystérieux et ne voit jamais le jour, ne demande pas à être mouillé. L'âme craint la pluie autant que la neige; si elle est mouillée, elle se venge en mouillant la semelle supérieure, qui, à son tour, mouille celui qui est dans les souliers.

Soulier mouillé vaut rhume.

Or, saint Crépin, qui savait le danger des rhumes, avait recommandé à ses compagnons de s'appliquer particulièrement à cet endroit de la chaussure; là, on devait employer le fil le plus solide, l'alène la plus mince, la poix de première qualité. Les points se pressaient serrés aussi habilement que par une brodeuse de dentelles, et emprisonnaient entre les deux lèvres de cuir l'âme, qui était la langue.

Mais ce travail, délicat, à la chandelle, exigeait une grande application des yeux. Saint Crépin sentait que la courbature du dos était déjà assez fâcheuse sans y ajouter la fatigue de la vue. La cause du mal n'est pas une grande connaissance si le remède ne vient faire contre-poids. Depuis cinq ans saint Crépin raisonnait là-dessus, réfléchissait et se donnait des coups sur le front sans en rien faire sortir.

Il y a un remède souverain, qui est le remède des saisons. Quand arrive le printemps, les jours grandissent, le lilas envoie dans l'air de douces odeurs, on ne travaille plus le soir. Bientôt les yeux des compagnons cordonniers reprenaient leur tranquillité aux floraisons de la nature.

Mais sitôt que les vendangeurs entrent les jambes nues dans les cuves pour presser le raisin, c'est le signal des grandes soirées d'automne. La maladie reprenait son cours, peut-être après deux mois de travail.

Au 31 décembre, les cordonniers avaient veillé plus tard que de coutume, d'abord parce que la besogne pressait, ensuite parce qu'ils voulaient les premiers souhaiter la nouvelle année à leur patron.

Quand on entendit le long craquement qui se fait dans la boîte du coucou, et qui annonce que l'heure va sonner, toutes les têtes se levèrent, les aiguilles s'arrêtèrent, les tranchets furent mis de côté, le fil resta à moitié engraissé de poix.

— Saint Crépin, voilà la bonne année.

Les compagnons embrassèrent tous le patron comme leur père, et le patron embrassa tous les compagnons comme ses fils. Il se fit dans la chambrée un certain tumulte : saint Crépin était entouré d'un groupe d'ouvriers, tandis que d'autres allaient chercher un objet mystérieusement enveloppé dans une serge verte, et déposaient sur la cheminée le chef-d'œuvre.

Une petite botte, luisante comme un miroir, où un

compagnon industrieux avait dessiné la Passion en creux.

— Le bel ouvrage! s'écria saint Crépin. Mais combien vous vous êtes donné de mal pour ce chef-d'œuvre!

Le saint se disait au fond que de patience il avait fallu dépenser pour créer un meuble inutile. Seulement le saint se trompait : cette petite botte, avec toutes les apparences d'une chaussure de nain, était un verre à boire. Diverses préparations pharmaceutiques avaient chassé la forte odeur qui s'attache habituellement au cuir.

— Nous allons, dit saint Crépin quand il eut l'explication de cette merveille, boire le cidre, et trinquer un bon coup avant de nous remettre à la besogne.

Comme il y avait beaucoup d'ouvrage, les trinquements se firent avec agilité, et chacun se remit gaiement à l'ouvrage, saint Crépin en tête. Il avait réservé deux bouteilles pour le coup du départ.

Le merle, réveillé par ces rumeurs, s'était mis à siffler comme pour prendre part à la réjouissance du nouvel an.

Saint Crépin poussa tout d'un coup un grand cri, en se levant aussi brusquement de son tabouret que s'il se fût assis sur une alêne.

— Qu'est-ce qu'il y a, saint Crépin? s'écrièrent tous ensemble les compagnons. Vous sentez-vous mal?

— Non, mes amis, c'est la joie... Ah! je n'y tiens plus! regardez la bouteille de cidre.

Les compagnons levèrent les yeux vers la bouteille, qui ressemblait à toutes les autres bouteilles. Ainsi que d'habitude, de petits points brillants partaient du cul pour monter au goulot, ce qui est la marque du vrai cidre mousseux.

— Ah! Seigneur! dit saint Crépin, que je vous remercie! Vous allez voir.

Il s'assit sur un tabouret de cuir, prit un soulier en train et l'approcha de la bouteille de cidre. Alors les compagnons s'aperçurent avec surprise que des flancs de la bouteille sortait un soleil lumineux qui s'étendait sur toutes les parties du soulier, suivant qu'on le changeait de place.

— Mes bons amis, dit saint Crépin, voilà les étrennes que Dieu nous a envoyées. Voilà ce qui nous sauvera la vue.

Là-dessus les cordonniers se mirent à genoux. Et depuis cet hiver, ils employèrent la bouteille qui, plus tard, devint cette grosse boule d'eau, aux larges flancs, qui apporte une si vive lumière sur les ouvrages des pauvres savetiers d'aujourd'hui.

Paris, 1850.

QUATUOR

. . . .
. . . .

Rien n'est plus imposant que de voir quatre musiciens assis devant leurs pupitres.

Ce sont quatre ouvriers qui exécutent un travail plein d'intérêt. Ils ont le contentement et l'orgueil naïf des charpentiers qui montrent le chef-d'œuvre.

On cause encore à petit bruit dans la salle que l'introduction envoie ses premiers accords : cela sert de débrouillement aux idées du compositeur, cela échauffe les musiciens. La grande clarté n'est pas encore nécessaire; il ne faut pas effrayer les yeux avec le soleil de midi. Déjà la foule écoute.

Les quatre instruments sont en plein quatuor ; ils trottent pour ne pas se fatiguer d'abord. Il me semble que quatre voyageurs se sont rencontrés à l'auberge, le soir à souper ; ils se lèvent de bon matin, boivent un petit coup en marchant gaiement dans la plaine.

Le ciel est bleu et il souffle un vent frais.

La conversation s'anime ; le violon raconte quelque bonne plaisanterie à son ami, le second violon : l'alto l'a entendue et la redit au violoncelle qui, en brave bourgeois, se la répète avec gravité pour la retenir et en faire jouir sa famille.

Par moments, les quatre voyageurs parlent ensemble ; mais les deux violons, plus alertes, marchent en avant, se font des confidences, et laissent par derrière l'alto et la basse, qui ne restent pas sans bavarder.

De temps en temps, on se repose pour mieux marcher. Ne croyez pas que la conversation va tomber. Une exclamation part d'un côté, c'est l'alto ; une interrogation part de l'autre, c'est le violon. Et une aimable folie règne parmi les quatre compagnons qui se disent les choses les plus gaies du monde.

Mais le rire qui dure trop devient malséant.

Le violon fait trêve à ces plaisanteries en racontant une histoire un peu mélancolique. L'honnête alto comprend bien l'histoire, car il en a été témoin, et il ajoute même d'autres détails que ne connaissait pas le violon.

Il faut voir les sympathies du violoncelle pour ce récit : il pousse des exclamations qui ne sont pas variées, mais qui sont belles, parce qu'elles sont sincères. « Ah! mon Dieu! répète-t-il à tout instant, ah! mon Dieu! »

L'histoire mélancolique est si bien racontée, que tous les quatre gémissent sur cet événement si touchant. Tout d'un coup on aperçoit un village dans le lointain; on oublie tout, les gais propos, la mélancolie, la fatigue du chemin, pour se donner une poignée de main.

La route est finie, les quatre amis se séparent.

Mai 1850.

L'HIVER

Le soleil est pâle et blanc, les arbres longs et maigres. Dans quelles friperies sont allés les habits verts des arbres?

Seule, l'eau semble heureuse dans sa prison transparente.

Voilà un vieillard qui arrive, le dos courbé, les jambes ployantes, le corps *ramoyé*, les moufles aux mains, l'habit large et les larges manches, une longue barbe de glaçons.

Il tient un balai à la main; sous son pied droit est une large brosse pour mieux cirer le parquet de glace.

C'est l'hiver, avec sa couronne de houx toujours vert.

Pauvre vieil hiver! La ménagère te veut du mal; elle met du bois plein le poêle.

Le bois craque, le feu pétille, la théière chante, une chanson sardonique ma foi. Je jure qu'elle se moque de l'hiver.

Il y a encore sous le poêle une grosse provision de bois sec et de charbon de terre.

Ce vieux sournois qui boude le feu rouge, lui et sa barbe de glaçons,

C'est l'hiver, avec sa couronne de houx toujours vert.

Entends-tu les gais patineurs qui sifflent à tue-tête des airs joyeux dans le village? Le fer de leurs patins brille comme leurs yeux.

L'étang entouré d'une haie attend ses visiteurs.

Déjà les pies curieuses viennent regarder sous le nez une vieille du village, encapuchonnée dans la grosse veste de son homme.

Elle n'est pas coquette, la bonne femme; et elle a raison pour le métier qu'elle fait : balayer la neige et chasser de l'étang

L'hiver, avec sa couronne de houx toujours vert.

L'heure enrhumée sonne au clocher pointu de la grand'place de Francfort.

Dieu, qu'elle est belle la grand'place avec ses dentelles de neige! Les petits moines sculptés s'entortillent dans leurs manteaux; ils ont un froid de loup.

Il n'y a que la statue de bronze du Chevalier qui

tienne bon ; de la neige plein le casque, tout plein le bouclier. A sa place j'aurais une fière piquette aux pieds, car ses pieds sont perdus dans la neige.

Tout est immobile, blanc et tranquille.

Cependant en voici un qui s'avance en maître, qui dit : « La grand' place est à moi, les rues aussi et encore les ruelles, et les impasses et les culs-de-sacs, tout Francfort est à moi. »

Les deux manches l'une dans l'autre, le capuchon sur les yeux, dans les bras une branche de sapin avec les petites chandelles allumées de Noël,

C'est l'hiver, avec sa couronne de houx toujours vert.

Les bougies et les violons sont éteints. Bonsoir les chanterelles, dormez bien dans votre lit de soie verte et ne vous battez pas avec l'archet?

Madame la conseillère, qui s'est mariée dernièrement, avec le gros président Rudlotz, sort du bal; la dernière valse avec l'étudiant Ludwigh la préoccupe tellement qu'elle a oublié de couvrir son sein.

Un audacieux mendiant la saisit par les mains.

— A bas, chien de vagabond, s'écrie le gros suisse aux longues moustaches, au nez plein de vin.

Elle a une pomme d'or brillante, la canne du suisse, de beaux glands d'argent aussi, et il ne fait pas bon quand elle vous travaille les épaules.

— Arrête, répond le mendiant, madame la conseillère m'appartient. Je suis

L'hiver, avec sa couronne de houx toujours vert.

Après la tombée de la nuit, le brave savetier va souper avec la savetière.

Le fricot leur caresse le nez de sa fumée et emplit la salle; le plafond est si bas! Il y a une odeur de vieux cuir qui se marie avec les choux. Une bonne odeur !

Au fond, le four est ouvert et montre ses tisons sur lesquels se tient à la crâne un gros pot de grès dans lequel cuisent de bien bonnes choses, — Qu'est-ce qu'il y a dans le pot? — Ah ! gourmand, tu le sauras plus tard.

La savetière a mis la table de bois et dessus un bout de nappe en toile blanche.

Le savetier se frotte les lèvres avec sa langue rien qu'à regarder la cruche de bière, rien qu'à renifler les choux et le lard.

Seigneur! la mine effrayée qu'il prend tout d'un coup! Et la savetière donc! Est-ce que le gros pot de grès serait renversé? Ça lui apprendrait une autre fois à ne pas tant faire le crâne sur les tisons.

Non, la porte s'est entr'ouverte et laisse passer un vent mortel. Le frisson m'en prend à la seule idée. Celui qui a tiré le loquet,

C'est l'hiver, avec sa couronne de houx toujours vert.

A Baccarach la nuit est venue; les étoiles font les paresseuses, on ne les voit pas; elles auront dormi trop tard.

Dans la mansarde la plus voisine des étoiles travaille le jeune poëte. Tiens, l'enfant vient de s'éveiller. Il pousse un petit cri.

Aussitôt sa jeune mère court au berceau ; le poëte remise sa plume dans l'encrier.

Ah! que tout le monde est heureux dans la mansarde! Ceux de vingt ans, ceux de quatre-vingt-dix et ceux de quatre ans.

Par où est entré ce vieillard qui s'est assis sans façons dans le grand fauteuil de cuir?

L'enfant fait une risette au vieillard et tend sa petite main vers la première fleur du printemps que lui apporte

L'hiver, avec sa couronne de houx toujours vert.

Après avoir écrit ces pages, je m'en allais la tête en feu, j'ai rencontré Catherine. Elle m'a pris le bras et j'étais heureux ; car jamais chez Catherine je n'ai trouvé

L'hiver, avec sa couronne de houx toujours vert.

1848.

LES DEUX
CABARETS D'AUTEUIL

I.

Auteuil est un singulier pays auquel il serait difficile d'appliquer un titre : ce n'est pas un chef-lieu, non plus une sous-préfecture, encore moins un bourg, pas davantage un village ou un hameau. On pourrait l'appeler la maison de campagne de Paris : surtout maison de campagne à louer. Jamais ne se virent nulle part autant d'écriteaux de locations, accrochés aux portes. Le terrain y est peu productif; il semblerait même que mai, juin, juillet, qui partout ailleurs font sortir de terre tant de jolis fruits, ne fassent pousser à Auteuil que des écriteaux; cependant l'endroit a donné naissance à une certaine architecture bâtarde, qui est une olla-podrida des ordres les plus ennemis.

On y voit des premiers étages moyen âge se prélasser tranquillement sur les épaules de constructions renaissance; quelques cottages anglais sont mélangés de chalets suisses; la lyre du Directoire et les sphinx de l'expédition d'Égypte ne s'étonnent nullement d'être enchâssés dans des murs de cailloux de couleur.

Le curieux qui voudrait se préparer à tout ce *pittoresque*, une des maladies de l'architecture actuelle, n'a qu'à traverser les Champs-Élysées, prendre l'avenue à gauche de l'Arc-de-l'Étoile. Il trouvera, au bout de cette avenue, un noir château gothique avec fossés, pont-levis, tourelles, machicoulis, gargouilles, meurtrières, enfin un château construit par un jeune architecte romantique, trop épris des romans jadis si fameux d'un illustre bibliophile. Ce château fort est un *pensionnat de demoiselles*. On frémit à l'éducation que doivent recevoir, en pareil lieu, de jeunes filles. En face de la forteresse-pensionnat, la route mène à Auteuil. Ce nom ne charrie-t-il pas avec lui les souvenirs de Molière, de Boileau, de La Fontaine? A ces grands noms se joint l'idée de cabaret. J'ai cherché longuement dans le pays la trace du logis où devisaient les gloires du grand siècle; mais, à l'exception des rues qui ont été baptisées de leurs noms, il n'est rien resté d'intime qui témoigne du séjour des illustres écrivains. Aussi bien leur souvenir vaut mieux que ces fausses cannes, ces fausses perruques, ces fausses tabatières, qui se sont manufacturées tant et tant à Ferney et ailleurs.

Tout préoccupé de souvenirs, j'arrivai dans la rue La Fontaine en face d'un cabaret formant l'angle de la rue; les volets gris et tristes étaient fermés et porteurs d'une affiche jaune annonçant la vente par voies notariées. Au premier étage je lus l'enseigne : *A mon Désir*, écrit en caractères rouges. De l'autre côté de la rue, faisant face, un autre cabaret, badigeonné à la chaux, est plus invitant : *A mon Plaisir*. Un grand orme vert protége de son ombre les tables de bois fichées en terre. Les volets sont ouverts à larges battants; au lieu de la triste affiche timbrée du voisin, une affiche de *Bonne Bière de Mars*, avec son dessin naïf et ses couleurs violentes, vous met tout en joie. L'enseigne est si bien trouvée : *A mon Plaisir!* tandis que l'autre, *A mon Désir*, laisse quelque chose de vague dans l'esprit. Le lendemain, j'appris l'histoire des deux cabarets.

Il y eut à Auteuil un homme qui cumulait les fonctions de garde champêtre et de tambour de ville. Les habitants l'appelaient Traîne-Caisse, moitié à cause de son état, moitié à cause de ses habitudes de fainéantise. Merlot, son vrai nom, enfant du pays, s'était enrôlé en qualité de tambour dans un régiment d'Afrique. Il y fit son temps, on ne sait trop de quelle manière; cependant il courut, à son retour, de mauvais bruits: les uns prétendaient qu'il s'était mal conduit devant les Arabes, les autres qu'ils avaient lu dans les journaux un vol d'effets militaires commis par un nommé Merlot, qui avait beaucoup de chances d'être leur compatriote. Étaient-ce calomnies? On ne sut jamais le vrai ni le faux; toujours est-il que Merlot revint à Auteuil dans un état voisin du déguenillement. Pour toute fortune, il rapportait ses deux bras vierges de blessures, mais non pas d'illustrations. Le bras droit du tambour était tatoué d'une sirène, le gauche d'un chien et d'un enfant, avec ces mots : « L'amour instruisant la fidélité. » J'insiste sur ces dessins à la poudre, parce que Merlot les montrait avec orgueil et portait constamment ses manches retroussées, croyant peut-être prouver par là qu'il avait vu le feu. Passant son temps à dormir au soleil, Merlot fut mal vu des gens les plus disposés à lui rendre service, car on savait qu'il mangeait les quelques économies de sa mère.

Après six mois d'un tel lazzaronnage, le tambour eut sans doute une indigestion de paresse, car il sollicita la place de garde champêtre, vacante par suite de la mort du titulaire. Divers gens se présentaient à de meilleurs titres que les siens; mais le conseil municipal d'Auteuil eut égard à la naissance de Merlot dans le pays. Il obtint la place et se conduisit bravement pendant six mois; il arrêtait des légions de délinquants et faisait des procès à rendre jaloux un procureur. Comme tambour de ville, Merlot ne jouit pas de l'estime des habitants : quoiqu'il ne s'agisse que d'accompagner le commissaire de police de la commune dans les circonstances ordinaires, le maire ou l'adjoint dans les circonstances extraordinaires, il faut encore faire un roulement qui annonce clairement aux habitants de chaque quartier que la municipalité désire leur faire part oralement d'un nouvel arrêté.

Merlot exécutait des roulements à sa manière; mais les habitants d'Auteuil, qui avaient été habitués par le défunt tambour de ville à une musique douce et calme, furent mis sens dessus dessous par les batteries singulières de Merlot.

Les deux baguettes semblaient remplies de colère et frappaient sur la peau d'âne d'une façon irrégulière. La première fois tout Auteuil crut au feu et accourut émotionné vers le lieu du bruit. Entre chaque arrêté (quelquefois il s'en lit trois), le tambour, pour en faire bien sentir la scission, doit battre quelques mesures, ce qui s'appelle partout « battre un ban. » Merlot se conforma à cet usage; mais si son *appel* avait été exécuté d'une manière inaccoutumée, le *ban* terrifia tout le pays. C'était comme un appel à la révolte; chaque coup de baguette était un cri de rage, un jurement, une imprécation. « Ah! se dirent les curieux, quel mauvais tambour nous avons là, il aura appris à battre chez les Sauvages. » Merlot, malgré que ses concitoyens n'approuvassent pas sa méthode, aurait pu garder sa position, s'il n'eût commis dans ses fonctions de garde champêtre des actes que la municipalité trouva illégitimes; ainsi des transactions à l'amiable avec des délinquants, dont le fruit allait au cabaret. Merlot eut pendant un certain temps les goussets trop bien garnis, et ce lui fut un tort de les faire sonner, car le cliquetis alla jusque vers les oreilles du maire. Il fut congédié et redevint traîne-caisse.

Il est dans la destinée des hommes de haïr le métier qu'on leur enlève; ancien garde champêtre, Merlot devint l'ennemi des gardes champêtres et leur tailla de la besogne. Il se fit braconnier, se livrant à la chasse au collet, à la chasse au gluau, qui est l'enfance du braconnage. Ce commerce illicite lui valut nombre de procès, d'abord en justice de paix, puis en police correctionnelle; d'abord l'amende, puis la prison. Fâcheux métier qui eût pu le conduire aux assises, au bagne, car la haine et la rage couvaient dans son sein; il détestait le maire, les adjoints, les agents de police, le garde champêtre, se répandait partout en menaces contre eux, et parlait même de leur tirer des coups de fusil! Pour se distraire, Merlot fréquenta le cabaret *A mon Plaisir*. Les cabaretiers, du nom de Noguet, étaient d'honnêtes et dignes personnes; le mari, vigneron, travaillait comme pas un. Quand la vigne ne l'occupait pas, il courait aux tonneaux. Tout ce qui regarde le vin, Noguet le savait à fond : aussi son petit vin était-il fort couru des amateurs.

La cabaretière était une femme d'un âge guère éloigné de la trentaine, vive, alerte, intelligente, les joues roses comme son vin, les yeux pétillants comme sa bière. Il fallait la voir, dans son comptoir d'étain étincelant, verser d'une façon aimable le *canon* aux maçons fatigués, la chopine aux voyageurs, déboucher le litre aux habitués et servir le vin à cachet vert aux gourmets qui se réunissaient à la *Flotte-Céleste*. On appelait ainsi une grande chambre tendue d'un certain papier imagé qui représentait une grande quantité de vaisseaux partant en guerre : d'où vint le nom primitif de la *Flotte*.

Plus tard, un des gros boulangers d'Auteuil, Céleste, homme réjoui, fort en langue, bon comme son pain blanc, et qui égayait par ses propos de table les buveurs, fut reconnu tellement supérieur, qu'on accola son nom, par hommage, à celui de la *Flotte* et que la principale pièce du cabaret s'appela la *Flotte-Céleste*. Bien des royaumes et des princes trouveraient à leurs noms une origine plus baroque.

Merlot fit une pointe dans ce cabaret ; il y vint d'abord seul et se contenta de boire dans l'entrée, près du comptoir de la Noguet, qui essaya inutilement de lier conversation ; l'ex-tambour était un homme en dessous, peu communicatif, n'ayant de dialogues qu'avec sa pipe.

Tous les soirs, la Flotte se réunissait *A mon Plaisir* ; c'étaient d'honnêtes ouvriers rangés, économes, qui n'auraient pas voulu boire une larme de vin pendant le jour ; s'ils venaient passer la soirée ensemble, ce n'était pas uniquement pour boire, mais pour rire en société et se délasser des fatigues de la journée. Aussi, jamais n'entendit-on de disputes, jamais ne se lança-t-on de bouteilles à la tête ; le seul bruit venait de chansons en chœur, de grosses chansons sans fiel, et sans amertume, que toutes ces voix joyeuses entonnaient à l'unisson. Vers les dix heures, la Flotte se levait comme un seul homme, sans que les Noguet eussent besoin de prévenir, ce qui est rare dans les autres cabarets, où il faut prendre les buveurs au collet et les mettre violemment dehors, pour satisfaire aux règlements de police sur la fermeture des établissements publics; bien heureux quand il ne faut pas ramasser celui-là qui dort par terre en pressant contre son sein les jambes de la table. En voyant un tel cabaret, presque unique en France, les sociétés de tempérance américaines eussent été désarmées; le père Mathews, cet enragé apôtre de l'eau, eût souri. Les Noguet avaient réalisé l'âge d'or du cabaret.

L'Age de fer dormait dans un coin!

Merlot demanda à la cabaretière s'il pouvait se réunir aux heureux buveurs de la Flotte; la Noguet trouva ce désir si naturel qu'elle en parla le soir même à Céleste : celui-ci répondit que l'affaire ne le regardait pas et qu'il en parlerait aux amis. Mais l'assemblée se prononça énergiquement contre la demande de l'ex-tambour, et décida que sa conduite passée, sa mauvaise réputation, empêchaient de l'admettre. On pria l'aimable cabaretière d'adoucir le refus et d'en déguiser l'amertume sous différents prétextes. Merlot ne fut pas dupe de ces motifs, et, malgré tout, ne parut pas témoigner d'autres ressentiments. Il continua de boire comme précédemment dans la première salle; seulement toutes les fois qu'un membre de la Fotte passait devant lui, son œil clignait et brillait d'éclairs de mauvais augure; en même temps il roulait avec ses doigts sur la table des marches et des bans d'un saccadé étrange.

Quelques jours se passèrent sur cette aventure, lorsque Merlot fit la rencontre, *A mon Plaisir*, de trois ouvriers qui venaient d'être chassés d'une usine à gaz, des environs d'Auteuil. Il y a dans la physionomie des méchants de tels signes, qu'ils peuvent aller hardiment vers un inconnu en lui disant : « Toi, tu es mon frère en mal. » Merlot, du premier jour, trinqua avec ces ouvriers; à la quatrième bouteille, ce furent quatre hommes bien assortis. L'ex-tambour d'Afrique raconta à ses nouveaux amis comment il était mal vu (il ne dit pas le pourquoi); il s'étendit longuement sur les habitués de la *Flotte*, et présenta l'affaire sous un faux jour, tout à son avantage. On discuta sur la liberté, prise au point de vue de la *Flotte*, c'est-à-dire que rien ne pouvait empêcher les quatre amis de s'introduire dans le cabinet réservé, puisque ce cabinet dépendait du cabaret et que le cabaret était un établissement public. Vers le soir, les opposants demandèrent qu'on leur servît du vin dans la *Flotte*, ce qui fut fait. Céleste et ses amis, en arrivant, furent surpris de voir leur table occupée par Merlot et les ouvriers qui jouaient aux cartes en assaisonnant le jeu de jurons; mais la *Flotte*, composée de gens calmes, incapables de se commettre avec de pareils vagabonds, se plaça au fond de la salle, à une autre table.

Merlot avait pensé à une demande en restitution de table, et il comptait sur les suites. La conduite calme de Céleste l'exaspéra plus qu'une violente dispute. « Eh! dit-il à ses camarades, nous avons le soleil dans les yeux, allons donc au fond. » Près de la table du boulanger était une seconde table vacante séparée de l'autre par un étroit passage. Merlot eut l'adresse de renverser avec sa blouse, en passant, un verre de vin appartenant à la société Céleste. Personne ne souffla mot sur le prétendu accident du tambour, à qui ce nouveau moyen fit encore défaut. Notez que les membres de la *Flotte* étaient tous gens solidement bâtis et le double des vagabonds ; mais ils eurent la force de se contenir. La soirée se passa sans tumulte ; en sortant, la *Flotte* complota qu'à partir du lendemain elle ne mettrait plus les pieds ni dans la salle qu'ils avaient baptisée, ni dans le cabaret. Cela se comprend ; les honnêtes ouvriers voyaient poindre une collision qui ne leur offrait nul charme. « Femme, dit le vigneron, je veux bien recevoir toutes les pratiques riches ou pauvres ; mais je n'entends point que quatre je ne sais quoi portent tort à notre commerce ; ainsi, va les prévenir que je serais très-heureux de les voir vider des pintes ailleurs. » La Noguet, qui était une personne sensée, lui répondit qu'il était difficile de mettre à la porte des buveurs pour des riens, seulement qu'on pouvait les prier de boire dans la première salle et de ne plus se mêler à la société Céleste.

Le traîne-caisse et les trois ouvriers jetèrent les hauts cris à cette nouvelle, surtout Merlot, qui traita Céleste de « mauvais *geindre* qui voulait sauter plus haut que ses jambes, et qu'on pourrait bien mettre dans le pétrin, » et autres grossières menaces. Enfin, ils promirent d'évacuer la *Flotte*, et ils avaient leurs raisons. L'argent fond vite au cabaret; on pense que les ouvriers avaient mangé leur *banque*, c'est-à-dire ce qu'ils touchèrent en sortant de leur atelier. Ajoutez à cela que Merlot n'apportait comme fonds dans la société que son éloquence; j'allais oublier qu'il avait amené, peu de jours auparavant, un nouveau compagnon, un chien errant trouvé la nuit dans les rues d'Auteuil, un vilain chien, aux poils ébouriffés, pleins de poussière, l'œil ensanglanté, les crocs blancs, pointus et solides. Il fut baptisé dès le premier jour *Saccard*, mot de mauvais augure qui le peignait assez bien.

Les gens les plus grossiers, les escrocs, les forçats et tout le gibier à guillotine, ont dans le langage un tour coloré, souvent naïf et féroce, qui tient peut-être de leur position à part dans la société.

Saccard devina la haine de son maître contre les membres de la *Flotte*, et il montrait les dents quand, le soir, passait la société devant la table des acolytes. Un jour vint où la bourse commune devint plus vide qu'un ballon crevé : non-seulement plus de vin, mais plus de vivres. Le vigneron Noguet eut le tort de ne pas se conformer à la plaisante maxime de l'image si connue : *Crédit est mort, les mauvais payeurs l'ont tué*.

Le cabaretier commit la faute d'inscrire sur ses livres un compte de Doit et Avoir à la compagnie Merlot. Pour que le romancier soit cru, il doit être d'une sévère exactitude dans les détails. Noguet ne tenait pas ses livres en partie double, mais en partie simple, l'idéal du simple. *Le Brouillard, le Journal, le Grand-Livre,* se résumaient en une ardoise accrochée au-dessus du comptoir; après les *tailles* des boulangers, il n'est rien de moins compliqué que la tenue de ce livre-ardoise.

Chaque litre se représentait par une marque à la craie; on pense combien la cabaretière fut occupée à marquer. C'étaient tous les jours huit litres et plus, sans compter le pain, le petit-salé, le fromage. Il n'est pas de pires dévorants que quatre fainéants, qui ont un compte ouvert. L'ardoise se trouva couverte tout d'un côté, par l'imprudence des Noguet, qui comprirent seulement en regardant toutes ces marques blanches quel vide l'ex-tambour et ses amis avaient fait aux tonneaux de la cave.

« Il faut arrêter tout net, s'écria le vigneron qui se disait : Adieu mon vin clairet dont les fainéants ne me payeront jamais la récolte. » Il y eut concile de nuit entre les époux, qui tous deux s'entendirent à merveille sur les moyens à prendre, mais qui n'osaient l'exécuter, car la cabaretière n'avait pas eu pendant deux mois quatre hommes attablés toute la journée devant son comptoir, sans surprendre quelques mots de leur conversation. Quoiqu'elle ne s'occupât guère de les écouter, plus d'une fois elle frissonna en les entendant se faire de terribles confidences à voix basse, lesquelles se couronnaient d'épais jurons; cependant elle comprit que son mari n'avait pas assez de diplomatie pour renvoyer les mauvais payeurs, et elle alla très-résolûment trouver Merlot, qui était plus d'à-moitié ivre :

« Mon Dieu, monsieur Merlot, dit-elle, je suis désolée de vous demander de l'argent ; mais vous savez... dans le petit commerce... » Elle fut intimidée dès le début et ne put terminer aussi fermement qu'elle se l'était promis. Au mot *argent*, les doigts de Merlot avaient roulé sur la table une marche qui en disait plus que beaucoup de symphonies imitatives. Le chien Saccard semblait avoir compris toute la portée de la demande, car il dressa les oreilles et poussa un grognement tout en fixant la cabaretière. Comme le traîne-caisse ne répondait pas à cette demande, il se fit un temps de silence.

— Vous concevez, monsieur Merlot, continua la cabaretière, que je ne vous demande pas tout aujourd'hui... Seulement un petit à-compte nous rendrait bien service.

Pour toute réponse, Merlot continuait à battre des marches; Saccard grognait sourdement ; la cabaretière fut effrayée.

— Faudrait pas vous gêner, dit-elle. Si vous n'avez pas d'argent pour le moment, nous attendrons...

II.

Ainsi, le mutisme de Merlot avait dérangé toutes les péroraisons de la Noguet, qui s'en retourna honteuse de sa malréussite. Les ouvriers arrivèrent peu après et apprirent dans quelle position se trouvait la société. « Bah ! buvons ! » se dirent-ils. Beaucoup, avant de se suicider, se jettent à corps perdu dans un océan de plaisirs; les quatre débiteurs flairèrent la fin du compte et burent pour huit jours. Ils étaient à hurler tout leur saoul quand Noguet rentra des champs et trouva les drôles en compagnie de chacun quatre litres. « Eh bien ? demanda-t-il à sa femme, dans l'arrière-boutique. — Je lui ai parlé, il ne m'a pas répondu. — Et tu leur as servi autant de vin... du vin perdu ! — Ils l'ont demandé, dit la Noguet. — C'est pas des raisons, dit le vigneron; qu'on boive, bien, mais qu'on paye, je ne connais que ça... Attends-moi, je vais leur parler. — Garde-t'en, ils sont pleins de boisson et méchants, il t'arriverait malheur. — Je me charge de les mettre à la porte à moi tout seul, dit le vigneron exaspéré; un honnête homme n'a jamais peur de quatre lâches. — Écoute, dit la femme, attends que M. Céleste soit arrivé, tu lui demanderas ce qu'il faut faire, c'est un homme de bon conseil. »

Noguet se rendit aux désirs de sa femme, et raconta l'événement au boulanger. « A votre place, dit Céleste, je n'en ferais ni une ni deux; il y a longtemps même que vous auriez dû... » Le cabaretier en était là de ses consultations quand il entendit la voix de Merlot qui criait : « Du vin ! du vin ! » avec un tel accent impératif, que Noguet fut révolté. Il courut d'un bond vers les demandeurs; on échangea de gros mots. Noguet prit au collet Merlot; le chien sauta à la gorge de Noguet et se mit en devoir de l'étrangler net; la cabaretière accourut en poussant des cris, puis Céleste et toute la *Flotte*. Ce fut une mêlée terrible dont il se voit quelques exemples dans les tableaux de Breughel d'Enfer. Les bouteilles cassées, les tables renversées, les mains coupées, un mariage de sang et de vin sur le carreau, tel fut en un quart d'heure l'aspect du cabaret. Les drôles eurent le dessous et furent mis à la porte qu'on ferma sur leurs talons. Le chien avait profité du désordre pour sauter par une fenêtre et rejoindre son maître. La Noguet pleurait tout en pansant la blessure de son mari qui avait à la gorge des preuves de la solidité des crocs de Saccard. Tout à coup les vitres du cabaret, celles de la *Flotte* se brisèrent en tombant sur le plancher; les pierres, les cailloux passaient par ces ouvertures et atteignaient Céleste et ses amis : un siége véritable, qui se termina par une plainte en police correctionnelle.

La bande Merlot fut condamnée à huit jours de prison. Au sortir de là, le tambour parut corrigé et vécut chez sa vieille mère. Il ne devint pas plus communicatif, mais son déguenillement se remarqua moins. Les habitants d'Auteuil le virent même un soir revenir de la promenade du bois avec sa mère. Il la soutenait, marchait lentement afin de ne pas la fatiguer. Quel changement! personne ne revenait de cette surprise. La prison d'ordinaire n'a pas un tel empire sur les méchants; elle envenime leurs vices au lieu de les extirper. De plus, les tapageurs n'avaient plus reparu au cabaret; sans doute ils avaient été porter leurs grègues ailleurs.

Un matin, le vigneron Noguet remarqua que des peintres en bâtiment étaient accrochés aux flancs de la maison qui faisait face à la sienne. Cette maison était une masure construite en terre jaune; mais quand elle fut lavée et badigeonnée, elle parut bâtie en pierres de taille. Les menuisiers vinrent qui apportèrent un comptoir.

« C'est un épicier, » dit la cabaretière, qui, toute la journée à son débit, avait le temps de s'ingénier en divers commentaires. Puis apparurent des tables et des bancs. « Ce n'est pas un épicier, » dit-elle. Et elle attendit tranquillement que les peintres eussent terminé l'enseigne qui devait l'initier à ce mystérieux commerce. Les peintres partirent le soir et laissèrent interminée l'inscription de cette manière : A MON D.

Jamais les savants ne furent autant tourmentés par une inscription fruste que le mari et la femme, qui se dirent cette nuit-là : « Que peut signifier A MON D? »

Les tables et les bancs, qui leur revenaient dans la cervelle, leur semblaient de fâcheux symptômes. Le peintre en lettres apparut le lendemain ; son bonnet de coton rayé, ses longs cheveux, sa blouse et sa boîte à couleurs furent salués avec une grande joie par la cabaretière, curieuse comme toutes les femmes. On eût dit que le peintre prenait à tâche d'émoustiller la curiosité de la Noguet, car il ne continua pas son inscription, et se mit à peindre portes et fenêtres. Seulement, vers le soir, il lui resta une heure ; il se remit à l'enseigne et dessina à la règle et à la craie deux majestueuses lettres : un É, un S ; puis il partit, laissant la cabaretière tout aussi intriguée qu'avant de l'inscription A MON DÉS.

Ce fut encore une bonne moitié de sommeil enlevée aux deux époux, qui se perdaient en commentaires fabuleux ; enfin le troisième jour vit l'achèvement total de cette peinture : A MON DÉSIR. Du coup, les époux comprirent qu'il y avait violente envie d'imiter et leur commerce et leur enseigne. Ils ne l'auraient pas deviné que les pièces de vin, les *pipes* d'eau-de-vie, les bouteilles de liqueurs qui étaient voiturées à tout moment, leur eussent ouvert l'entendement.

Restait à connaître le mystérieux propriétaire de cet établissement dangereux qui venait s'établir audacieusement à la barbe d'un confrère, et qui avait la mine de vouloir induire en erreur les voyageurs, les buveurs étrangers ; car lequel choisir pour celui qui ne connaît pas la réputation d'honnêteté d'*A mon Plaisir?*

Sans doute il restait aux Noguet un noyau certain, la *Flotte-Céleste;* mais les buveurs prudents ne sont pas les meilleures pratiques de cabaret : et de tout temps les cabaretiers ont eu un faible pour les ivrognes.

Le mystère de l'établissement rival fut vite éclairci ; quand la boutique se trouva prête, Merlot apparut dans un costume neuf, mais de mauvais goût. Il y avait toujours du débauché dans la redingote boutonnant jusqu'au cou, et du traine-caisse dans le pantalon à plis du nouveau marchand de vins. Il jeta un regard de mépris sur le cabaret d'*A mon Plaisir* et se campa fièrement devant sa maison, les mains dans les poches, les lèvres sifflant une marche.

Ce qui amena la fondation de ce cabaret est à peine croyable ; pendant que Merlot faisait son temps à la prison, sa mère, qu'il ne voyait jamais, alla le consoler, lui porter quelque argent. Elle essaya un peu de morale ; mais le fils ingrat répondit par des plaisanteries soldatesques. La pauvre femme pleura.

— Ah ! Pierre, lui dit-elle, si tu avais voulu te tenir tranquille, apprendre un état, tu te serais marié, je t'aurais donné mes économies ; au contraire, tu ne m'aimes plus, tu ne m'as jamais aimée, sans quoi tu te serais mieux conduit... Tu me fais mourir de chagrin ; la nuit je ne dors pas, je tremble toujours que tu n'aies commis un malheur, car, vois-tu, Pierre, quand on est entré dans le mal, on ne s'arrête plus... Je prie cependant Dieu de te rendre meilleur; mais tu ne fais pas attention à ce que je te dis.

La mère de Pierre avait reçu quelque éducation; trompée dans sa jeunesse par un homme, elle s'était retirée à Auteuil, triste, pour la vie, de l'abandon du seul homme qu'elle eût aimé, mais reportant son bonheur et ses joies futures sur la tête de son enfant. Elle vécut d'une rente de huit cents francs, qu'elle eût refusée de l'homme qui l'avait séduite, si elle n'eût pensé à l'avenir de son fils. Pierre tourna mal : à dix-sept ans, il s'engageait comme tambour. Aussi cette pauvre mère, brisée dans ses espérances, faisait-elle pitié à voir. Le chagrin la rongeait; elle était pâle et d'une telle maigreur, qu'on aurait pensé la renverser par le souffle.

Le retour de Merlot la combla de joie : elle crut à un nouvel enfant prodigue; ce ne fut qu'un éclair de bonheur. Dès le lendemain, elle comprit quelles fâcheuses habitudes son fils avait prises au régiment; elle souffrit de son langage, de ses manières; cependant elle l'excusait encore, croyant que la vie civile le polirait. Cette bonne mère, que la fumée d'un cigare rendait malade, eut le courage de laisser son fils s'installer dans la chambre commune, une pipe à la bouche; elle ne toussait pas, faisant des efforts surhumains pour ne pas montrer combien elle souffrait.

Merlot était trop grossier pour s'apercevoir de ces infinies délicatesses; seulement, aux premiers mots de reproches de sa mère, il ne revint plus. Elle lui faisait tenir de petites sommes que le mauvais fils buvait en un jour; la prison seule servit à réunir Merlot et sa mère. Le traîne-caisse, quoique d'une intelligence au-dessous de la moyenne, ne saisit dans toutes les paroles de sa mère que celles-ci : « Je t'aurais donné mes économies, » paroles d'or qui, pour lui, se résumaient en jouissances; aussi essaya-t-il de l'hypocrisie.

Sorti de prison, Merlot retourna chez sa mère, y vécut trois mois, parla de ses nouveaux plans de vie et joua si bien de la langue, que la pauvre femme, enchantée, lui donna deux mille francs amassés avec cette avarice de mère, cette sublime sordidité dont certaines gens se trouvent tout à coup doués pour leurs enfants.

Cependant madame Merlot conçut des craintes en apprenant que son fils avait dessein de monter un cabaret; le mal vient souvent de l'occasion. C'était le vin qui avait attiré de fâcheuses affaires à Merlot, et l'occasion allait être continuellement sous sa main ; l'ex-tambour combattit vivement les argumentations de sa mère, et s'appuya sur ce qu'il ne connaissait pas d'autres métiers, faciles à apprendre sans doute, mais dont l'apprentissage voulait plusieurs années.

Enfin, la mère crut à tout, au repentir de son fils, à l'expérience que devaient lui avoir donnée ses fautes; elle espéra un mariage prochain, sitôt que le commerce irait son train. Avec ses deux mille francs, Merlot en obtint cinq autres de marchandises à crédit; il s'habilla aussi fastueusement qu'il en avait l'idée. Dès le soir de l'ouverture du cabaret, comme par hasard, reparurent les trois ouvriers complices du siége de la *Flotte*, et amenant de nombreux amis ramassés dans les fabriques du pays.

On pendit la crémaillère. Quel tumulte, quels chants et quels cris! Le vin coulait à flots, autant sur la table que dans les verres, autant sous la table que dessus. L'un des buveurs porta un toast, non pas à la prospérité d'*A mon Désir*, mais à la destruction d'*A mon Plaisir*, et avec de tels éclats de voix, que les Noguet; ainsi que les membres de la *Flotte-Céleste*, ne durent pas en perdre une syllabe. A la fin du repas, quelques-uns entonnèrent des chansons obscènes; cela ne contentait pas entièrement l'assemblée, qui proposa, par l'organe d'un de ses orateurs, un chant de circonstance.

Sans rien dire, Merlot s'était retiré et avait décroché son tambour. Au refrain toute l'assemblée se leva, hurlant deux vers remplis de rage et de haine; Merlot battait la caisse, pendant que les buveurs choquaient sur les tables leurs verres vides ou pleins. On ne se dit pas adieu ce soir-là, car tout le monde coucha par terre dans le vin.

Le lendemain il y eut fort déjeuner, Merlot tenant à faire les choses grandement; puis la bande, qui avait bu tout son soûl, partit, et le cabaret, nouvellement inauguré à grands cris, reprit une allure forcément calme. Le bruit de cette bruyante crémaillère s'était répandu dans Auteuil, et n'encouragea personne, hormis quelques tapageurs, à devenir habitué d'un établissement si tumultueux.

Moitié par instinct, moitié par quelques paroles, madame Merlot sut ce qui s'était passé; elle alla trouver son fils et lui dit que le pays avait vu d'un mauvais œil l'ouverture d'un cabaret amener pareil scandale. L'ex-tambour se justifia en disant que c'était la coutume de partout, et que si, au début, on ne lâchait pas un peu la bride aux buveurs, ils iraient ailleurs porter leur argent. Il ne dit pas quelle espèce de gens il avait reçue et l'argent encaissé dans son comptoir. La digne mère se retira, l'esprit plein de fâcheux présages, mais se payant des raisons de Merlot.

Les ouvriers amis du traîne-caisse continuèrent à venir tous les soirs se désaltérer à peu de frais *A mon Désir*. Un événement vint changer encore une fois la vie de Merlot : il s'éprit de grande passion pour une jeune fille connue de tout Auteuil sous le nom de la *Belle-en-Cheveux*.

Cette créature avait des cheveux noirs qu'un corbeau eût enviés, qui formaient une tour majestueuse ceinte de nattes et de contre-nattes plus compliquées qu'un plan de fortification. On aurait dit un diadème d'ébène sur sa tête; Julie, par une coquetterie bien naturelle, ne portait jamais de bonnet, pas plus en été qu'en hiver; elle se coiffait elle-même avec une science, une habileté naïve qui désespérait le coiffeur le plus en renom d'Auteuil.

Le surnom de *Belle-en-Cheveux* paraissait tout naturel, appliqué à cette personne. Chaque soir, vers les sept heures, Julie passait par la rue La Fontaine avec ses compagnes les blanchisseuses. Merlot la remarqua et en tomba subitement amoureux; le croirat-on? cet homme brutal fut un amoureux timide. Il est vrai que Julie, qui n'avait peut-être pas chez elle un morceau de glace pour se mirer, portait sur sa figure un air de fierté et de majesté qui prouvait qu'elle n'ignorait pas sa beauté.

Merlot s'informa, prit des renseignements, et sut que la Belle-en-Cheveux n'était pas si cruelle qu'elle paraissait; seulement elle avait pour conduite de mépriser souverainement les gens pauvres. D'après plusieurs *on dit*, l'ex-tambour apprit que la blanchisseuse, qui allait porter le linge en ville, avait eu des intrigues avec quelques gens riches qui passent trois mois de l'année à Auteuil.

Il y a dans tous les pays de vieilles dames fort charitables dont la profession est de servir de traits d'union entre les gens des deux sexes. Auteuil, qui possède nombre d'ateliers de blanchisseuses, a dans son sein une tireuse de cartes. Cette tireuse de cartes, qui se contentait de faire le petit jeu à un sou, trouvait de nombreuses pratiques. Merlot la paya assez largement pour que le valet de trèfle le représentât, non pas une fois, mais dix fois, la plupart des femmes ne croyant aux cartes que lorsqu'un même fait se représente souvent.

Donc, la diseuse de bonne aventure alla plus souvent que de coutume proposer ses services à la Belle-en-Cheveux; et le valet de trèfle revint constamment avec cette explication : « Un homme brun qui vous aime... de l'argent... il fera des sacrifices. » Dès l'abord, la blanchisseuse ne prit garde au valet de trèfle; mais des réapparitions si fréquentes lui mirent martel en tête. Elle n'avait pas été sans apercevoir Merlot assidu à son passage dans la rue, et elle se dit que le valet de trèfle et le marchand de vins pourraient bien n'être qu'une seule et même personne.

Aussi questionna-t-elle avec une grande insistance la tireuse de cartes, une fine mouche qui, ne voulant pas faire soupçonner sa complicité avec Merlot, lui donnait quelques vagues renseignements sur l'*homme brun*, sans dire clairement qui il était. Le levain de la curiosité fermentait dans l'esprit de la blanchisseuse quand, par suite d'un commun accord entre Merlot et la vieille, celle-ci dit à Julie :

— Je vous causerai davantage vendredi; c'est le jour où les cartes parlent le plus.

Ce vendredi si bavard fut impatiemment attendu par Julie, qui accueillit avec respect l'oracle suivant : « L'homme brun est timide, il voudrait vous parler... il n'ose, parce qu'il ne vous trouve jamais seule... S'il ne vous parle pas en secret, il fera voyage; s'il vous parle, argent, cadeaux et amour. »

La blanchisseuse, plus niaise qu'un perroquet, comprit cependant l'avis; le soir même elle eut soin de rester plus tard que de coutume à son atelier, et elle revint seule par la rue La Fontaine. Par extraordinaire Merlot n'était pas sur le seuil de son cabaret; Julie crut qu'elle s'était trompée sur le compte du valet de trèfle, et continua sa route, bien certaine que les cartes ne mentiraient pas. Effectivement, non loin d'Auteuil, elle entendit un pas d'homme qui résonnait sur le pavé de la route.

Elle ne se retourna pas : toutes les femmes voient par le dos, et Julie reconnaissait que l'*homme brun* s'avançait ; elle marcha plus lentement. Au bout de la route, Merlot l'aborda. En femme adroite, la blanchisseuse ne répondit rien à la déclaration du trainecaisse qui, rassemblant tous ses moyens de séduction, y allait tambour battant.

Merlot parla longuement, offrit des boucles d'oreille à cette femme, et demanda, plutôt qu'il n'obtint, la permission de l'accompagner chaque soir à la même heure.

Pendant un mois le même manége se continua, et les présents de toute nature allaient leur train. Merlot consulta la tireuse de cartes qui recevait aussi les confidences de la blanchisseuse, et qui tirait de bons profits à faire parler les cartes suivant les désirs de ses deux clients. Cette vieille avoua au tambour que la Belle-en-Cheveux s'attristait de sa maigre position de blanchisseuse et qu'elle cherchait à s'établir. Le mot fut un éclaircissement pour Merlot ; il offrit le même jour son comptoir à Julie, qui se fit prier longtemps et demanda promesse de mariage.

III.

Merlot promit le mariage : en paroles cela est si vite conclu ! Il n'y faut ni maire, ni prêtre, ni notaire, ni bans. Le lendemain, la Belle-en-Cheveux trôna dans le comptoir d'*A mon Désir* et n'eut pas de peine à éclipser la voisine Noguet. Il y eut le soir un grand festin de fiançailles, auquel assistèrent tous les drôles qui avaient inauguré le cabaret et qui amenèrent leurs amis, sans compter les amis des amis.

Un des nouveaux se faisait remarquer par sa tenue au milieu de ces gens débraillés : c'était un jeune homme pâle et maigre, d'une trentaine d'années, qui portait un habit noir râpé boutonné jusqu'au cou, à ce cou une cravate blanche cherchant à dissimuler la noirceur de la chemise, de grands cheveux gras, rejetés en arrière pour conserver la majesté du front rasé aux angles. Il fut présenté sous le nom de *Faust*, avec les titres d'ouvrier-poëte-cordonnier. Au milieu du repas, il improvisa quelques vers sur la chevelure d'*aigle* de la maîtresse du logis; puis son introducteur expliqua à la société quel honneur devait rejaillir sur elle de la présence d'un lauréat de goguette. On applaudit, et le poëte-cordonnier fut prié de lire quelques poésies. Faust refusa d'abord en donnant pour excuse « qu'il n'était pas en voix » :

cependant il ne demandait pas mieux que de réciter quelques pièces de grands et illustres poëtes, ses supérieurs, un poëte-charpentier du Var, et la dernière ode de l'illustre potier d'étain de Meaux ; mais l'assemblée réclama avec tant d'instance l'audition des vers de Faust, que celui-ci se leva et déclama la fameuse pièce des *Alvéoles du cœur*.

Merlot n'avait pas l'esprit bien cultivé ; cependant il était au comble de l'enthousiasme de compter parmi ses hôtes un poëte.

Il n'y a pire orgie que l'orgie de vin bleu ; elle est âpre, cruelle et prodigue en coups de couteaux ; elle donne à tous les buveurs le *vin mauvais;* aussi n'est-il pas rare de voir aux barrières d'aimables compagnons qui reviennent les uns sans nez, les autres sans oreilles, qui étaient partis très-joyeux, leurs cartilages au grand complet. Le vin bleu de Merlot commençait à produire son effet : l'un des convives avait pris la parole et contait son histoire à qui voulait l'entendre ; il prétendait souffrir souvent de la *soif du boulanger*, qui est un mot pour exprimer la faim. L'ivresse avait rendu à ce malheureux tous ses souvenirs tristes, et il chantait pour oublier sa femme et ses enfants ; mais sa chanson était plus douloureuse qu'un enterrement.

— Ah ! les amis ! chantons... ça ne vient pas si souvent le temps de boire, chantons !.. Qu'est-ce qui chante... la ? je veux de quoi rigoler, moi.

— Veux-tu, dit le poëte-ouvrier ivre, écouter ma chanson sur les Jésuites ?

— Bah ! dit l'homme, tes Jésuites, ils sont finis... à bas les Jésuites ! il n'y a plus de Jésuites.

— Tu crois ça, dit le poëte-cordonnier, dont l'amour-propre était blessé d'entendre ses Jésuites traités de chimères... et ta fille ?

A cette brusque question, l'homme interrogé se leva blême, ses lèvres blanchirent, ses yeux s'illuminèrent de flammes, et il se jeta avec une bouteille sur le poëte-ouvrier en poussant un hurlement semblable au cri des sauvages.

— Ma fille, malheureux, tu as le cœur de me la rappeler !..

Il cassa la bouteille sur le front du poëte qui tomba ensanglanté. Tous accoururent à l'instant, renversèrent les tables pour séparer les deux combattants. En un clin d'œil, l'homme à la bouteille fut entouré de dix personnes qui le prenaient à la cravate, qui déchiraient ses habits ; cependant celui-ci, tout en se débattant, criait comme si on l'eût assassiné, et quoiqu'il fût tenu par vingt bras, il faisait des bonds qui avaient réussi à le dégager.

— Lâchez-moi... il me mord ! hurla-t-il enfin d'une voix terrible.

On avait oublié le poëte-ouvrier qui, revenu à lui, sous la table, enfonçait ses dents dans les jambes du malheureux.

Ainsi se termina la grande soirée pour la réception de la Belle-en-Cheveux : cet événement ne détruisit nullement la bonne amitié des habitués de Merlot, qui continuèrent à fréquenter le cabaret ; cependant les affaires de Merlot prenaient une déplorable tournure. Après les six premiers mois vinrent les comptes de fournisseurs qui arrêtaient le crédit, au cas où leurs factures ne seraient pas acquittées. Or, ce n'étaient pas les habitués du cabaret qui remplissaient le comptoir ; jamais ils ne payaient un rouge liard. La Belle-en-Cheveux, de son côté, dépensait de folles sommes en toilettes; elle voulait être *bien habillée*, et imitait niaisement la beauté fainéante des dames de café parisiennes. Merlot, poussé à bout, courut chez sa mère, qu'il ne voyait plus depuis la fondation du cabaret : la pauvre femme était encore plus amaigrie qu'à l'ordinaire; elle avait entendu parler dans le village des orgies nocturnes qui se passaient *A mon Désir*. Elle savait quelle espèce de femme dirigeait la maison et la conduite de son fils ; ces raisons ne contribuaient pas à lui rendre la santé. Madame Merlot se dit qu'elle devait dévorer silencieusement son chagrin, mais c'était le chagrin qui la dévorait. Toute la journée elle pensait à son fils; elle pesait ses mauvaises actions passées pour arriver à la connaissance des mauvaises actions futures.

Merlot entra avec la mine humiliée d'un pécheur repentant; cette fois sa mère ne se laissa pas prendre à ces faux airs de contrition.

— Que veux-tu? lui dit-elle avec un semblant de froideur.

— Ma mère, dit le tambour, pardonnez-moi.

Allez donc résister à un fils qui se jette à votre cou et qui pleure, car Merlot s'était donné beaucoup de mal en chemin pour trouver deux larmes. Il raconta comment les créanciers allaient faire saisir le mobilier, les boissons, le matériel du cabaret; qu'ainsi il se trouverait sur la paille avec son enfant.

— Comment! s'écria la mère, tu as un enfant?

— Oui, ma mère, ma femme est grosse.

— Et tu n'es pas marié!

— Si nous avions eu l'argent nécessaire pour les frais de l'église, le mariage serait déjà fait.

— Alors pourquoi, au lieu de faire la débauche avec des gens qui sortent on ne sait d'où, n'as-tu pas mis en réserve une petite somme pour te marier?

— Hélas! ma mère, je ne connaissais pas encore cette femme que j'adore.

— Envoie-la-moi, dit madame Merlot, que je lui parle.

Le cabaretier revint chez lui, heureux de la tournure que prenaient ses affaires. Il donna ses instructions à la Belle-en-Cheveux, lui recommanda d'écouter attentivement les avis de sa mère, surtout de ne pas démentir la grossesse dont il avait parlé, et lui indiqua les moyens de faire un siége en règle à la bourse de la *vieille bavarde*. Cette fille, quoique niaise, était assez rusée pour jouer ce rôle; elle se plaignit vivement de l'inconduite de Merlot, de la facilité avec laquelle il ouvrait des crédits énormes: elle fit tant et tant de doléances sur l'état criminel dans lequel elle vivait non mariée, que madame Merlot plaignit vivement une fille si honnête d'être tombée entre les mains d'un homme tel que Merlot.

— Attendez-moi, dit-elle, quelques minutes, je vais voir si je puis faire quelque chose pour vous.

IV.

La mère crédule laissa sa future belle-fille dans la première pièce et resta quelque temps sans reparaître. Julie, qui se doutait d'un mystère, appliqua son œil à la serrure et aperçut madame Merlot qui écartait avec précaution les draps et le matelas du lit, et qui fouillait dans la paillasse. Elle en tira un petit sac qui rendit un son d'or. Ces observations suffirent à la Belle-en-Cheveux, qui se retira aussitôt à un autre bout de la chambre et s'assit tranquillement sur une chaise, de telle sorte que madame Merlot, en revenant lui apporter cinq pièces d'or, ne se douta de rien.

— Ah! dit Merlot en faisant sauter l'or dans sa main, elle a donc *coupé* dans le mariage?

— Oui, répondit la Belle-en-Cheveux, et j'ai découvert le moyen ; et elle raconta l'histoire de la paillasse.

Huit jours se passèrent à former des projets concernant le petit sac de madame Merlot; au soir, le cabaretier eut une révélation :

— Tu es malade, dit-il à sa maîtresse.

— Pas du tout, répondit-elle.

— Tu es malade, couche-toi.

La Belle-en-Cheveux ne comprenait pas; il fallut que Merlot lui expliquât son projet.

— Tu es couchée, tu envoies chercher ma mère pour te soigner pendant mon absence. Ma mère vient; pendant ce temps j'entre chez elle, n'importe comment, et je cours à la paillasse.

Ce projet fut aussi vite exécuté que conçu; Merlot s'introduisit par escalade le même soir dans la petite maison de sa mère, brisa un carreau et trouva tout de suite le sac aux louis. Personne ne l'avait vu; car la rue Boileau, où fut commis le vol, est la rue la plus déserte d'Auteuil. Seulement, le lendemain de grand matin, madame Merlot vint au cabaret et monta dans la chambre où demeuraient son fils et Julie :

— Vous êtes deux malheureux, leur dit-elle; vous m'avez trompée, vous m'avez volée. Je ne porterai pas plainte, mais prenez garde, un crime en amène un autre; d'autres seront moins bons que moi et vous dénonceront... Vous finirez mal tous les deux, je vous le dis. Je t'ai beaucoup aimé, mon fils, et je t'aime encore... mais tu n'es plus mon fils, car tu m'as donné au cœur un coup dont je ne me relèverai pas... Je ne vivrai pas longtemps après ce vol, qui est un assassinat, et j'en suis heureuse; au moins ne verrai-je pas les crimes dont tu te rendras coupable.

Merlot était interdit; il voulait hasarder quelques mots de défense et nier son crime.

— A quoi bon! dit madame Merlot; je lis sur ta

figure que c'est toi qui as escaladé mon mur : tiens, voilà une meilleure preuve, reconnais-tu cela?

Et elle jeta sur le lit un tire-bouchon de marchand de vins que Merlot avait laissé tomber dans la cour.

— Adieu, mon fils, dit-elle; tant mieux pour toi si ma mort peut t'éclairer et te ramener à des sentiments plus honnêtes.

La brave femme sortit aussi résolûment qu'elle était entrée; mais, dans la rue, une défaillance la prit, et quelques habitants du pays la ramenèrent chez elle. On la coucha; le délire s'empara d'elle pendant huit jours. Elle mourut tranquillement, sans recevoir des nouvelles de Merlot qu'elle fit demander plusieurs fois, et qui répondit : *J'irai demain*. Madame Merlot n'ayant pas laissé de testament, le peu qu'elle possédait, c'est-à-dire son mobilier, retourna aux mains de son fils, qui ne regretta qu'une chose : ce fut l'extinction de la rente que touchait sa mère de son vivant.

Nous avons laissé depuis bien longtemps le cabaret d'*A mon Plaisir* sans donner de ses nouvelles, par une raison très-simple. La vie calme et tranquille est sujette à peu d'événements, et il est plus facile d'intéresser avec Cartouche qu'avec le pasteur Oberlin. Madame Noguet, une fois sa curiosité satisfaite, ne s'inquiéta plus guère de la concurrence de ses voisins. Elle n'apporta que davantage d'activité dans ses rapports avec la Flotte-Céleste, qui continua comme par le passé à venir vider bouteille *A mon Plaisir*. Les bons vivants d'Auteuil, pour récompenser les services de la cabaretière, préparèrent même une surprise pour sa fête. Aussi, un soir, Merlot entendit-il avec grande surprise une musique inaccoutumée dans la rue La Fontaine. Trois violons et une clarinette marchaient en avant, jouant avec enthousiasme l'air : *Où peut-on être mieux...;* derrière venaient deux par deux les membres de la Flotte-Céleste, leurs femmes au bras et d'énormes bouquets au poing. Ce cortége défila avec une certaine solennité devant Merlot et entra dans le cabaret Noguet, où les reçut la femme du vigneron, tout émue de la *surprise* que lui avaient ménagée ses habitués.

Il y eut grand repas dans la soirée et bal toute la nuit.

— S'amusent-ils, ces gens-là! dit Merlot à ses amis.

— Mais aussi, c'est tous gens qui possèdent, qui sont propriétaires, qui sont riches... Ah! je voudrais les tenir dans un petit coin.

— Il faut attendre, dit un autre.

— Est-ce que les cabaretiers en face, demanda un nouvel interlocuteur, sont riches?

— Je crois bien, dit Merlot, des avares, vous le savez aussi bien que moi, qui nous ont refusé le crédit.

— Et tu les laisses tranquilles?

— Il n'y a rien à faire, dit Merlot. Pourtant ils me ruinent, m'enlèvent toute la pratique d'Auteuil, m'empêchent de vendre, et mon cabaret n'ira pas longtemps.

— Il faut qu'ils te donnent la moitié de ce qu'ils ont, dit un des buveurs ; s'ils ne veulent pas te la donner, et ils ne voudront pas, il y a un moyen : c'est de la prendre.

— Tu crois ? dit Merlot.

— Sans doute; seulement il faut savoir prendre adroitement, puisque la société actuelle est si mal organisée qu'elle traite ce droit de vol, et qu'elle condamne le vol; au lieu d'aller hardiment chez ton voisin, la tête haute, en plein jour, lui dire : Frère, donne-moi la moitié de ce que tu as, il ne s'agit que d'y aller la nuit, de ne rien dire, et d'entrer en possession de cette moitié due par les lois naturelles, sans aucune explication. Cependant, s'ils se réveillaient et qu'ils n'eussent pas l'air content, on leur explique l'affaire avec un bon couteau.

— C'est une idée, ça, dit Merlot.

— Il faut y réfléchir, dit l'orateur; nous sommes quatre ici, quatre bons enfants; pendant huit jours il faudra voir à prendre des informations. Voilà Faucheux et Diard qui ne sont pas connus dans le pays, ils iront boire *A mon Plaisir*, et tâcheront de savoir la route que prend l'argent du comptoir.

Ce plan était d'une telle simplicité, qu'il fut immédiatement approuvé par les quatre amis qui burent à la santé de l'entreprise. Deux jours après, Faucheux et Diard, déguisés en compagnons, obtinrent la permission de dormir sur un banc dans le cabaret des Noguet. La cabaretière emporta suivant son habitude la recette du jour avec elle, ce qui fit penser aux deux associés que l'argent devait être serré dans une pièce du premier étage. Il ne s'agissait plus que de trouver un moyen de dévaliser les Noguet sans bruit et sans avoir besoin de recourir au meurtre. Un complot se tint chez Merlot, et il fut décidé qu'à la prochaine nuit noire on s'introduirait dans le jardin d'*A mon 'Plaisir* et qu'on mesurerait la hauteur des fenêtres pour tenter une escalade. Ce moyen fut accepté, mais délaissé à cause du bruit que feraient les carreaux en se cassant, bruit qui réveillerait immanquablement les Noguet. On s'arrêta au projet de défoncer les volets du rez-de-chaussée ; l'affaire paraissait immanquable et devoir être couronnée d'un plein succès. Un simple incident dérangea tout : Noguet, en se levant de grand matin, remarqua par hasard de nombreuses traces de pieds dans le jardin, derrière sa maison. Il ne comprit pas d'abord toute la portée de ces indices; cependant, par instinct, il suivit ces traces de pieds d'autant plus visibles qu'il avait plu la nuit, et qu'aucun voyageur n'avait pu encore en détruire l'empreinte. Les traces s'arrêtaient au cabaret d'*A mon Désir*. Le vigneron frissonna et alla vitement réveiller Céleste, l'homme aux bons conseils.

— Il y a tout à craindre de vos voisins, dit celui-ci, et je crois qu'il faut n'avoir l'air de rien. Seulement, tous les soirs, la *Flotte* s'en ira comme à l'ordinaire, mais reviendra faire bonne garde chez vous, en passant par la ruelle des Loups.

La Flotte-Céleste veilla inutilement deux nuits et traitait déjà de chimères les craintes du vigneron, lorsque le lendemain, vers une heure du matin, on entendit un bruit particulier qui ressemblait à celui que fait un menuisier en trouant une planche. Les protecteurs des Noguet se tinrent sur leurs gardes et ne dirent plus un mot... Le bruit continuait; bientôt on put distinguer la musique de la scie, puis le bris d'un carreau, puis l'ouverture de la fenêtre. Quatre hommes entrèrent par cette ouverture et se dirigèrent vers l'escalier. Ils allaient pénétrer dans la chambre à coucher des cabaretiers, lorsque Céleste alluma brusquement une chandelle et sauta résolûment sur le premier entrant. C'était Merlot; un second fut arrêté; les deux donneurs de renseignements, Diard et Faucheux, parvinrent à se sauver; mais ce ne fut pas pour longtemps. A peine en prison, Merlot, dans l'espérance d'avoir sa grâce, donna de tels renseignements sur les habitués de son cabaret, que tous furent arrêtés.

Ainsi finit l'existence du cabaret *A mon Désir;* les Noguet tiennent toujours *A mon Plaisir.* J'y ai bu un jour de grosse chaleur.

1847.

INTÉRIEUR

J'ai un fauteuil qui ne vaut pas quatre sous ; quand on s'assied dedans, il grince comme une poulie mal graissée. Les vers l'ont mangé jusqu'à la moelle des os ; cependant je ne le changerais pas contre un empire.

S'il est plein de poussière, il est aussi plein de souvenirs.

Je l'ai acheté, il y aura tantôt douze ans, à la vente de mademoiselle Bauvois, marchande de tabac.

Mademoiselle Bauvois était une vieille fille, jaune comme du tabac en carotte et plus ridée que les raisins d'hiver. Elle n'était jamais sortie de sa boutique, aussi jaune qu'elle, et la décoration consistait en petits dessins exécutés par les mouches.

A côté de mademoiselle Bauvois se tenait son frère, M. Bauvois, préposé à la vente du tabac à fumer; mais il n'avait guère d'occupation.

Le gros de la besogne était pour mademoiselle Bauvois, qui pesait dans une balance de fer-blanc le tabac à priser.

Alors la mode était de priser; aujourd'hui la mode est de fumer. Mademoiselle Bauvois a bien fait de mourir; elle n'eût rien compris à cette détrônation de la tabatière par la pipe.

Au-dessus de M. Bauvois, se tenait accroché un important personnage à nez rouge, à grande perruque blanche. Toute son attention se portait sur les fléaux de la balance; il semblait prendre grand plaisir à voir peser le tabac. Il admirait cette longue succession de cornets en papier qui s'emboîtaient avec tant d'art les uns dans les autres. Son costume noir, qu'il gardait constamment et qui commandait le respect, indiquait qu'il avait dû remplir quelque importante fonction dans l'ancienne magistrature.

Sans doute ce magistrat irréprochable contribua puissamment au révisement des coutumes du Vermandois. Je ne l'ai jamais vu rire; jamais il n'a soufflé mot. Sa perruque était toujours soigneusement peignée, son nez aussi rouge un jour que l'autre.

Un matin, on a sonné le bourdon de la cathédrale: c'était la mort de mademoiselle Bauvois qui faisait trembler la vieille tour de l'église.

Il n'y a plus eu de bureau de tabac dans la ruelle du Bloc; d'autres ont fait des devantures avec les soixante mille modèles de pipe connus : pipes en terre et pipes en bois, pipes en porcelaine et pipes en écume de mer, pipes en racine et pipes en verre, pipes de l'Alsace et pipes de Marseille.

Toutes ces pipes se marient avec des faveurs de ruban rose, s'entrelacent, font la grimace aux tabatières.

Toutes les fois que je vais à Laon, je pense à mademoiselle Bauvois, à ses cornets, à sa boutique sombre, au juge au nez rouge, et je trouve les barreaux de fer de l'ancienne boutique bien plus gais que la *montre* des modernes débitants de tabac.

Après la mort de mademoiselle Bauvois, on procéda à la vente. J'achetai le fauteuil où s'était assise si longtemps cette respectable demoiselle.

Sur ce fauteuil, en curieuse tapisserie, se promènent des dames chinoises, un peu allongées, la mine dédaigneuse, les grandes manches l'une dans l'autre, et, derrière elles, un petit Chinois qu'on n'a pas jeté dans le fleuve Jaune, afin de lui faire porter la longue ombrelle.

Mademoiselle Bauvois ne brossait jamais son fauteuil; la poussière avait fini par prendre un pied, puis deux, puis trois, puis dix. Plus moyen de la déloger. Je donnai le fauteuil à nettoyer.

Le tapissier jugea à propos d'y fourrer des élastiques. Des *élastiques* dans un fauteuil de 1773, contemporain de Diderot et de Boucher ! Cet homme était imbu de préjugés modernes; autant vaudrait un fond rose à un portrait de Rembrandt !

Quand je partis de Laon, je ne voulus pas laisser le fauteuil à ma mère; elle ne le comprenait pas. Elle n'avait jamais eu un sourire pour les belles dames chinoises qui se promènent depuis si longtemps avec leur parasol.

On fit une boîte au fauteuil, qui grimpa tranquillement sur l'impériale de la voiture Laffitte et Caillard.

Combien le fauteuil a été étonné de se trouver à Paris! En a-t-il subi des déménagements et des emménagements!

Il a vu la littérature de près, et il la méprise bien, sachant qu'elle ne donne guère à rire. Il a vu quelquefois des filles aimables, mais il a vu aussi de cruels propriétaires.

Un jour, triste souvenir! un huissier s'est assis dedans. Le pauvre fauteuil fut saisi d'une terreur sans pareille, et il s'en est allé par la fenêtre, au risque de se casser une jambe.

Le fauteuil aimait mieux sortir par la fenêtre que par la porte, avoir une jambe cassée et suivre son maître, que d'avoir la jambe saine et suivre l'huissier.

Il sauta avec tant de dextérité qu'il ne se cassa rien, et il arriva le soir sans encombre à la rue des Canettes; mais il eut une grande douleur, il se trouva en compagnie d'un tas de vauriens de meubles, vagabonds sans aveu.

Un lit en bois peint, une commode en noyer, un secrétaire en acajou, une pendule en cuivre doré d'un style sans style, des vases de porcelaine peinte avec des bouquets en fleurs artificielles sous verre.

Cela s'appelle un *garni*. Le fauteuil ne pouvait se lier avec ces étranges compagnons de tous les bois, de tous les pays, de toutes les époques, qui se prostituent à raison de vingt francs par mois au premier venu.

Le fauteuil s'ennuya dans cette vilaine rue des Canettes; il ne le disait pas, mais au fond il regrettait l'air de la montagne de Laon, le beau temps où il recevait dans ses bras feue mademoiselle Bauvois.

Moi, voyant son amère tristesse, je l'emmenai de la rue des Canettes, et je lui donnai, cette fois, de braves camarades avec lesquels il se lia intimement dès le premier jour.

Ce fut d'abord une petite horloge en bois de six francs, rue de la Barillerie; elle était jolie, fraîche et pas trop tapageuse.

Elle ne sonnait pas l'heure; elle faisait seulement entendre un doux tic-tac, qui n'a rien de la brutalité de celui du moulin à vent.

Les dames chinoises continuaient à se promener, suivies de leur petit Chinois, et elles regardaient constamment les heures marcher à la suite des aiguilles.

Il y avait sur la cheminée un gros paysan de pot à eau en faïence blanche avec un bouquet sur la poitrine, composé de pissenlits verts et de pivoines rouges.

Ce pot à eau se tenait constamment dans un saladier où de joyeux coqs bleus à queues rouges picotaient de grandes herbes vertes.

Le fauteuil, le coucou, le pot à l'eau vivaient en paix modestement, se contentant de peu.

Un petit chat, qui avait l'air honnête, s'en vint crier famine par la croisée. Je lui ouvris; il mangea comme un goulu le restant de la veille.

Après il se mit à regarder avec ses grands yeux tout l'appartement, puis les meubles. Il s'inquiétait démesurément de l'horloge.

Et il commença à donner de petits coups de patte aux poids du coucou. Les chats voudraient communiquer leur mouvement perpétuel à toutes les choses de la création.

Quand il eut reconnu que les poids étaient trop pesants pour sa petite personnalité, il s'attaqua aux ficelles; et les ficelles se laissèrent aller à un doux balancement, sans se douter combien elles compromettaient le cerveau du coucou.

Finalement, les deux ficelles prirent tant d'ébats avec le petit chat, que mon horloge de six francs mena une conduite déréglée. Le coucou devint fainéant, oublia de marquer les heures; au lieu de continuer son chemin à pas comptés, il se reposait en route, puis courait en avant pour se rattraper; il finit par se reposer tout à fait.

Le lendemain, je trouvai le gros pot à l'eau par terre, la bouche fendue, et son joli bouquet de pissenlits verts séparés des pivoines rouges.

Le chat avait aussi l'habitude de grimper sur le

fauteuil ; quelquefois il y faisait un somme, quelquefois sa toilette. D'autres jours il entreprenait un grand voyage en partant des bras pour arriver au dos ; il s'y tenait triomphalement comme sur un pic, et puis se laissait couler doucement jusqu'au bas.

Je le surpris plus d'une fois en contemplation devant les grandes dames chinoises, se demandant quel pays pouvait produire d'aussi jolies créatures.

Son premier regard était pour elles en s'éveillant ; il les voyait en clignant de l'œil, et petit à petit son regard se faisait grand.

Mais le chat ne paraissait pas heureux que le petit Chinois eût échappé au fleuve Jaune ; il lui jouait mille tours et ne manqua pas un jour de lui enfoncer ses griffes dans la figure.

Quand il eut terminé ses méditations sur les Chinoises, le chat fut ingrat envers ces pauvres dames, comme les enfants qui cassent leur petits chiens de bois afin de *voir* l'aboiement. L'insensé et immoral animal déchira la robe des Chinoises, voulant se rendre compte du dessous.

Il trouva du crin et de l'étoupe !

A l'imitation d'un romancier, inventeur de châtiments particuliers, j'ai livré le chat à des mains cruelles. Ainsi fut-il puni de ses crimes. Je ne m'étendrai pas crûment sur la punition, cette question ne pouvant se traiter sans danger que dans un ouvrage de chirurgie.

Février 1848.

LA CHANSON
DU BEURRE DANS LA MARMITE

Il faisait grand soleil dans la prairie. Caché par l'ombre d'une cabane, un pauvre fourneau de terre était brûlé jusqu'à la moelle des os par les charbons allumés.

Pour plus de fatigue, une lourde marmite de fonte, noire comme la poix, s'était assise sur le fourneau. Encore si ç'avait été une gaie marmite de cuivre qui rit au soleil !

Mais les individus de lourde apparence sont souvent les plus joyeux compagnons. La preuve, c'est qu'une petite voix grésillante sortit tout d'un coup des entrailles de la sombre marmite, et se mit à chanter la chanson suivante :

« J'ai été brin d'herbe, vert et frais ; j'avais pour camarades d'autres brins d'herbe, verts aussi et frais comme moi.

« Tous les matins nous buvions un grand coup de rosée, qui est la plus douce des liqueurs.

« A neuf heures, le soleil venait nous réchauffer et hâter la digestion.

« Et puis, c'était le vent qui nous baissait la tête en mesure ; sitôt qu'il était parti nous relevions la tête.

« Quelle joie infinie !

« Le soir, venaient les amoureux bras dessus bras dessous ; et nous nous réunissions tous les compagnons brins d'herbe, afin que les amoureux pussent marcher avec plus de douceur.

« Quand ils avaient assez causé, les amoureux rentraient au logis ; nous buvions encore un grand coup de rosée pour nous refaire l'estomac.

« Un matin, il est arrivé dans la prairie des bêtes énormes, qui nous cassaient la tête de leurs cris.

« La femme qui les menait a crié : « Eh ! garçon, fais attention que les vaches ne s'écartent point du pré ! »

« Une vache s'avança vers un rassemblement de brins d'herbe qui se tenaient à part. C'étaient nos seigneurs à cause de leur grande taille.

« La vache ne fit ni une ni deux ; elle ouvrit une grande gueule et avala nos seigneurs.

« J'étais plus mort que vif, j'avais le frisson, je tremblais de tous mes membres. Dans d'autres occasions j'aurais versé une larme sur le sort de nos seigneurs.

« Mais je ne pensai qu'à moi. « Si cette bête avale ainsi, me dis-je, les puissants brins d'herbe, quel sort nous est réservé à nous autres misérables sujets !»

« Ce fut ma dernière pensée. La vache vint à moi avec ses grands yeux ; je ne sais plus ce qui arriva ; je me sentis moulu, broyé.

« Je disparus dans de longs corridors chauds et obscurs, où je retrouvai mes amis et mes seigneurs prisonniers.

« Dans quel état, hélas! Aucun d'eux n'avait forme de brin d'herbe ; nous étions tous mouillés et serrés comme des harengs.

« Malgré ce déplorable événement et malgré notre transformation en boule humide, je tâchai de conserver ma présence d'esprit.

« Au bout d'une demi-heure, ce fut un voyage sans fin, un roulis à rendre l'âme.

« Nous entendions dans l'ouverture de la bête un tapage effroyable, comme quand elle nous broyait.

« Il n'arrivait cependant pas de nouveaux brins d'herbe, mais des bouffées d'air à renverser des maisons.

« Notre compagnie diminuait à vue d'œil. L'animal avait sans doute plusieurs cachots à sa disposition, et il faisait son choix parmi les brins d'herbe.

« Ainsi nous vîmes disparaître près d'un quart de nos compagnons ; ils partaient pâles et défaits, comme s'ils eussent deviné leur sort.

« Une seconde bande les suivit de près et s'engloutit dans des souterrains dont la pensée me fait frémir.

« Je fus assez heureux pour loger, avec nos seigneurs, dans de petits canaux pleins de rouge liqueur assez semblable au vin vieux.

« Rien ne nous indiquait l'heure dans cette obscurité, et le temps nous parut bien long.

« Beaucoup plus tard, la vache recommença ses hurlements ; et il me sembla démêler qu'un étranger se livrait sur sa personne à des attouchements singuliers.

« Tout d'un coup, par un miracle, nous voyageons dans cette rouge mer qui nous servait de prison... Le soleil !... l'air ! nous tombons tous ensemble, sans mal aucun, dans un vase de bois plein d'une liqueur blanche.

« Que de mystères !

« La femme qui nous avait délivrés emporta le vase qui nous servait d'asile, loin de la vache.

« A partir de ce moment, je n'entendis plus parler de la vache.

« — Eh ! Marianne, dit la fermière, écrème le lait... si tu ne te dépêches pas, nous serons en retard pour le marché. »

« La servante apporta des vases de fer-blanc ; nos seigneurs et quelques-uns des amis brins d'herbe, nous étions épaissis et légèrement colorés.

« Le fouet claque, les roues grincent, les coqs chantent, les poules fuient, la voiture marche. Adieu pour nos compagnons qui sont restés gouttes de lait.

« Mais nous n'étions pas au bout de nos peines.

« Nous voilà transportés dans une nouvelle prison toute pleine de bonnes odeurs. Ça sentait bon comme l'air du matin.

« La servante arriva, un foulon à la main, et se mit à nous battre, à nous fracasser les membres avec une ardeur sans égale.

« Que de coups ! Et pour couvrir nos plaintes et nos gémissements, la cruelle femme chantait à tue-tête des poésies sans valeur :

> « J'ai couru dans les bois, Coulinette,
> « J'ai couru dans les bois, Coulineau ;
> « La branche accroche ma sarpinette,
>   « Sarpineau ! »

« Pendant une demi-heure, elle nous rompit les membres de ses coups et les oreilles de sa chanson.

« Quand elle eut le bec aussi fatigué que les bras, elle s'arrêta.

« La fermière décrocha des boîtes en bois sculpté, et on nous enferma dedans.

« Enfin on nous permit de sortir de ce nouveau cachot. Eh bien ! en se regardant, les compagnons brins d'herbe n'ont pas été trop fâchés de se voir dans le nouvel habit.

« Nous étions tous jaunes comme du nankin, fermes et tendres à la fois ; sur notre dos était un petit dessin qui représentait un berger embrassant une bergère.

« Puis la fermière nous a enveloppés dans de jolies feuilles vertes qui sentaient les bois.

« Cette après-midi on m'a coupé par le milieu du corps pour me jeter dans la marmite. Et, ma foi ! je ne me plains pas. Vive la joie ! »

Ainsi finit la chanson du brin d'herbe, qui se remit à chanter de plus belle quand la fermière lui envoya, pour lui tenir compagnie dans la marmite, des petits oignons.

Les oignons pleuraient, car ils ne sont pas philosophes.

Novembre 1849.

INTÉRIEUR DE FERME

LE COCHON

D'APRÈS MAX BUCHON.

Comme il mange, ce gros goulu de cochon, peut-être se taira-t-il quand il aura la gueule pleine! Dans un mois, Dieu merci, il sera bon aussi à manger; s'il croit que c'est pour l'amuser que je remplis son auge trois fois par jour, il se trompe, et il ne fera pas longtemps ce métier de fainéant. M'a-t-il fallu faire des épargnes pour aller l'acheter tout petit aux maquignons bressans de la foire, dans cette niche où il y en avait des tas serrés comme des harengs : c'était le plus blanc de tous les cochons de lait. Comme il criait en s'en allant de la foire! Il a fallu l'attacher par une bonne corde à la patte, et nous voilà partis pour chez nous.

Les deux mioches ont été assez heureux en le voyant; ils se roulaient avec le petit cochon dans la paille, et si je les avais laissé faire, ils auraient mangé au même plat. Eh bien, il crie encore; est-ce qu'il se plaindrait de la nourriture? Ma foi, il y a plus d'un pauvre qui envierait son manger. On pourrait le prendre pour le maître de la ferme. A midi, c'est lui qu'on sert le premier. Son lit est de paille tendre, et il s'étend, comme un saint Jean, pendant que nous autres nous nous tuons à faire la moisson.

Tout le monde travaille, les chevaux, les hommes, les bœufs, les ânes, il n'y a que lui qui ne fasse rien. Tous les samedis soir je lui fais sa toilette des dimanches avec un torchon propre pour que son poil soit bien blanc. Il ne mange pas, il dévore : des glands, du lait, de l'avoine... Heureusement tout ça se retrouvera dans les jambons. Patience, à la mi-carême il ne se dorlotera plus sur la pelouse, et nos gens le pendront par les pieds comme un veau. Je ne suis pas méchante, c'est égal, je veux tenir le baquet où coulera le sang; plus le cochon crie, meilleur est le boudin. Après, nos gens le mettront dans l'eau bouillante et avec son poil nous ferons des brosses.

Il me reste de la potasse de l'année passée et du safran; j'ai encore du cumin, des hauts-goûts pour parfumer le lard. Et les fagots de genièvre sauvage qu'on va brûler sous le lard quand il sortira du saloir sont connus pour ne pas le moisir. Nous autres paysans, nous aimons mieux un grand morceau de lard bien ferme, encadré d'andouilles, qu'un tableau reluisant d'or. Du lard avec des choux bien cuits à l'étouffée, voilà ce que j'aime; au Noël, les parents et les amis viendront manger le boudin et nous irons en manger chez eux. Mais les garçons ont besoin de la soupe, il n'est que temps de mettre le couvert.

Mars 1851.

QUINQUET

Il n'y a pas longtemps, peut-être deux ans, Soissons, qui est une ville calme et tranquille, de mœurs honnêtes et douces, une ville réservée, enfin une ville qui sait se tenir sans trop faire parler d'elle, Soissons était tout sens dessus dessous. Elle courait par toutes les rues, elle se remuait comme en mal d'enfant, elle avait la sueur au front de ses habitants.

Un antiquaire de mauvaise foi lui aurait-il contesté l'authenticité de son nom de *Suessonium*, ainsi qu'il est arrivé à une de ses voisines, Laon en Laonnois, une pauvre ville qui crie de toutes ses forces du haut de la montagne : *Je suis Bibrax ?* Ce à quoi Reims répond : C'est moi qui suis Bibrax, j'en ai des preuves certaines. Un petit village d'auprès, Bruyères, dit à son tour de sa voix flûtée : Vous me la baillez belle avec vos prétentions, Bruyères seul est Bibrax. Dans un autre coin, Braisne met les poings sur les hanches, et veut aussi être Bibrax, la fameuse Bibrax de Jules-César, la Bibrax des *Commentaires*. Bien d'autres encore, villes, bourgs, villages et hameaux, deviennent très-pâles et prennent le mors aux dents si on ne leur accorde pas l'honneur d'être l'*unique* Bibrax. Je prends là un des coins les plus inconnus de l'archéologie provinciale, mais les savants parisiens se chamaillent pareillement pour d'aussi graves motifs.

Cependant, il n'était arrivé à Soissons semblable malheur; elle avait le droit de s'appeler, dans les dictionnaires de géographie, *Suessonium*, comme devant. Alors un amateur avait mis en doute l'authenticité de son fameux tableau de Rubens, de ce chef-d'œuvre, de cette *Adoration des Bergers*, qu'on ne met en lumière que les jours de fêtes carillonnées, qu'un rideau préserve des intempéries des saisons.

Personne n'avait médit du superbe Rubens de la cathédrale de Soissons, excepté moi. Ce Rubens n'est malheureusement qu'un Schopin, et un triste Schopin. Oui, il y aurait là de quoi remuer une population tout entière, et je sais qu'il me sera impossible désormais de m'aventurer au milieu des Soissonnais après une telle accusation; mais tôt ou tard la mystification que subissent mes presque compatriotes depuis tant d'années aurait été découverte : autant vaut aujourd'hui que demain chercher à les désillusionner. Désormais une sage expérience en matière de peinture leur donnera cette précieuse défiance nécessaire à tous les possesseurs de Rubens.

Ce n'était pas cela encore. Et quoi donc pouvait avoir remué tant de jambes, allumé tant d'yeux, donné le branle à tant de bras. Lisez *l'Argus! L'Argus* est (inévitablement vous l'avez deviné) le journal politique, littéraire et agricole du pays. En tête, en gros caractères, à l'article premier-Soissons, se peuvent lire ces lignes : « Demain, notre cité sera éclairée au gaz, à six heures du soir. Il faut remercier le conseil municipal en masse de chercher à embellir la ville et de faire jouir nos habitants des avantages de la civilisation. Nous sommes dans un siècle de lumières. » Le lendemain Laon, en ville jalouse, répétait dans son journal ces quelques lignes, et les faisait suivre des plus tristes réflexions, accusant ses conseillers municipaux d'avoir seulement construit des trottoirs et de refuser le gaz à une population fille de Bibrax. Trois jours après, Château-Thierry, en ville humiliée, réimprimait dans sa feuille d'annonces l'article de Soissons avec les réflexions de Laon; et les révélations navrantes du dernier journaliste disaient assez aux habitants de Château-Thierry que la municipalité n'était pas assez riche pour doter le pays de trottoirs ni de gaz.

Ces trois rivalités bien établies, il nous faut suivre les Soissonnais, tout heureux d'avoir voté la mort des réverbères et qui attendent, avec autant d'émoi qu'une éclipse de soleil, l'apparition du gaz. Dans la province, on s'inquiète d'une mouche : on va jusqu'à admirer sérieusement les illuminations de la fête du roi. Ces illuminations consistent en deux ifs de bois blanc, chargés de lampions qui brûlent gravement devant la porte de la préfecture. Le commissaire de police jouit d'un demi-cercle de lampions au-dessus de sa porte ronde. Le maire a six lampions sur sa fenêtre; c'est tout. Cependant, quelques zélés citoyens coupent une chandelle en huit et rangent solennellement en bataille ces huit preuves de leur attachement au gouvernement. Les deux ifs du préfet, le demi-cercle du commissaire, les six lampions du maire et les bouts de chandelle occupent énormément la ville. *Tout le monde* va les voir; ces *illuminations* dérangent les habitudes; les familles se couchent beaucoup plus tard qu'à l'ordinaire. Le lendemain, quelques curieux se disent *très-fatigués* d'avoir ainsi *couru*. On discute sur les illuminations. — Avez-vous vu celles de la préfecture? — Elles n'étaient pas aussi *brillantes* que de coutume. — On voit bien, dit un jaloux, que M... a été nommé capitaine de la garde nationale, il a illuminé. — C'est un homme pétri de vanités, répond un autre.

Puisque quelques lampions amènent d'aussi longues controverses, que devait être l'importation du gaz à Soissons? Le mot de l'Évangile : *Et lux facta est!* rend bien les impressions des provinciaux quand l'allumeur municipal vint mettre, non sans trembler, le feu à ces machines jusque-là étrangères pour lui.

La première détonation renversa net par terre l'allumeur, accoutumé à l'inflammation tranquille et peu tapageuse des réverbères du pays. Paul de Kock se sert d'un système de plaisanteries qu'il a complaisamment employé dans son œuvre; je ne sais s'il l'a inventé, mais il en a le monopole. Au fond, je crois que Pigault-Lebrun l'avait déjà mis en pratique avec succès; voici ce procédé usé aujourd'hui. Dans un dîner bourgeois, la salière est renversée par hasard sur la nappe, ce qui remplit de terreur une vieille dame qui se cramponne à la même nappe; les plats sont bouleversés. La table tombe; la société est tout émue; les enfants se laissent choir de leurs chaises sur la patte d'un chien qui aboie; le père se jette sous la table à la recherche de son enfant et renverse une chaise qui entraîne avec elle un guéridon, la commode, tous les meubles. Quelques convives hors d'eux roulent par les escaliers et rencontrent la servante qui apportait de nouveaux plats. Dans ce pêle-mêle étourdissant, il s'en faut de peu que la maison ne tombe à son tour : Paul de Kock ne l'a pas encore osé.

Sans nous servir des clichés plaisants de cet homme que la littérature moderne regarde trop de son haut, je suis forcé d'avouer que la chute de l'allumeur fut imitée par bon nombre de Soissonnais que l'explosion avait terrifiés. Si *l'Argus* avait paru le lendemain, la cause du gaz était perdue. Sans plus attendre, les trembleurs coururent à toutes jambes dans leurs familles; d'autres allèrent propager la nouvelle de l'explosion dans les cafés. C'est là que se tiennent les nouvellistes du pays ; c'est là que se discutent les affaires de la France, sans compter les affaires publiques et privées de la ville. Un substitut du procureur du roi qui s'aventurerait dans ces cafés en sortirait l'esprit rempli de procès en diffamation. Or, justement l'estaminet Militaire avait longuement médit du gaz avant son apparition; deux ou trois fois par an, les faits-Paris du *Constitutionnel* racontent qu'un portier et sa famille ont été lancés tout à coup au plafond et mis en pièces par une décharge d'oxygène. Et puis les fuites, la mauvaise odeur, les tuyaux qui éclatent, qui vous envoient tout aussi bien qu'un obusier des mitrailles de plomb, cela donne à penser aux provinciaux qui se composent de deux classes : les avancés et les retardataires.

Les avancés sont des Attila qui brûleraient tout pour faire place au nouveau ; ils vont une fois par an à Paris, parlent fièrement de manger du roostbeef, un mets qui fait dresser les cheveux sur la tête du retardataire qui en est toujours au *bouilli ;* jamais il ne digérerait un dîner auquel manquerait le bouilli avec sa ceinture de persil. Le café Militaire était plus spécialement composé de retardataires. — Ah ! si vous saviez ! dirent en entrant ceux qui avaient assisté à la prétendue explosion. — Quoi ? dirent les retardataires en flairant une mine de paroles. — Le gaz a sauté ! — Nous l'avions bien dit ! s'écrièrent-ils comme des oracles.

Et les commentaires les plus étranges, les plus saugrenus de se donner carrière. — On invente trop de choses aujourd'hui, ça ne peut pas durer. — Ils ne savent que faire maintenant pour s'abîmer les membres. — De notre temps on veillait plus soigneusement à sa conservation. L'un des retardataires alla plus loin, et dépassa en accusations contre le gouvernement tout ce qu'a de plus hardi l'imagination d'un terroriste. — Il y a trop de monde en France, dit-il, il faut bien s'en débarrasser n'importe comment. Nous avons l'Algérie et ça ne suffit pas; les ministres savent à quoi s'en tenir sur les chemins de fer, les bateaux à vapeur et l'éclairage au gaz, qui font sauter au moins de quatre à cinq mille bouches par an.

Cet orateur en cheveux blancs paraissait être écouté avec grande croyance. Pendant que les retardataires donnaient carrière à leur fantaisie, le gaz inondait de lueurs la grande rue; l'allumeur, honteux de ses craintes, s'était relevé et avait continué plus dignement sa mission. Le café Militaire, battu, se servit le lendemain du plat dénigrement. — Ce n'est que ça, le gaz, disait-il; il n'y fait pas si clair ! — Ah ! dit en secouant la tête d'un air de regret un petit vieillard perdu dans le collet de sa redingote, du temps de Quinquet !...

Cette réticence qui contenait un hommage, une larme, une biographie, ne fut pas entendue des habitués du café. Seul, je compris le petit vieillard, et mon œil, qui rencontra le sien, sembla lui dire : Patience, je vengerai un jour l'inconnu de l'oubli de ses compatriotes.

Quinquet ! Ces huit lettres m'ont fait fouiller plus de cinquante volumes, avant d'avoir saisi la piste d'un renseignement sur cet inventeur ignoré. J'ai lu des quantités de volumes spéciaux traitant des lampes à air inflammable, à coupole, à niveau intermittent, à niveau alternatif, à triple courant d'air, à pompe foulante, à couronne, à niveau constant, indépendante de l'atmosphère ; faut-il parler des lampes d'un nom bizarre, les lampes astrales, titannes, ignifères, éolipyles, lycnomena ? Et les lampes en *ique* : lampes docimastique, pneumatique, hydrostatique, mécanique, sidérales d'applique, verziennes phariques, sans oublier la lampe *économique !* Quant au quinquet, l'inventeur et l'invention étaient d'une telle modestie, qu'ils ont été étouffés par l'appareil orgueilleux et les mines hautaines de leurs sœurs, les lampes. Cependant, à force de recherches, je lus dans un *Dictionnaire technologique* ces lignes empreintes de la plus grande malveillance. « Quinquet est le nom que le vulgaire a donné mal à propos aux lampes à double courant d'air, inventées par Ami-Argant ; mais le nom de Quinquet ne mérite pas d'obscurcir celui d'Argant qui doit rester immortel. »

Qui doit rester immortel, n'est-ce pas une dérision ? D'où sort-il cet Argant, d'où vient-il, qu'a-t-il fait ? On croirait vraiment qu'il s'agit d'Argant, le célèbre enchanteur, dont les romans de chevalerie sont tous remplis ; mais l'autre n'est pas de taille à lutter une seconde avec Quinquet. Du temps de Lebrun, on méconnaissait Lesueur ; l'empire tressa des couronnes à

Girodet, tandis que Prudhon se mourait de pauvreté. Argant, le lampiste, peut donner la main à Lebrun et à Girodet : ce furent trois réputations usurpées ; mais le temps, ce grand redresseur de torts, change souvent les statues en piédestaux, les piédestaux en statues. Que Quinquet quitte son humble position de cariathide et qu'il monte à son tour dans la niche que mes faibles outils lui ont trouée.

En 1793, Quinquet était un simple ouvrier ferblantier chez M. Lardois, à l'enseigne du *Chasseur matinal*. Il est d'usage, à Soissons, d'indiquer aux étrangers cette enseigne, dont sont aussi fiers les habitants que les Anversois du puits de Quintin-Metsys. Le *Chasseur matinal* est une girouette très-ouvragée qui, par malheur, est empreinte du mauvais goût de l'époque. Un chasseur, portant perruque en tête et fusil sous le bras, lève son œil ensommeillé sur le soleil qui pointe. C'est un chasseur vertueux ! Il est entouré d'une meute de chiens que jadis on trouvait *parlants*. Le merveilleux de cette œuvre de ferblanterie consiste dans le travail du soleil : chaque rayon est découpé à jour comme une truelle à poisson ; de plus, le bras du chasseur est mobile, attaché à l'épaule par un petit clou presque invisible. Quand le vent souffle avec violence, il fait dresser les bras du chasseur vertueux vers soleil, ce qui met au comble l'enthousiasme des Soissonnais, quoique cette girouette artistique eût été exposée à une époque peu favorable aux œuvres d'imagination, vers la fin de la révolution.

Indépendamment du travail sculptural, le pinceau avait ajouté ses charmes à la girouette. Était-ce une œuvre de coloriste? Je ne le crois pas, car il n'est pas resté trace de cette fresque sur fer-blanc. Seulement, un des pans de l'habit conserve un fragment de peinture bleue, dont le ton m'a paru violent et cru. Tout versé qu'on soit en archaïsme de la peinture, il serait imprudent de donner une opinion positive sur la peinture du *Chasseur matinal*.

J'ai décrit avec le plus grand soin cette girouette, parce qu'elle rend hommage à la modestie de Quinquet. Il en laissa tout l'honneur à M. Lardois, qui était un homme nul et incapable; seul, Quinquet avait passé des nuits à la confection de ce chef-d'œuvre. Cette enseigne donna la vogue au magasin de ferblanterie, qui dès lors fut chargé de commandes difficiles. M. Lardois inventa des moules à gâteaux de Savoie d'un modèle tout à fait particulier; Quinquet suffisait à tout et continuait de garder l'anonyme.

Quinquet, d'une nature timide, aimait le travail pour le travail, l'art pour l'art. Que lui importait la popularité de son nom? La renommée lui était bien indifférente! et cependant il comprenait bien la renommée, témoin celle qu'il fit pour un confiseur de la rue des Rats, et qui subsiste encore assise sur un nuage, avec une forte science de raccourci. Quinquet serait peut-être resté toute sa vie ignoré dans le fond de l'atelier de M. Lardois, si l'amour n'eût tout d'un coup changé de face sa manière de vivre.

Voyez-vous là-bas, près de la porte de Croï, un jeune homme en culottes courtes, qui donne le bras à une jeune fille ? La nuit vient ; les grenouilles *jabottent* du bord des fossés, leurs chants se marient avec les bruits calmes de la nature. Le jeune homme a le bras en ceinture autour de la taille de son amie; ils ne parlent pas de peur d'interrompre le mélodieux concert de leurs cœurs. De temps en temps, les deux amants s'arrêtent; le jeune homme en culottes courtes pose ses lèvres sur les lèvres de sa compagne. C'est un remerciement de ce que vient de lui chanter le cœur de la jeune fille.

Depuis un mois, Quinquet faisait le soir la même promenade sentimentale avec une petite couturière charmante, à qui on ne saurait appliquer ce vilain mot de *cousote*, dont la province gratifie toutes les grisettes.

Quinquet l'avait rencontrée dans un bal public, et tout de suite il l'avait aimée. Leurs relations furent innocentes comme leurs cœurs ; un soir, Quinquet fit sa déclaration de mariage avec toutes sortes d'embarras, crainte d'être refusé. La grisette dit bien vite un gros *oui* rempli de bonheur et de félicité à venir. Le lendemain, qui fut étonné ? M. Lardois, qui perdait à ce mariage un bon ouvrier, un artiste, l'auteur ignoré des sculptures du *Chasseur matinal*. Car Quinquet avait dans une vieille bourse huit cents livres d'économie, somme énorme pour le temps ; et il annonçait à son patron qu'il le remerciait des bons rapports qui avaient toujours existé entre eux.

M. Lardois fit la grimace, non sans raison ; le célèbre ferblantier de Soissons se voyait à la veille de perdre sa célébrité ; car Quinquet, en s'établissant, essayerait naturellement de porter son art à la plus grande perfection. Le mystère se dévoilerait ; tout Soissons saurait désormais que l'ouvrier inconnu jusqu'alors était l'auteur des merveilles de la boutique Lardois. Le ferblantier fit une de ces grimaces qui disparaissent en un clin d'œil pour faire place à un masque d'amabilité. Il essaya de semer quelques inquiétudes dans l'esprit du naïf ouvrier sur la difficulté de se faire une position dans une petite ville. On sait ce qu'on perd, on ne sait pas ce qu'on gagne. La jeunesse, le mariage, les enfants ; bref, toutes les raisons bourgeoises qui ont cours sur la place de Soissons et autres villes.

Quinquet écouta tranquillement son ancien maître et répondit qu'il avait du courage, qu'il travaillerait nuit et jour. Alors M. Lardois, battu, mit en jeu une nouvelle batterie de motifs, des raisons d'un ordre plus neuf, perfides comme le serpent. — Tu veux donc me faire concurrence, Quinquet ? — Oh ! dit le naïf amoureux. — Me ruiner ? continua M. Lardois.... Quinquet en eut les larmes aux yeux, et le ferblantier s'aperçut que son coup de réserve avait porté. Tu sais bien, Quinquet, que la ferblanterie ne se vend pas comme du pain ; quand une fois on a monté son ménage, c'est pour la vie. Il n'y a donc que le raccommodage, l'étamage qui va un peu ; eh bien ! deux ferblantiers à Soissons, ça serait de trop, mon garçon ; il n'y aurait pas de quoi vivre. Moi, c'est dans ton intérêt que je te parle ; tu ne te doutes pas des frais d'un nouveau ménage. Il faudra que tu établisses ta marchandise à des prix plus coulants ; la ferblanterie est déjà un mauvais métier.... Les Auvergnats qui passent par la ville, qui fondent des cuillers, qui rétament, nous enlèvent le plus clair de notre affaire. Ah ! tu aurais dû réfléchir un peu !

Quinquet, qui était un esprit irrésolu, faible, et dont la tête était aussi mobile que les girouettes qu'il confectionnait, prit toutes ces raisons pour de l'argent comptant. Il avait fait les plus beaux rêves la nuit, sans penser à y ajouter le *conditionnel* des gens d'affaires. Aussi les paroles de M. Lardois lui firent-elles apercevoir un abîme terrible. — Je ne pensais pas à m'établir tout de suite, dit-il. — Vois donc, mon garçon, si tu n'avais pas manqué de confiance ; malheureusement, tu as le caractère un peu en-dessous. J'avais déjà pensé à une affaire pour toi, et une bonne, où il y a de l'argent à gagner. — Bah ! dit Quinquet en se précipitant dans cette nouvelle voie. — Mais, dit M. Lardois, il n'est plus temps aujourd'hui.

Quinquet devint soucieux ; le ferblantier l'observa, et, craignant d'avoir été trop loin, il ajouta un « cependant » plein d'avenir. — M. Cor a été dans l'intention de se retirer des affaires, et il aurait volontiers cédé à un jeune homme honnête qui offrirait quelques garanties. — Je croyais, dit Quinquet, que son commerce n'allait pas du tout. — Qui est-ce qui t'a mis ces idées-là dans la tête, mon garçon? Détrompe-toi; Cor se retire avec une petite fortune qu'il a gagnée loyalement dans sa boutique. Je connais Cor depuis trente ans; il n'avait rien en s'établissant; il est arrivé à Soissons en sabots. Il n'a pas fait d'héritage; avec quoi donc deviendrait-il rentier? Seulement, Cor savait prendre son monde; il était actif, honnête avec ses pratiques, il leur vend le prix qu'il veut. Rien qu'avec ses instruments de musique, Cor pourrait vivre; il ne se passe pas de semaine qu'il ne vende une flûte, un galoubet, des quantités de cordes à violon; et je ne parle pas de la quincaillerie, des mèches, des petites lampes. Ah! c'est une bonne partie! Je donnerais bien ma boutique et tout ce qu'il y a dedans pour la moitié des marchandises de Cor. — Diable! dit Quinquet qui se vit à la tête de la boutique de Cor, c'est que je ne connais pas ce commerce-là. — En huit jours, tu en saurais plus long qu'il ne faut. — Et combien M. Cor veut-il vendre? — Il ne donnera pas sa maison pour un morceau de pain; même je ne sais pas s'il voudrait aujourd'hui. — Je vais aller le trouver, dit Quinquet. — Dieu! que tu es *urluberlu!* Les affaires ne se traitent pas comme ça. Il te vendra le double, s'il voit que tu as envie. Laisse-moi le tâter.

Quelques jours après, l'adroit Lardois annonça à son ancien ouvrier que Cor ne céderait son *établissement* qu'au prix de trois mille livres. On aurait dit à Quinquet un million qu'il n'aurait pas été plus effrayé; il ne pouvait se figurer qu'avec huit cents francs on pouvait acheter une boutique de trois mille livres. Cependant l'affaire se fit; bientôt eut lieu le mariage de Quinquet avec la jolie couturière, qui fut installée triomphalement au comptoir. Cor assista au mariage avec la mine réjouie d'un homme qui vient de toucher huit cents francs, somme qui était le plus clair de ses gains depuis trente ans. Quinquet fit en outre deux billets à un an, endossés par M. Lardois.

Les premiers six mois passèrent assez bien. Madame Quinquet était fière de son mari qui lui avait donné le droit de porter chapeau, un des rêves éternels de la grisette de province; mais le commerce n'allait pas suivant les dires de Lardois. Cette boutique de Cor était le plus singulier amalgame d'objets passés de mode : la lutherie s'y frottait à la quincaillerie, et la mercerie donnait la main à la lampisterie alors dans l'enfance.

En lutherie, Quinquet vendit dans ces six mois une flûte dite *traversière;* cet objet ne permit pas au naïf commerçant d'amasser la somme nécessaire au payement du premier billet. Il alla trouver son ancien patron. — Bonjour, Quinquet, dit celui-ci; vous n'avez pas bonne mine; est-ce que vous seriez malade ? Depuis que le garçon ferblantier avait acheté un fonds, Lardois ne le tutoyait plus et semblait lui porter des marques de déférence. — Ça ne va pas, le commerce. — Il n'y a rien de plus dur que les commencements, dit Lardois; j'ai été comme vous, moi, et je ne me désespérais pas. Voyez-vous, Quinquet, il ne faut pas sauter plus haut que ses jambes; pour arriver où j'en suis, j'ai bu de l'eau pendant dix ans et je dînais avec un morceau de fromage. Vous, vous êtes un garçon économe, rangé; mais on a remarqué dans Soissons que votre femme portait chapeau; on a crié, il y a toujours des mauvaises langues. Je sais bien qu'il faut obéir d'abord aux caprices de sa femme. Nous l'aimons encore, pas vrai, Quinquet, nous sommes toujours dans la lune de miel; qu'est-ce que je vous disais de ne pas vous marier si vite... Ah! les jeunes gens veulent tous en faire à leur tête, et puis ils se repentent plus tard, quand il n'est plus temps. — Ce n'est pas ça, dit Quinquet; ma femme n'est pas coquette, elle a acheté un chapeau, il n'y a pas là de quoi nous ruiner. — Vous ne saurez jamais le calcul, Quinquet : avec vingt francs, on nourrit dix jours sa famille. Vingt francs d'un côté, vingt francs d'un autre, prenez dix sous même... Il n'y a pas de petites économies dans ce monde, et vous vous trouverez à la fin de l'année avoir une grosse somme en caisse. — Je n'ai malheureusement pas d'économie à faire, dit Quinquet, je ne vends rien. — Vous plaisantez, mon ami, Cor vendait bien, lui. Ah! si vous me disiez : Il s'est établi à ma porte un commerce pareil au mien... je comprendrais; mais votre vente est forcée. — Ma femme est enceinte, dit Quinquet. — Voilà donc le grand mot lâché. Bigre, dit le ferblantier d'un ton plaisant, vous ne perdez pas de temps. Du reste, c'est tout naturel en ménage. Eh bien! Quinquet, nous irons au baptême. — Oui, le baptême, dit tristement Quinquet. — Je parie, continua gaiement Lardois, que madame Quinquet voudrait une fille et vous un garçon ; moi, je suis de votre avis. Une fille coûte à établir, au lieu qu'un garçon, ça pousse tout seul ; ils vont à l'école, et, ce qui vaut mieux, ils apprennent l'état de leur père, ils rendent des services. Vous avez un commerce tout prêt à lui donner. — Ah ! le commerce ! s'écria Quinquet, qui rêvait sans s'inquiéter des paroles de Lardois... Il parut faire un grand effort sur lui-même pour dire ce qui faisait l'objet de sa visite... J'ai, dit-il, un billet à payer demain. — Ah ! oui, un petit billet de cinq cents livres ; vous êtes en mesure ? — Hélas ! dit Quinquet, je n'ai pas le premier sou de ce billet.

Les propriétaires, les huissiers, les hommes d'affaires se ressemblent tous à un moment donné : quand ils ne reçoivent pas l'argent dû, ils deviennent froids, glacials, pâles, plutôt verts que pâles. C'est une espèce d'habit de diplomatie qu'ils endossent sur leur figure et qui atterre les honnêtes débiteurs. Quinquet eut une commotion de cœur causée par la mine de Lardois. Sans s'en rendre compte, il entrevit vaguement le piége dans lequel il était tombé.

— Aïe ! aïe ! aïe ! dit le ferblantier avec cet air de compassion plus terrible qu'un coup de sabre, comment allez-vous faire ?

A ce mot de *comment allez-vous faire*, Quinquet, l'homme le plus doux de la création, déchira, dans sa pensée, son ancien patron avec ses ongles. Il devint criminel en dedans ; il se fit assassin moralement. Nous avons tous commis ces crimes innocents ; et Quinquet était bien excusable, lui qui allait demander conseil à Lardois, et qui s'entendait répondre : *Comment allez-vous faire?* Cependant, il se contint et répondit simplement : « Je n'en sais rien. » Les gens qui ne dépensent aucune intelligence dans leur métier en ont tout à coup un trésor quand il s'agit d'intérêt, de choses d'argent, même les plus niais. Mais Quinquet se trouvait terrifié rien que par le mot argent.

— Mais vous compromettez ma signature! dit Lardois, j'ai endossé ces billets; voilà ce que c'est que d'être trop bon... Il faudrait être cruel dans le commerce, le bon cœur vous perd. Et dire que j'en étais sûr !

— Ah! Seigneur! s'écria Quinquet la tête perdue.

— Moi-même, je n'ai pas d'argent à la maison, dit le ferblantier jouant les lamentations. C'est la première fois que cela m'arrivera... Oh! dans mon pays!... Ne pas faire honneur à ma signature! je n'oserai plus me montrer devant le public. — Que faire? disait Quinquet. — Écoutez bien, répondit Lardois, un seigneur des environs fait restaurer son château en vieux; c'est une fantaisie. Il m'a apporté des modèles de ferblanterie qui doivent être exactement semblables ; je n'ai dit ni oui, ni non, c'est de l'ouvrage à passer un an dessus tant il y a de travail. D'ailleurs, aucun ouvrier ne saurait faire cette besogne; puisque vous dites, Quinquet, que votre boutique ne vous occupe pas, voulez-vous vous en charger? — Mais sans doute, dit Quinquet, je ne demande pas mieux que de m'acquitter envers vous. — Faut-il que je m'intéresse à vous! dit Lardois comme se reprochant sa prétendue bonne action; je m'en vais courir la ville, tâcher d'emprunter cinq cents livres, et ça ne sera pas facile.

Quinquet passa dix mois à sculpter la moitié de la commande ; ces travaux lui étaient payés huit cents livres par Lardois, qui s'était réservé la part du lion. Ainsi, en six mois, le ménage toucha quatre cents francs. Madame Quinquet était accouchée d'un enfant mort; les intérêts du premier billet impayé couraient. Le second billet arrivait avec cette désolante rapidité qui fait, pour les gens sans argent, une minute d'un mois, un mois d'une année. Cependant, malgré les couches de sa femme et une maladie qui se traduisit en une note terrible d'apothicaire, Quinquet travaillait avec courage. Il mangeait du *pain de troisième*, sans s'inquiéter des jaseries et des commentaires du boulanger sur une aussi piteuse consommation. La pauvreté honteuse dans les petites villes est la pire des pauvretés. Un commerçant qui mange du *pain de troisième* est bien mal venu.

Lardois n'ignorait rien de ce qui se passait dans le ménage; de temps en temps il se frottait les mains, car sa vengeance se réalisait. Le ferblantier avait été blessé au cœur par le départ de son ouvrier ; sa plaie était aussi vive un an après que le jour où Quinquet lui annonça son mariage. Il n'y a rien de plus orgueilleux que le petit commerçant enrichi ; il ne comprendra jamais qu'un de ses ouvriers s'établisse. Il le regarde comme un esclave, comme un serf; il n'admet pas même son rachat.

Après avoir livré une partie des commandes, Quinquet s'arrêta. Il travaillait cependant toutes les nuits. Il voyait à peine sa femme qui restait seule et triste dans la boutique, attendant vainement un acheteur. Lardois accourut la figure insolente.

— A quoi diable pense votre mari, madame Quinquet; je suis là à attendre son ouvrage. — Mais, Monsieur, il travaille. — Pourquoi ne me livre-t-il pas? — C'est ce que je lui dis, mais il fait un ouvrage plus pressé. — Plus pressé! s'écria avec étonnement le ferblantier, plus pressé!... mais si je lui avais dit, à votre mari, que j'étais pressé quand j'ai eu la bêtise de rembourser ses billets. Ce n'est pas des raisons : que diable! il me doit de l'argent; je me ruine, moi, avec lui; je tâche de le tirer d'affaire, je me mets en quatre pour l'obliger... Ce n'est donc pas un homme d'honneur. Où est-il, monsieur Quinquet, que je lui parle? A son atelier; j'y vais, dit-il en prenant la route de l'arrière-boutique. — Pardon, monsieur Lardois; mais mon mari... ne veut pas que personne entre dans son atelier. — Il y a quelque chose là-dessous, pensa le ferblantier. Alors, prévenez-le. — Il m'a recommandé de ne pas le déranger. — Tout cela est bel et bon, dit Lardois; mais je ne suis pas tout le monde.

Et il se disposait à entrer, lorsque madame Quinquet l'arrêta en lui disant : — Je vais le prévenir, monsieur Lardois. Quelques minutes après, Quinquet apparut, en costume de travail, les mains grasses et vertes comme les ouvriers qui confectionnent des matières cuivrées, la figure aussi verte que les mains. Le pauvre Quinquet se rappela seulement, en voyant M. Lardois, qu'il y avait des affaires graves entre lui et cet homme. Il écouta tranquillement les récriminations de son créancier qui ajourna les travaux à huitaine. Quinquet promit tout ce que demandait Lardois : il n'avait pas entendu un mot de la conversation.

Pendant ces huit jours, Quinquet se renferma dans son atelier aussi mystérieusement que par le passé, sortant seulement pour prendre ses courts et modestes repas. Sa femme s'inquiétait de le voir en proie à un mutisme si obstiné, lui qui jadis faisait part du moindre de ses chagrins, de la moindre de ses jouissances. Le neuvième jour, Lardois apparut sur le seuil de la boutique; les chiffres sont moins exacts que les créanciers. Madame Quinquet pâlit : elle ignorait si son mari était en mesure; mais elle soupçonnait de grandes catastrophes. — Eh bien! Madame, dit-il, c'était hier et il n'est pas venu. — Quinquet travaille, Monsieur, nuit et jour. — Je vais le trouver à son atelier. — Oh! monsieur Lardois, dit la jeune femme, vous savez que ce n'est pas possible. — Bien, Madame, fit fièrement le ferblantier; je me retire, mais pour prévenir mon huissier.

Ce mot d'huissier fait sourire le Parisien; mais en province, l'huissier est sinistre comme la guillotine. La bourgeoise qui reçoit un papier timbré se trouve mal. En descendant à un degré inférieur, au village, on abhorre l'huissier. Dans quelques campagnes, un huissier n'ose exécuter une saisie de crainte d'être assassiné. C'est donc seulement au sein des hommes les plus civilisés que l'huissier est considéré comme un officier ministériel, digne d'être électeur, éligible et sergent dans la garde nationale.

La menace de l'huissier produisit sur madame Quinquet un tel effet, que le ferblantier profita de son trouble pour s'élancer dans l'arrière-boutique.

Derrière l'appartement se trouvait une petite cour pavée qui menait à un appentis adossé à un mur mitoyen. Cet appentis servait d'atelier à Quinquet. Lardois s'arrêta dans la cour à regarder son ancien ouvrier, qui, placé à un établi devant une fenêtre, paraissait réfléchir profondément. Il tenait à la main un vase de cuivre terminé par deux branches à angle droit, instrument inconnu à Lardois. Le ferblantier entra brusquement dans l'appentis; Quinquet revint à la vie réelle en voyant son créancier, et il se troubla. — Qu'est-ce donc que cette machine, dit Lardois, que vous tenez à la main? — Oh! rien, répondit Quinquet en cherchant à cacher l'instrument auquel il travaillait.

Lardois s'aperçut de son trouble et recommença ses demandes d'argent; comme on s'en doute, le débiteur était aussi insolvable que précédemment. Cette fois, les menaces du ferblantier ne parurent pas inquiéter Quinquet, qui répondit tranquillement : —

Patience, monsieur Lardois, je ne serai pas long à vous payer. Rien n'irrite plus un créancier qu'un accueil froid ; le créancier est souvent heureux de sa position, et il se regarde comme supérieur au débiteur. Quelques-uns même sont désolés d'être payés, car leur domination d'un moment tombe à l'instant ; le créancier aime à être prié, supplié : il jouit de sa royauté d'argent. Une famille qui pleure, qui se jette à ses pieds, les enfants qui le saisissent par son habit, tout ce spectacle de gens humiliés et pauvres le rend plus joyeux qu'un rayon de soleil en hiver. C'est de l'*intérêt* gratis que son argent lui rapporte... Quand le créancier s'est bien repu de ces larmes, de ces désespoirs et de ces drames intimes si poignants, il fait saisir.

Aussi Lardois, qui s'attendait à des supplications de ce genre, fut-il dérouté par la mine calme de son débiteur. Il se retira donc avec un air menaçant ; Quinquet, sans s'en douter, lui avait chevillé la vengeance au cœur. Le lendemain, l'huissier se présenta ; en parlant à la personne de Quinquet, il lui remit une assignation à comparoir devant le tribunal de commerce. Quinquet fut condamné avec accompagnement de contrainte par corps. Ces condamnations avaient été prononcées par défaut, car Quinquet ne sortait pas de son atelier. Cependant il fut distrait dans ses travaux par sa femme, qui vint un matin, tout en larmes, lui annoncer que l'huissier était dans la boutique, occupé à inventorier les meubles et les marchandises.

Ah! la poignante chose que le *recollement!* Les artistes qui me liront me comprendront. Adieu les esquisses si chères, adieu les croquis d'amis, adieu les poteries, adieu les curiosités! tous objets de souvenir qui font plus de mal à se séparer que la perte d'une maîtresse. Et avec quel dédain et quel mépris les huissiers traitent ces objets qu'ils qualifient, dans leur profonde ignorance artistique, de *choses diverses.* Mais Quinquet, lui, se souciait peu de la saisie de ses marchandises sans nom, âgées, invendables; il embrassa sa femme sur le front et lui dit : — Patience, mon amie, patience!

Le soir, madame Quinquet était assise sur une chaise saisie, travaillait près d'une table saisie, les yeux pleins de larmes, car chaque meuble semblait porter sur ses flancs en caractères de feu le terrible mot : *Saisi!...* Quinquet entra, la figure étrange, égarée, ruisselante de bonheur. Il tenait à la main l'instrument bizarre qui avait si fort occupé Lardois; cet instrument répandait une vive clarté par deux becs. Il dit à sa femme : — Tiens, vois! Et il le dit d'un tel ton, que la femme le comprit.

Le quinquet était inventé!

. . . .

Ici est interrompue la chaîne de renseignements. J'ignore quelle fut désormais la vie de Quinquet et de sa femme; tout ce qu'il m'a été donné d'entrevoir, c'est que Lardois devint le propriétaire de l'invention et l'exploita pour sa plus grande fortune.

13 août 1847.

LE CHAUDRONNIER

D'APRÈS MAX BUCHON.

Le chaudronnier arrive sur la place près de l'église; il attache son âne à un anneau de fer de la maison voisine. Il sort du panier son fourneau, son soufflet, son gros sac en cuir où sont les moules à cuillers, l'étain et le fer-blanc; puis il commence à parcourir la ville : « A rétamer casseroles, chaudrons! Avez-vous des cuillers à fondre, Mesdames! » Aussitôt les ménagères sortent de leurs armoires des vieux boutons de plomb et toutes vieilleries d'apparence inutiles qu'elles ont conservés précisément pour l'arrivée du chaudronnier. Ce sera toujours une petite-

diminution sur l'étamage. De chaque maison, le chaudronnier emporte des pelles, des bidons, des chaudrons, des pots, des cafetières, et il s'en retourne ainsi chargé sur la place de l'église où l'âne, pour se désennuyer, cherche de quoi manger dans un vieux sac à foin.

L'âne a dressé ses longues oreilles, il a entendu des cris. Ce sont les gamins qui sortent de l'école. Quelle joie pour eux ! le chaudronnier est arrivé. Ils l'entourent et le regardent avec la curiosité qu'exige une si mystérieuse opération. Le chaudronnier est pour eux l'égal du peintre. Ils ne cessent leurs cris que pour regarder le dessin d'un monsieur qui crayonne la cathédrale ou pour voir fondre les cuillers d'étain. Encore ont-ils plus de respect pour le chaudronnier que pour le peintre : sans doute il est étrange de voir les tours de l'église se détacher en deux coups de crayon sur le papier, et de regarder les saintes et les saints sortir de leurs niches pour obéir à l'appel du peintre ; mais l'intérêt est autrement saisissant quand, sur les charbons ardents du réchaud, le chaudronnier a vidé dans un vieux vase de fer toutes sortes de limailles, de vieux boutons, de robinets usés. Quel drame que de suivre l'affaissement de ces objets se remuant d'abord un peu, s'inclinant dans l'eau argentée du fond du vase de fer, puis tombant tout à fait en défaillance sous une croûte immobile et noirâtre qui ne laisse percer aucun mystère de la fonte. Le moule est ouvert, et sous cette crasse liquide sort un ruisseau brillant comme le mercure. Les enfants n'ont pas assez de leurs deux yeux pour regarder; l'intérêt est d'autant plus vif, que le drame est suspendu après la fonte. Il faut attendre que les cuillers refroidissent.

— Allons, dit le chaudronnier qui s'impatiente de voir le cercle se resserrer de plus en plus autour de lui; n'entendez-vous pas la cloche de la classe? allez lire votre catéchisme, gamins, je suis bien assez fort pour fondre mon étain. Place, marmaille, place! Il est de fait que les enfants semblent vouloir entrer dans le réchaud, tant la curiosité les tient. Mais l'opération est finie, les cuillers sortent du moule un peu mates. Le chaudronnier enlève délicatement les coutures qu'ont produites les ouvertures du moule; il apporte dans cette opération les soins délicats d'un sculpteur; et ce chiffon noir, gras et huileux, est pourtant ce qui va donner le brillant de la lune aux cuillers, filles des vieux boutons. La fumée du charbon monte jusqu'aux branches du grand tilleul fleuri qui, de temps en temps, quand un vent frais souffle, laisse tomber une fleur sur le grand chapeau du chaudronnier.

Le soir vient; tout sourit au loin dans la nature; les bœufs reviennent des pâturages, les filles vont à l'eau. Les chevaux du meunier trottent à l'abreuvoir, et chacun dit bonjour au pauvre chaudronnier. Il se lève de son coffret, campé comme un saint Georges, et va dans les maisons avec du fer-blanc luisant et de l'étain neuf.

Tel est le métier du chaudronnier, qui souffle,

taille et forge du printemps à l'automne, dans l'espoir de retourner au pays avec une vieille bourse noire, gonflée de pièces blanches.

Mars 1851.

LA
TÊTE DE MORT

Au temps passé, j'avais pour mobilier une tête de mort.

La tête de mort tenait lieu de pendule ; dans le jour le soleil s'y arrêtait.

C'est pour les vieillards que le soleil devrait garder sa chaleur : aussi perdait-il son temps à se promener sur cette boîte vide, blanche et polie.

Mais le soir j'avais une autre comédie. La nuit s'avançait à pas de loup et se logeait dans les yeux, dans le nez et dans la bouche.

Malgré la lueur de ma lampe, la nuit s'obstinait à rester dans ces caves. Pour la faire déloger, il aurait fallu tenir constamment la lampe devant.

Et encore on croit la nuit partie! Vous ne la connaissez guère : elle se tapit dans un petit coin d'où rien au monde ne la ferait déguerpir.

Un jour j'entendis des cris joyeux qui partaient de la tête de mort. Une troupe d'enfants étaient entrés en jouant dans l'œil gauche.

L'un de ces enfants avait attaché un oiseau par la patte, et l'oiseau essayait de s'échapper. Deux autres camarades trempaient des fétus de paille dans une écuelle, et faisaient des bulles de savon.

Les ailes battantes de l'oiseau crevaient les bulles de savon.

A côté résonnait un instrument à cordes : de jeunes amants s'étaient assis à la fenêtre de l'œil droit ; la demoiselle jouait un air tendre pendant que son ami passait le bras autour de sa taille.

Derrière eux se tenait encore un amoureux, mais un amoureux de la bouteille. Comme il serrait le goulot dans ses mains! et comme il chantait le verre en l'air : « Vive le vin ! »

Au-dessous un petit homme maigre, les joues pâles et les yeux vifs, avait fait du nez de la tête de mort une chaire à prêcher.

Une ride creuse sillonnait son front ; car la science est ainsi faite, pleine de rides et d'aride.

Ce petit prédicateur avait la plume en main, un gros livre sous le bras et un long parchemin scellé de cire rouge.

Il parla longtemps et fort bien ; mais son plaidoyer était abstrait, sec et froid.

La naïveté était envolée avec l'enfance, le cœur avec l'amour.

Je m'inquiétai d'un vieillard qui entrait mystérieusement, le dos courbé, dans la bouche de la tête de mort.

Ses vêtements n'étaient pas à la mode, ils semblaient aussi âgés que ses cheveux blancs.

Sous son bras pesait un gros sac tout bosselé d'écus; le vieillard ficha son flambeau dans l'encoignure de la mâchoire et dénoua avec précaution le gros sac.

Que d'écus et de louis qui chantaient à tue-tête !

Et cette chanson ravissait les vieilles oreilles de l'homme au sac, en même temps qu'il tremblait d'être surpris.

Il vida les louis et les écus dans chaque dent creuse.

Et tout disparut : le vieillard, le petit prédicateur, les jeunes gens, les enfants.

LES JEUX,
L'AMOUR,
LA SCIENCE,
L'AVARICE,

avaient empli cette pauvre tête quand elle était sur les épaules de quelqu'un.

15 mars 1848.

FIN.

TABLE DES MATIÈRES

	Pages.
A MA MÈRE.	1
L'USURIER BLAIZOT.	3
LA LÉGENDE DE SAINT CRÉPIN.	181
QUATUOR.	187
L'HIVER.	191
LES DEUX CABARETS D'AUTEUIL	197
INTÉRIEUR	235
LA CHANSON DU BEURRE DANS LA MARMITE.	243
LE COCHON.	249
QUINQUET.	253
LE CHAUDRONNIER.	277
LA TÊTE DE MORT.	281

FIN DE LA TABLE.

LAGNY. — Imprimerie de VIALAT.

CATALOGUE

DE LA

LIBRAIRIE

DE

MICHEL LÉVY

FRÈRES

ÉDITEURS

PARIS

RUE VIVIENNE, 2 BIS

NOVEMBRE 1858

NOUVEAUX OUVRAGES EN VENTE

Format in-octavo

M. GUIZOT.
Mémoires pour servir a l'histoire de mon temps. — Tome 1er. 1 beau volume in-8 .... 7 50

LE COMTE MIOT DE MÉLITO.
Ancien ambassadeur, ministre, conseiller d'État et membre de l'Institut.
Ses Mémoires publiés par sa famille. 1788-1815. 3 beaux volumes in-8. 18 »

LE PRINCE EUGÈNE.
Mémoires et Correspondance politique et militaire, publiés par A. Du Casse. Tomes 1 à 4. Quatre beaux volumes in-8 ...... 24 »

ERNEST RENAN.
De l'Origine du langage. 1 beau vol. in-8 .... 6 »

Histoire et système comparé des langues sémitiques (2e édition, imprimerie impériale). 1 beau vol. grand in-8 .... 12 »

J. B. BIOT.
Membre de l'Académie des Sciences et de l'Académie française.
Mélanges scientifiques et littéraires. 3 beaux volumes in-8. .. 22 50

ARSÈNE HOUSSAYE.
Le roi Voltaire, son règne, sa cour, ses ministres, son peuple, son dieu, sa dynastie. (2e édit.) 1 beau vol. in-8 .... 6 »

PRÉVOST-PARADOL.
De la Liberté des cultes en France. Brochure in-8 .... 1 »

VILLEMAIN.
La Tribune moderne (1re partie). M. de Chateaubriand, sa vie, ses écrits, son influence littéraire et politique sur son temps. 1 beau vol. in-8 .... 7 50

LA PRINCESSE DE BELGIOJOSO.
Asie Mineure et Syrie. Souvenirs de voyages. 1 beau vol. in-8. ... 7 50

DUVERGIER DE HAURANNE.
Histoire du gouvernement parlementaire en France, 1814-1848, précédée d'une introduction, tomes 1 et 2. — 2 beaux volumes in-8.. 15 »

LE MARÉCHAL DE SAINT-ARNAUD
Lettres (1832-1854) avec notes et pièces justificatives. 2e édition, précédée d'une notice par M. Ste-Beuve. 2 beaux volumes in-8°, ornés du portrait et d'un autographe du maréchal. ...... 12 »

Format grand in-18

A. THIERS.
Histoire de Law. 1 vol. ..... 3 »

JULES JANIN.
Histoire de la littérature dramatique, Tomes 5, 6 et dernier. 2 vol. 6 »

JULES SANDEAU.
La Maison de Penarvan. 1 vol... 3 »

OCTAVE FEUILLET.
Le Roman d'un jeune homme pauvre, 1 vol. .... 3 »

***
Robert Emmet (2e édition). 1 beau v. 3 »

LA PRINCESSE DE BELGIOJOSO
Scènes de la vie turque. 1 vol. ... 3 »

A. PEYRAT.
Histoire et Religion. 1 beau vol. .. 3 »

HENRI HEINE.
De la France, 1 volume. ..... »

***
Les Horizons prochains. 1 vol. .. 3 »

CH. NISARD.
Mémoires et Correspondances historiques et littéraires inédits. 1726 à 1816. 1 vol. .... 3 »

L. BAUDENS.
Inspecteur, membre du Conseil de santé des armées.
La Guerre de Crimée. — Les campements, les abris, les ambulances, les hôpitaux, etc. 1 volume. .. 3 »

PAUL DE RÉMUSAT.
Les Sciences naturelles. Études sur leur histoire et sur leurs plus récents progrès. 1 volume. ..... 3 »

D. NISARD.
de l'Académie française.
Études de critique littéraire. 1 vol. 3 »

CHARLES EDMOND.
Voyage du Prince Napoléon dans les mers du Nord, à bord de la frégate la *Reine Hortense*, avec des notices scientifiques par les membres de l'expédition. — 1 beau volume gr. in-8, illustré de 12 vignettes, de culs-de-lampe et de têtes de chapitres dessinées par Karl Girardet, d'après Ch. Giraud, avec la carte du voyage et la carte géologique de l'Islande. Prix : 25 »

CONTES RÉMOIS.
Par le Comte de C. (5e édit.), illustrés de 34 dessins de Meissonnier. — 1 très-beau vol. grand in-18. ... 5 »

Le Même Ouvrage, tiré sur grand raisin vélin. .... 20 »

Sur papier de Hollande, gravures tirées à part sur papier de Chine. 60 »

THÉÂTRE COMPLET D'ÉMILE AUGIER.
Six jolis volumes in-32 ...... 6 »

PREMIERE PARTIE
Histoire — Littérature — Voyages

OUVRAGES DIVERS

F. GUIZOT.   f. c.

MÉMOIRES pour servir à l'histoire de mon temps. 5 beaux volumes in-8.   37 50

TROIS ROIS, TROIS PEUPLES ET TROIS SIÈCLES (sous presse). 1 beau vol. in-8. . . . .   7 50

VILLEMAIN.

LA TRIBUNE MODERNE. — 1re partie. M. DE CHATEAUBRIAND, sa vie, ses écrits, son influence littéraire et politique sur son temps. 1 v. in-8.   7 50

A. DE TOCQUEVILLE.

L'ANCIEN RÉGIME ET LA RÉVOLUTION. 1 vol. in-8 (3e édition). 7 50

VICTOR HUGO.

LES CONTEMPLATIONS. 2 beaux v. in-8. 12 »

LAMARTINE.

GENEVIÈVE. 1 vol. grand in-8. . . .   5 »
NOUVELLES CONFIDENCES. 1 v. gr. in-8.   5 »
TOUSSAINT LOUVERTURE. 1 v. gr. in-8.   5 »

JULES JANIN.

LA RELIGIEUSE DE TOULOUSE. 2 v. in-8. 12 »
LES GAITÉS CHAMPÊTRES. 2 vol. in-8. 12 »

ERNEST RENAN.

ÉTUDES D'HISTOIRE RELIGIEUSE. (3e édit.) 1 beau volume in-8. . . . . . .   7 50
DE L'ORIGINE DU LANGAGE. 1 vol. in-8.   6 »
AVERROÈS ET L'AVERROÏSME, essai historique. 1 volume in-8. . . . . . .   6 »
HISTOIRE ET SYSTÈME COMPARÉ des langues sémitiques (2e édition, impr. impériale). 1 beau vol. gr. in-8. 12 »
LE LIVRE DE JOB, traduit de l'hébreu. 1 beau vol. in-8 (sous presse). . .   6 »
ESSAIS DE MORALE ET DE CRITIQUE (sous presse). 1 beau vol. in-8. . .   7 50

L. DE LOMÉNIE.

BEAUMARCHAIS ET SON TEMPS, études sur la Société au 18e siècle, d'après des documents inédits (2e édition). 2 beaux volumes in-8. . . . . 15 »

LE COMTE D'HAUSSONVILLE.   f. c.

HISTOIRE DE LA POLITIQUE EXTÉRIEURE DU GOUVERNEMENT FRANÇAIS : 1830-1848, avec documents, notes, pièces justificatives, entièrement inédits. 2 volumes in-8. . . . . 12 »

HISTOIRE DE LA RÉUNION DE LA LORRAINE A LA FRANCE, avec des notes, pièces justificatives, dépêches et documents historiques entièrement inédits. 4 beaux volumes in-8. . . 30 »

LOUIS REYBAUD.

ÉTUDES SUR LE RÉGIME DES MANUFACTURES. 1 série : Condition des ouvriers en soie (sous presse). 1 vol. in-8. . . . .   7 50

J. J. AMPÈRE.

PROMENADE EN AMÉRIQUE. — États-Unis. — Cuba. — Mexique. (2e édit.) 2 beaux volumes in-8. . . . . 12 »
CÉSAR, scènes historiques (sous presse). 1 beau volume in-8. . .   7 50

DUVERGIER DE HAURANNE.

HISTOIRE DU GOUVERNEMENT PARLEMENTAIRE EN FRANCE, 1814-1848, précédée d'une introduction. 2 beaux volumes in-8. . . . . . . 15 »

LE MARÉCHAL DE SAINT-ARNAUD.

LETTRES (1832-1854) avec notes et pièces justificatives 2e édition, précédée d'une notice par M. Sainte-Beuve. 2 beaux volumes in-8, ornés du portrait et d'un autographe du maréchal. . . . . . . 12 »

OSCAR DE VALLÉE.

ANTOINE LEMAISTRE ET SES CONTEMPORAINS. — Études sur le dix-septième siècle. (2e édit.) 1 beau vol. in-8.   7 50

E. DE VALBEZEN

LES ANGLAIS ET L'INDE, avec notes, pièces justificatives et tableaux statistiques. (3e édition). 1 beau vol. in-8. . . . .   7 50

J. B. BIOT.
Membre de l'Académie des sciences et de l'Académie française.

MÉLANGES SCIENTIFIQUES ET LITTÉRAIRES. 3 beaux vol. in-8. . . . . . 22 50

LE PRINCE EUGÈNE.   f. c.
MÉMOIRES ET CORRESPONDANCE POLITIQUE ET MILITAIRE publiés par A. Du Casse. 6 beaux vol. in-8. . . . . 36 »

J. BARTHÉLEMY SAINT-HILAIRE.
LETTRES SUR L'ÉGYPTE. 1 beau v. in-8   7 50

ARSÈNE HOUSSAYE.
LE ROI VOLTAIRE, son règne, sa cour, ses ministres, son peuple, son dieu, sa dynastie (2ᵉ édit.). 1 beau volume in-8. . . . .   6 »

J. SALVADOR.
PARIS, ROME ET JÉRUSALEM, ou la Question religieuse au XIXᵉ siècle (sous presse) 2 beaux vol. in-8.   15 »

JOHN MOTLEY.
Traduction nouvelle précédée d'une introduction de M. Guizot.
HISTOIRE DE LA FONDATION DE LA RÉPUBLIQUE DANS LES PROVINCES-UNIES (sous presse) 3 beaux vol. in-8.   18 »

E. LISLE.
DU SUICIDE, statistique, médecine histoire et législation. 1 beau vol. in-8. . . . .   7 »

PHILIPPSON.
Traduction de L. Léry-Bing.
DU DÉVELOPPEMENT DE L'IDÉE RELIGIEUSE 1 volume in-8. . . . .   6 »

LE COMTE MIOT DE MÉLITO,
Ancien ambassadeur, ministre, conseiller d'État et membre de l'Institut.
Ses MÉMOIRES publiés par sa famille, 1788-1815. 3 beaux volumes in-8.   18 »

LA PRINCESSE DE BELGIOJOSO.
ASIE MINEURE ET SYRIE. Souvenirs de Voyage. 1 beau volume in-8. .   7 50

CHARLES MAGNIN.
HISTOIRE DES MARIONNETTES D'EUROPE, depuis l'antiquité jusqu'à nos jours. 1 beau volume grand in-8. . . .   6 »

LE COMTE DE MARCELLUS.
CHATEAUBRIAND ET SON TEMPS (sous presse). 1 beau volume in-8. . .   7 50
SOUVENIRS DIPLOMATIQUES. Correspondance intime de M. de Chateaubriand. (Nouvelle édition). 1 beau vol. in-8. . . . .   5 »

LE COMTE R. R.
LA JUSTICE ET LA MONARCHIE POPULAIRE (1ʳᵉ partie). la Guerre d'Orient. 1 beau volume in-8. . . .   5 »

L. BAUDENS,
Inspecteur, membre du Conseil de santé des armées.
LA GUERRE DE CRIMÉE. — Les campements, les abris, les ambulances, les hôpitaux, etc. 1 beau vol. in-8.   6 »

***   f. c.
ALESIA. Étude sur la septième campagne de César en Gaule. Avec deux cartes. 1 beau vol. in-8. . . . .   6 »

PRÉVOST-PARADOL.
DE LA LIBERTÉ DES CULTES EN FRANCE. Brochure in-8. . . . .   1 »

A. PHILLIPPE.
ROYER-COLLARD. Sa vie publique, sa vie privée, sa famille. 1 vol. grand in-8. . . . .   5 »

LE COMTE DE MONTALIVET.
LE ROI LOUIS-PHILIPPE (liste civile). Nouvelle édit., entièrement revue et considérablement augmentée de notes, pièces justificatives et documents inédits, avec un portrait et un fac-simile du roi, et un plan du château de Neuilly. 1 vol. in-8.   6 »

DE LATENA.
ÉTUDE DE L'HOMME. 1 volume in-8. .   7 50

LE GÉNÉRAL E. DAUMAS.
LE GRAND DÉSERT, itinéraire d'une Caravane au Caire. 1 vol. gr. in-8.   6 »

MAXIME DU CAMP.
LES CHANTS MODERNES. 1 beau v. in-8.   5 »

A. MONGINOT.
Professeur de comptabilité, expert près les cours et tribunaux de Paris.
NOUVELLES ÉTUDES SUR LA COMPTABILITÉ. — Tenue des livres, commerciale, industrielle et agricole. 1 beau vol. gr. in-8. . . . . . .   7 50

AL. COMPAGNON.
Ancien membre du conseil des Prud'hommes
LES CLASSES LABORIEUSES, leur condition actuelle, leur avenir, par la réorganisation du travail. 1 vol. gr. in-18. . . . .   2 »

GUSTAVE PLANCHE.
PORTRAITS LITTÉRAIRES. 2 vol. in-8. .   7 »

A. BEN-BARUCH CRÉHANGE.
LES PSAUMES, traduction nouvelle. 1 beau vol. in-8. . . . .   10 »

ALPHONSE JOBEZ.
LA FEMME ET L'ENFANT, ou MISÈRE ENTRAÎNE OPPRESSION. 1 vol. in-8. .   5 »

J. ET L. ALLARD.
LES MARGES DE LA VIE. 1 beau vol. grand in-18. . . . .   3 »

AUGUSTE LUCHET.
LA CÔTE-D'OR A VOL D'OISEAU. 1 vol. gr. in-18. . . . .   2 »

E. V. ARNAULD,
de l'Académie française.
FABLES. 2 vol. in-18. . . . .   2 »

Mᵐᵉ ADAM SALOMON.
DE L'ÉDUCATION D'APRÈS PAN-DOFI-PAN. avec une préface de M. de Lamartine. 1 joli volume in-32. . . . .   1 »

BIBLIOTHÈQUE CONTEMPORAINE
PREMIÈRE SÉRIE
Format grand in-18 anglais, à 3 francs le volume.

ALEXANDRE DUMAS.	vol.
Acté.	1
Amaury.	1
Ange Pitou.	2
Ascanio.	2
Batard de Mauléon (le).	3
Capitaine Paul (le).	1
Catherine Blum.	1
Cécile.	1
Chevalier d'Harmental (le).	2
Chevalier de Maison-Rouge (le).	1
Collier de la Reine (le).	3
Comte de Monte-Cristo (le).	6
Comtesse de Salisbury (la).	2
Conscience l'Innocent.	2
Dame de Monsoreau (la).	3
Deux Diane (les).	3
Femme au collier de velours (la).	1
Fernande.	1
Frères corses (les).	1
Gabriel Lambert.	1
Gaule et France.	1
Georges.	1
Guerre des femmes (la).	2
Impressions de Voyage.	
Bords du Rhin (les).	2
Capitaine Aréna (le).	1
Corricolo (le).	2
De Paris à Cadix.	2
Midi de la France.	3
Quinze jours au Sinaï.	1
Suisse.	3
Speronare (le).	2
Une Année à Florence.	1
Villa Palmieri (la).	1
Véloce (le).	2
Isabel de Bavière.	2
Jacques Ortis.	1
Jeanne d'Arc.	1
Maître d'Armes (le).	1
Mariages du Père Olifus (les).	1
Mémoires d'un médecin (*Joseph Balsamo*)	5
Mille et un Fantômes (les).	1
Olympe de Clèves.	3
Pasteur d'Ashbourn (le).	2
Pauline et Pascal Bruno.	1
Quarante-Cinq (les).	3
Reine Margot (la).	2
Souvenirs d'Antony.	1
Sylvandire.	1
Testament de M. Chauvelin (le).	1
Trois Mousquetaires (les).	2
Tulipe noire (la).	1
Une Fille du Régent.	1
Vicomte de Bragelonne (le).	6
Vingt ans après, suite des Trois Mousquetaires.	3

Mme SURVILLE (née de Balzac).	vol.
Le Compagnon du Foyer.	1

ÉMILE DE GIRARDIN.	
Bon Sens, bonne Foi.	1
Études politiques (nouvelle édition).	1
Le Droit au travail au Luxembourg et à l'Assemblée nationale.	2
Le Pour et le Contre.	1
Questions administ. et financières.	1

ALBERT AUBERT.	
Les Illusions de jeunesse de M. Boudin.	1

F. LAMENNAIS.	
De la Société première et de ses lois.	1

EUGÈNE SUE.	
Les Sept Péchés capitaux.	6
L'Orgueil.	2
L'Envie.	1
La Colère.	1
La Luxure. — La Paresse.	1
L'Avarice. — La Gourmandise.	1

EMILE SOUVESTRE.	
Au bord du Lac.	1
Au coin du Feu.	1
Chroniques de la mer.	1
Confessions d'un ouvrier.	1
Dans la Prairie.	1
En Quarantaine.	1
Histoires d'Autrefois.	2
Le Foyer breton.	2
Les Clairières.	1
Les Derniers Bretons.	2
Les Derniers Paysans.	2
Contes et Nouvelles.	1
Pendant la Moisson.	1
Scènes de la Chouannerie.	1
Scènes de la Vie intime.	1
Sous les Filets.	1
Sous la Tonnelle.	1
Un philosophe sous les toits.	1
Récits et Souvenirs.	1

Mme LA MARQUISE DE LA GRANGE.	
La Résinière d'Arcachon.	1

CHARLES PERRIER.	
L'Art français au Salon de 1857.	1

CH. DOLLFUS.	
Le Calvaire.	1

PAUL FÉVAL.	
Le Fils du diable.	4
Les Amours de Paris.	2
Les Mystères de Londres.	5

BABAUD-LARIBIÈRE.	
Histoire de l'Assemblée nationale Constituante.	3

BIBLIOTHÈQUE CONTEMPORAINE

DEUXIÈME SÉRIE

Format grand in-18 anglais, à 3 francs le volume.

LAMARTINE.

	vol.
TOUSSAINT LOUVERTURE, 3ᵉ édition	1
GENEVIÈVE, 3ᵉ édition	1
LES CONFIDENCES, nouvelle édition	1
NOUVELLES CONFIDENCES, 2ᵉ édition	1
* * *	
LES ZOUAVES ET LES CHASSEURS A PIED	1

A. THIERS.

HISTOIRE DE LAW	1

F. PONSARD.

THÉATRE COMPLET (2ᵉ édition)	1
ÉTUDES ANTIQUES	1

JULES JANIN.

HISTOIRE DE LA LITTÉRATURE DRAMATIQUE	6

DE STENDHAL (H. BEYLE).

DE L'AMOUR, seule édition complète	1
PROMENADES DANS ROME, nouvelle édition, avec fragments inédits	2
LA CHARTREUSE DE PARME	1
LE ROUGE ET LE NOIR	1
ROMANS ET NOUVELLES	1
HISTOIRE DE LA PEINTURE EN ITALIE	1
VIE DE ROSSINI	1
RACINE ET SHAKSPEARE	1
MÉMOIRES D'UN TOURISTE	2
VIES DE HAYDN, DE MOZART ET DE MÉTASTASE	1
ROME, NAPLES ET FLORENCE	1
CORRESPONDANCE INÉDITE	2
CHRONIQUES ITALIENNES	1
NOUVELLES INÉDITES	1
NOUVELLES ET MÉLANGES	1

CHARLES DE BERNARD.

	vol.
LE NŒUD GORDIEN	1
GERFAUT	1
LE PARAVENT	1
LES AILES D'ICARE	1
L'ÉCUEIL	1
LA PEAU DU LION ET LA CHASSE AUX AMANTS	1
UN HOMME SÉRIEUX	2
UN BEAU-PÈRE	1
LE GENTILHOMME CAMPAGNARD	2
POÉSIES ET THÉATRE	1
NOUVELLES ET MÉLANGES	1

HENRI CONSCIENCE.
Traduction de Léon Wocquier.

SCÈNES DE LA VIE FLAMANDE	2
VEILLÉES FLAMANDES	1
LA GUERRE DES PAYSANS	1

SAINT-MARC GIRARDIN.

SOUVENIRS D'UN JOURNALISTE (sous presse)	1

HENRY MURGER.

SCÈNES DE LA VIE DE BOHÈME	1
SCÈNES DE LA VIE DE JEUNESSE	1
LE PAYS LATIN	1
SCÈNES DE CAMPAGNE	1
LES BUVEURS D'EAU	1
SCÈNES DE LA VIE D'ARTISTE (sous presse)	1

CHARLES REYNAUD.

ÉPITRES, CONTES ET PASTORALES	1
ŒUVRES INÉDITES	1

HENRI HEINE.
	vol.
DE L'ALLEMAGNE (nouvelle édition, entièrement revue et considérablement augmentée).	2
Lutèce, lettres sur la vie sociale en France.	1
Poèmes et Légendes.	1
Reisebilder, tableaux de voyage.	2
De la France.	1

Mme ÉMILE DE GIRARDIN.
Nouvelles (le Lorgnon, etc.).	1
M. le Marquis de Pontanges.	1
Marguerite ou deux Amours.	1

SAINT-RENÉ TAILLANDIER.
Allemagne et Russie.	1
Histoire et Philosophie religieuse.	1
Études de Littérature étrangère.	1

LÉON GOZLAN.
Histoire de 130 femmes.	1
Les Vendanges.	1
Le Tapis vert. — Nouvelles.	1

ANTOINE DE LATOUR.
Études sur l'Espagne.	2
La Baie de Cadix (Nouvelles Études sur l'Espagne).	1
Don Miguel de Manara.	1

THÉODORE PAVIE.
Scènes et Récits des pays d'outre-mer.	1
Études et Voyages (sous presse).	1

EUGÈNE FORCADE.
Études historiques.	1
Histoire des causes de la guerre d'Orient.	1

PROSPER MÉRIMÉE.
Nouvelles.	1
Épisode de l'histoire de Russie.	1
Les Deux Héritages.	1
Études sur l'histoire romaine.	1
Mélanges historiques et littéraires.	1

THÉOPHILE GAUTIER.
Les Grotesques.	1
En Grèce et en Afrique (sous presse).	1

MÉRY.
Les Nuits anglaises.	1
Les Nuits italiennes.	1
Les Nuits d'Orient.	1
Les Nuits parisiennes.	1

ALEXANDRE DUMAS FILS.
Contes et Nouvelles.	1

ALPHONSE KARR.
	vol.
Raoul Desloges.	1
Agathe et Cécile.	1
Les Soirées de Sainte-Adresse.	1
Lettres écrites de mon jardin.	1

OCTAVE FEUILLET.
Scènes et Proverbes.	1
Bellah.	1
Scènes et Comédies.	1
La Petite Comtesse, Le Parc, Onesta.	1
Le Roman d'un Jeune Homme pauvre.	1

GÉRARD DE NERVAL.
Souvenirs d'Allemagne, Lorely.	1
Les Filles du Feu.	1

OSCAR DE VALLÉE.
Les Manieurs d'Argent. Études historiques et morales. 1720-1857 (4e édition).	1

EDMOND TEXIER.
Critiques et Récits littéraires.	1
Contes et Voyages.	1

FEUILLET DE CONCHES.
Léopold Robert, sa vie, ses œuvres et sa correspondance. Nouv. édition.	1

LE GÉNÉRAL DAUMAS.
Les Chevaux du Sahara et les mœurs du désert (3e édition).	1

FÉLICIEN MALLEFILLE.
Le Collier. — Nouvelles.	1

CH. DE MAZADE.
L'Espagne moderne.	1

JULES SANDEAU.
La Maison de Penarvan.	1
Catherine.	1
Nouvelles.	1
Un Héritage.	1

LE PRINCE A. DE BROGLIE.
Études morales et littéraires.	1

J. AUTRAN.
Laboureurs et Soldats.	1

GUSTAVE PLANCHE.
Portraits d'artistes. Peintres et sculpteurs.	2
Études sur l'école française.	2
Études sur les arts.	1
Études littéraires.	2

LOUIS REYBAUD.

	vol.
Mœurs et portraits du temps	2
Jérôme Paturot a la recherche d'une position sociale	1
Jérôme Paturot a la recherche de la meilleure des républiques	2
Romans	1
Nouvelles	1
La Comtesse de Mauléon	1
La Vie a rebours	1
La Vie de corsaire	1
La Vie de l'employé	1
Marines et Voyages	1
Scènes de la vie moderne	1

CLÉMENT CARAGUEL.

Les Soirées de Taverny	1

A. DE PONTMARTIN.

Causeries littéraires	1
Nouvelles Causeries littéraires	1
Dernières Causeries littéraires	1
Causeries du Samedi	1
Nouvelles Causeries du Samedi	1
Le Fond de la coupe	1

HECTOR BERLIOZ.

Les Soirées de l'orchestre (2ᵉ édit.)	1

ARNOULD FRÉMY.

Journal d'une jeune fille	1

L. VITET,
de l'Académie française.

Les États d'Orléans, scènes historiq.	1

AMÉDÉE ACHARD.

Les Chateaux en Espagne	1

E. DE VALBEZEN
(le major Fridolin).

Récits d'hier et d'aujourd'hui	1

CUVILLIER-FLEURY.

Portraits politiques et révolutionnaires (2ᵉ édition)	2
Études historiques et littéraires	2
Voyages et Voyageurs	1
Nouvelles études historiques et littéraires	1
Dernières études historiques et littéraires. 2 vol. (sous presse)	2

CHAMPFLEURY.

Les Excentriques	1
Contes vieux et nouveaux	1

LOUIS RATISBONNE.

L'Enfer du Dante, trad. en vers, texte en regard	2
Impressions littéraires	1
Le Purgatoire, trad. en vers, texte en regard	2

D. NISARD,
de l'Académie française.

	vol.
Études sur la Renaissance	1
Souvenirs de voyage	1
Études de critique littéraire	1

L. BAUDENS.
Inspecteur, membre du Conseil de santé des armées.

La Guerre de Crimée. — Les campements, les abris, les ambulances, les hôpitaux, etc. (2ᵉ édition.)	1

LE PRINCE DE LA MOSKOWA.

Souvenirs et Récits	1

VICTOR DE LAPRADE.

Les Symphonies, poèmes	1
Idylles héroïques	1

LAURENT PICHAT

Cartes sur table	1

PAUL DE MOLÈNES.

Caractères et Récits du temps	1
Aventures du temps passé	1
Histoires sentimentales et militaires	1

F. DE GROISEILLIEZ.

Histoire de la chute de L.-Philippe	1
Les Cosaques de la Bourse	1

EUGÈNE CORDIER.

Le Livre d'Ulrich	1

O. D'HAUSSONVILLE.

Histoire de la politique extérieure du gouvernement français, 1830-1848	2

***

Robert Emmet (2ᵉ édition)	1

ÉMILE THOMAS.

Histoire des ateliers nationaux	1

PAUL DELTUF.

Contes romanesques	1
Récits dramatiques	1

HENRI BLAZE.

Écrivains et poètes de l'Allemagne	1
Souvenirs et récits des campagnes d'Autriche	1
Épisode de l'histoire du Hanovre	1

VICTOR FRANCONI.

Le Cavalier, Cours d'équitation pratique	1

LE MARQUIS DE SAINTE-AULAIRE.

Les Derniers Valois, les Guise et Henri IV	1

ALPHONSE ESQUIROS

La Néerlande et la Vie hollandaise (sous presse)	2

LA PRINCESSE DE BELGIOJOSO.

Scènes de la vie turque	1

CHARLES NISARD.

Mémoires et correspondances historiques et littéraires inédits, 1726 à 1816. ... 1

A. PEYRAT.

Histoire et Religion. ... 1

PAUL DE REMUSAT.

Les Sciences naturelles. Études sur leur histoire et sur leurs plus récents progrès. ... 1

LÉONCE DE PESQUIDOUX.

Voyage artistique en France. Études sur les musées de province. ... 1
L'École anglaise 1672-1851. Études biographiques et critiques. ... 1

JOHN LEMOINNE.

Études critiques et biographiques. ... 1

CHARLES DESMAZE,

Ancien Magistrat, Chef de division au ministère de l'intérieur.
Le Parlement de Paris. (sous presse). 1

LA COMTESSE NATHALIE.

La Villa Galietta. ... 1

CH. LIADIÈRES.

Œuvres littéraires. ... 1
Souvenirs historiques et parlementaires. ... 1
Œuvres dramatiques et Légendes. ... 1

ERNEST DE GARAY.

Les Légendes des Pyrénées. ... 1

LOUIS LUCAS.

Le Roman alchimique. ... 1

DE LATENA.

Étude de l'homme. ... 1

LOUIS-PHILIPPE D'ORLÉANS, ex-roi des Français.

Mon Journal. Événements de 1815. ... 2

***

Les Horizons prochains. ... 1

F. CLAUDE.

Les Psaumes traduction nouvelle, suivie de notes et réflexions. ... 1

ÉDOUARD MEYER.

Contes de la mer Baltique. ... 1

L. ET M. ESCUDIER.

Dictionnaire de musique théorique et historique, avec une préface par F. Halévy (nouvelle édition). ... 1

CHARLES DOLLFUS.

Lettres philosophiques. (2e édition.). 1
Révélation et Révélateurs. ... 1

AMÉDÉE PICHOT.

Sir Charles Bell, histoire de sa vie et de ses travaux. ... 1

WILLIAM BOLTS

Histoire des conquêtes et de l'administration de la Compagnie anglaise au Bengale. ... 1

TAXILE DELORD, CLÉMENT CARAGUEL & LOUIS HUART.

200 Vignettes de Cham.
Messieurs les Cosaques. ... 2

ŒUVRES COMPLÈTES
DE
GEORGE SAND

Format grand in-18 anglais, à 2 francs le volume.

	vol.		vol.		vol.
Le Piccinino	2	Le Meunier d'Augibault	1	La Petite Fadette	
La Dernière Aldini	} 1	Jeanne	1	La Marquise	
Simon		Indiana	} 1	Mouny Robin	} 1
Teverino	} 1	Melchior		Monsieur Rousset	
Leone Leoni		François le Champi	} 1	Les Sauvages	
Horace	1	Les Mosaïstes		Compag. du tour de France	1
Lucrezia Floriani	} 1	La Mare au Diable		Le Péché de M. Antoine	
Lavinia		André		Pauline	2
Jacques		La Fauvette du Docteur		L'Orco	
Le château des Désertes	} 1	Les Noces de Campagne	} 1	Lelia	2
Isidora		Mauprat		L'Uscoque	
Valentine	} 1	Metella		Consuelo	3
Cora				Comtesse de Rudolstadt	2

BIBLIOTHÈQUE DES VOYAGEURS
UN FRANC LE VOLUME
Jolis volumes format in-32, papier vélin.

A. DE LAMARTINE. vol.
- Graziella... 1
- Les Visions... 1

HENRY MURGER.
- Propos de ville et propos de théâtre. 1
- Le Roman de toutes les femmes. 1
- Ballades et Fantaisies. 1

F. PONSARD.
- Homère, poème. 1

MÉRY.
- Anglais et Chinois. 1
- Histoire d'une colline. 1

JULES SANDEAU.
- Le Jour sans lendemain. 1
- Olivier. 1
- Le Château de Montsabrey. 1

CHARLES DE BERNARD.
- Le Paratonnerre. 1

ÉMILE AUGIER. vol.
- Les Pariétaires, poésies. 1

ALEXANDRE DUMAS FILS
- Ce que l'on voit tous les jours. 1
- La Boîte d'argent. 1

HENRI CONSCIENCE.
- Le Gentilhomme pauvre. 1
- Le Conscrit. 1

ALPHONSE KARR.
- La Main du diable. 1

THÉODORE DE BANVILLE.
- Les Pauvres Saltimbanques. 1
- La Vie d'une Comédienne. 1
- Odelettes. 1

CHARLES DESMAZE.
- Maurice Quentin de la Tour, peintre du roi Louis XV. 1

Histoire philosophique, anecdotique et critique de la Cravate et du Col. 1

COLLECTION HETZEL ET LÉVY
UN FRANC LE VOLUME
Jolis volumes format in-32, papier vélin.

ÉMILE AUGIER. vol.
- Théâtre complet. 6

P. J. STAHL.
- L'Esprit des Femmes et les Femmes d'esprit. 1
- Théorie de l'Amour et de la Jalousie. 1
- Histoire d'un Prince et d'une Princesse. 1
- Les Bijoux parlants. 1

H. DE BALZAC.
- Maximes et Pensées. 1
- Les Femmes. 1

THÉOPHILE GAUTIER.
- Avatar. 1
- Jettatura. 1

JULES JANIN.
- La Comtesse d'Egmont. 1

LÉON GOZLAN.
- Balzac en pantoufles. 1
- Les Maîtresses à Paris. 1

E. DE LA BÉDOLLIÈRE.
- Histoire de la Mode en France. 1

ARSÈNE HOUSSAYE.
- Les Comédiennes du temps passé. 2

LAURENT JAN.
- Misanthropie sans repentir. 1

LOUIS ULBACH.
- L'Homme aux cinq Louis d'or. 2

CHAMFORT.
- Maximes, Pensées, Anecdotes, etc. 1

ÉMILE DESCHANEL. vol.
- Le Mal qu'on a dit des Femmes. 1
- Le Bien qu'on a dit des Femmes. 1
- Les Courtisanes grecques. 1
- Le Mal qu'on a dit de l'Amour. 1
- Le Bien qu'on a dit de l'Amour. 1
- Histoire de la Conversation. 1
- Le Bien et le Mal qu'on a dit des Enfants 1

ÉMILIE CARLEN.
Traduction Stahl et Hymans.
- Un brillant Mariage. 1

HENRI MONNIER.
- Scènes parisiennes. 1
- Les Petites Gens. 1
- Croquis à la plume. 1
- Comédies bourgeoises. 1
- Les Bourgeois aux champs. 1

ALFRED DE MUSSET
- Mlle Mimi Pinson. 1
- Voyage où il vous plaira. 1

LE COMTE F. DE GRAMMONT.
- Comment on se marie. 1

LARCHER ET JULLIEN.
- Ce qu'on a dit de la Fidélité et de l'Infidélité. 1

ALFRED BOUGEARD.
- Les Moralistes oubliés. 1

BAISSAC.
- Les Femmes dans les temps anciens. 1

LOUIS RATISBONNE.
- Au Printemps de la vie. 1

L. MARTIN.
- L'Esprit de Voltaire. 1

OUVRAGES ILLUSTRÉS

VOYAGE DU PRINCE NAPOLÉON
Dans les mers du Nord, à bord de la frégate la *Reine Hortense*.

Par Charles Edmond, avec des notices scientifiques par les membres de l'expédition. — 1 beau volume grand in-8, illustré de 12 vignettes, de culs-de-lampe et de têtes de chapitres dessinés par Karl Girardet, d'après Ch. Giraud, avec la carte du voyage et la carte géologique de l'Islande. Prix : 25 fr.

L'ASSEMBLÉE NATIONALE COMIQUE.

160 dessins inédits de Cham, texte par A. Lireux. — 1 beau volume très-grand in-8°. Prix : broché, 14 fr.; relié en toile, avec plaques spéciales, doré sur tranches. Prix : 20 fr.

JÉROME PATUROT
À la recherche de la meilleure des républiques.

Par Louis Reybaud, illustré par Tony Johannot. — Un beau volume, très-grand in-8°, contenant 160 vignettes dans le texte et 30 types. — Prix : broché, 15 fr.; relié en toile, avec plaques spéciales, doré sur tranches. Prix : 20 fr.

LE FAUST DE GŒTHE.

Traduction revue et complète, précédée d'un Essai sur Gœthe, par Henri Blaze; édition illustrée de 9 vignettes dessinées par Tony Johannot, et d'un nouveau portrait de Gœthe, gravés sur acier par Langlois, et tirés sur papier de Chine. — Un volume grand in-8°. Prix : broché, 8 fr.; relié en toile, avec plaques, doré sur tranches. Prix : 12 fr.

THÉATRE COMPLET DE VICTOR HUGO.

Un beau vol. gr. in-8°, orné du portrait de Victor Hugo et de six gravures sur acier, d'après les dessins de MM. Raffet, L. Boulanger, J. David, etc. — Prix : broché, 6 fr. 50 c.

CONTES RÉMOIS

Par le Comte de C. (3ᵉ édit.), illustrés de 34 dessins de Meissonnier. — 1 très-beau volume grand in-18. Prix : 5 fr. — Le même ouvrage, tiré sur grand raisin vélin, 20 fr.; sur papier de Hollande, gravures tirées à part sur papier de Chine. Prix : 60 fr.

LÉGENDES FLAMANDES

Par Charles de Coster, illustrées de 12 eaux-fortes par les meilleurs artistes belges, et précédées d'une préface par E. Deschanel. — 1 beau volume petit in-8. Prix : 5 fr.

LA LÉGENDE DU JUIF ERRANT

Compositions et dessins par Gustave Doré gravés sur bois F. Rouget, O. Jahyer et J. Gauchard, Poëme avec prologue et épilogue, par Pierre Dupont. Préface et Notice bibliographique par Paul Lacroix (Bibliophile Jacob), avec la ballade de Béranger mise en musique par Ernest Doré. Grand in-folio. Prix : broché, 12 francs; cartonné, 15 fr.

DICTIONNAIRE DE LA CONVERSATION
ET DE LA LECTURE
INVENTAIRE RAISONNÉ DES NOTIONS GÉNÉRALES LES PLUS INDISPENSABLES A TOUS

PAR

UNE SOCIÉTÉ DE SAVANTS ET DE GENS DE LETTRES

3ᵉ ÉDITION

Entièrement refondue, corrigée et augmentée de plusieurs milliers d'articles, tout d'actualité.

16 volumes grand in-8. — 203 fr. 75 c.

BROCHURES DIVERSES

LAMARTINE.

	f. c.
Du Projet de constitution	» 30
Du Droit au travail	» 30
Une Seule Chambre	» 30
La Présidence	» 30
Lettre aux dix Départements	» 30

THIERS.

Le Droit au travail	» 30
Du Crédit foncier	» 30

LE COMTE DE MONTALIVET.

Le Roi Louis-Philippe et sa Liste civile	» 50

ÉDOUARD LEMOINE.

Abdication du roi Louis-Philippe	» 50

ÉMILE DE GIRARDIN.

Avant la Constitution. . . . . » 30
Journal d'un Journaliste au secret. 1 »
Les Cinquante-Deux : 14 n°s sont en vente : — I. Apostasie. — II. Le Gouvernement le plus simple. — III. L'Équilibre financier par la réforme administrative. — IV. La Note du 14 décembre. — V. Respect de la constitution. — VI. La Constituante et la Législative. — VII-VIII. La Politique de la paix. — IX. Abolition de l'esclavage militaire. — X-XI. Le Droit de tout dire. — XII. La Question de l'Avenir. — XIII-XIV. Le Socialisme et l'Impôt.
Prix de chaque numéro. . . . . » 50

LOUIS BLANC.

Le Socialisme, Droit au travail	1 »
Appel aux honnêtes gens	1 »
La Révolution de Février au Luxembourg	1 »

CHARLES DIDIER.

Une Visite a M. le duc de Bordeaux	1 »
Question sicilienne	1 »

GLADSTONE.

Deux Lettres au lord Aberdeen sur les poursuites politiques exercées par le gouvernement napolitain	1 »

JOHN LEMOINNE.

	f. c.
De l'Intégrité de l'Empire ottoman	1 »

BONNAL.

La Force et l'Idée	1 »
Abolition du prolétariat	» 50

LÉON FAUCHER.

Le Crédit foncier	» 30
De l'Impôt sur le revenu	» 30

D. NISARD.

Les Classes moyennes en Angleterre et la Bourgeoisie en France	1 »

HENRI BLAZE DE BURY.

M. le Comte de Chambord, un mois a Venise	1 »

GEORGE SAND ET V. BORIE.

Travailleurs et Propriétaires	1 »

DUFAURE.

Du Droit au travail	» 30

L. COUTURE.

Du Gouvernement héréditaire en France et des trois partis qui s'y rattachent	» 50

ALEXANDRE DUMAS.

Révélations sur l'arrestation d'Émile Thomas	» 50

A. PONROY.

Le Maréchal Bugeaud	1 »

G. BOULLAY.

Réorganisation administrative	1 »

ESPRIT PRIVAT.

Le Doigt de Dieu	1 »

UN PAYSAN CHAMPENOIS.

A Timon, sur son projet de Constitution	» 50

DEUXIÈME PARTIE
— Théâtre —

PIÈCES DE THÉATRE DIVERSES

BELLE ÉDITION
Format grand in-18 anglais.

F. PONSARD.

	f. c.
Lucrèce, tragédie en 5 actes...	1 50
Agnès de Méranie, trag. en 5 actes.	1 50
Charlotte Corday, trag. en 5 actes.	1 50
Horace et Lydie, c. en 1 a., en vers.	1 »
Ulysse, tragédie en 5 actes...	2 »
L'Honneur et l'Argent, comédie en 5 actes, en vers...	2 »
La Bourse, com. en 5 ac., en vers.	2 »

ÉMILE AUGIER.

Gabrielle, com. en 5 actes, en vers.	2 »
La Ciguë, com. en 2 actes, en vers.	1 50
L'Aventurière, c. en 5 actes, en v.	1 50
L'Homme de bien, coméd. en 5 actes, en vers...	1 50
L'Habit vert, proverbe en 1 acte..	1 »
La Chasse au roman, com. en 5 ac.	1 50
Sapho, opéra en 5 actes...	1 »
Diane, drame en 5 actes, en vers..	2 »
Les Méprises de l'Amour, comédie en 5 actes, en vers...	1 50
Philiberte, com. en 5 actes, en vers.	1 50
La Pierre de touche, comédie en 5 actes, en prose...	2 »
Le Gendre de M. Poirier, comédie en 4 actes, en prose...	2 »
Ceinture dorée, com. en 3 a., en pr.	1 50
Le Mariage d'Olympe, comédie en 5 actes, en prose...	1 50
La Jeunesse, com. en 5 a., en vers..	2 »
Les Lionnes pauvres, c. en 5 a. en pr.	2 »

P.-J. BARBIER.

Un Poète, drame en 5 act., en vers.	2 »
André Chénier, dr. en 5 a., en vers.	1 »
L'Ombre de Molière, à-propos en 1 acte, en vers...	» 75
Le Berceau, coméd. en 1 a., en vers	1 »

EUGÈNE SCRIBE.

La Czarine, drame en 5 actes...	2 »
Feu Lionel, comédie en 3 actes...	1 50
Les Doigts de Fée, com. en 5 actes.	2 »

MÉRY.

Gusman le Brave, dr. en 5 a., en v.	2 »
Le Sage et le Fou, comédie en 5 actes, en vers...	1 50
Le Chariot d'enfant, drame en 5 actes, en vers...	2 »
Aimons notre prochain, comédie en 1 acte, en prose...	1 »

HENRY MURGER.

	f. c.
La Vie de Bohème, com. en 5 actes.	1 »
Le Bonhomme Jadis, com. en 1 acte.	1 »

JULES SANDEAU.

Mademoiselle de la Seiglière, comédie en 4 actes, en prose...	1 50

GEORGE SAND.

Le Démon du Foyer, com. en 2 actes.	1 50
Le Pressoir, drame en 3 actes...	2 »
Les Vacances de Pandolphe, coméd. en 3 actes...	2 »

ERNEST LEGOUVÉ.

Par droit de conquête, comédie en 5 actes, en prose...	1 50
Le Pamphlet, com. en 2 a, en prose.	1 »

VICTOR SÉJOUR.

Richard III, drame en 5 actes...	2 »
Les Noces vénitiennes, dr. en 5 a..	2 »
André Gérard, drame en 5 actes...	2 »
Le Martyre du cœur, dr. en 5 actes.	2 »

OCTAVE FEUILLET.

Le Pour et le Contre, comédie en 1 acte, en prose...	1 »
La Crise, com. en 4 actes, en prose.	1 50
Péril en la demeure, comédie en 2 actes, en prose...	1 50
Le Village, com. en 1 ac., en prose.	1 »
La Fée, comédie en 1 acte, en prose.	1 »
Dalila, drame en 6 parties...	1 50

ALEXANDRE DUMAS FILS.

La Dame aux Camélias, dr. en 5 a.	1 50
Diane de Lys, drame en 5 actes...	1 50
Le Demi-Monde, comédie en 5 actes.	2 »

Mme ÉMILE DE GIRARDIN.

Lady Tartuffe, comédie en 5 actes, en prose...	2 »
C'est la faute du mari, comédie en 1 acte, en vers...	1 »
La Joie fait peur, c. en 1 ac., en p.	1 50
Le Chapeau d'un Horloger, coméd. en 1 acte, en prose...	1 »
Une Femme qui déteste son mari, comédie en 1 acte, en prose...	1 »
L'École des Journalistes, comédie en 5 actes en vers...	1 »

LÉON GOZLAN.
	f. c.
Le Gateau des Reines, comédie en 5 actes en prose.	2 »
La Famille Lambert, com. en 2 act.	1 »
Un petit bout d'oreille, com. en 1 a.	1 »
Il faut que jeunesse se paye, c. 4 a.	2 »

PAUL MEURICE.
L'Avocat des Pauvres, drame en 5 actes, en prose.	2 »
Fanfan la Tulipe, drame en 5 actes, en prose.	2 »

THÉOD. BARRIÈRE ET E. CAPENDU.
Les Faux Bonshommes, comédie en 4 actes, en prose.	2 »
Les Fausses Bonnes Femmes, c. en 5 a.	2 »

LOUIS BOUILHET.
Mme de Montarcy, dr. en 5 a., en vers	2 »

FÉLICIEN MALLEFILLE.
Les Mères repenties, drame en 4 a.	2 »

JULES LACROIX.
Œdipe roi, de Sophocle, tragédie en 5 actes.	2 »

ROGER DE BEAUVOIR.
La Raisin, com. en 2 actes, en vers.	1 50

PAUL FOUCHER ET REGNIER.
La Joconde, c. en 5 actes, en prose.	2 »

PAUL DE MUSSET.
La Revanche de Lauzun, comédie en 4 actes, en prose.	1 50
Christine roi de Suède, com. en 3 actes, en prose.	1 50

Mme ROGER DE BEAUVOIR.
Dos a dos, com. en 1 a., en prose.	1 50

CHARLES EDMOND.
La Florentine, drame en 5 actes.	1 50

ADOLPHE DUMAS.
L'École des Familles, c. en 5 a. en v.	1 »

ERNEST SERRET.
Les Familles, com. en 5 act., en v.	1 50
Que dira le monde? com. en 5 actes, en prose.	2 »
Un Mauvais Riche, comédie en 5 actes, en vers.	2 »
L'Anneau de fer, com. en 4 a., en pr.	1 50

ÉDOUARD FOUSSIER.
Héraclite et Démocrite, comédie en deux actes, en vers.	1 50
Les Jeux Innocents, comédie en un acte, en vers.	1 »
Une Journée d'Agrippa, comédie en cinq actes, en vers.	1 50
Le Temps perdu, com. en 3 a., en v.	1 50
Les Lionnes pauvres, c. en 5 a. en pr.	2 »

LATOUR DE SAINT-YBARS.
Rosemonde, tragédie en 4 acte.	1 »

AUGUSTE MAQUET.
	f. c.
La Belle Gabrielle, dr. en 5 actes.	2 »

MARIO UCHARD.
La Fiammina, com. en 4 act., en pr.	2 »
Le Retour du Mari, com. en 4 actes.	2 »

LÉON LAYA.
Les Jeunes gens, com. en 5 a., en pr.	1 50
Les Pauvres d'esprit, comédie en 5 actes, en prose.	1 50

LE MARQUIS DE BELLOY.
Pithias et Damon, c. en 1 acte, en v.	1 »
Karel Dujardin, c. en 1 acte, en v.	1 »

J. AUTRAN.
La Fille d'Eschyle, trag. en 5 actes.	1 50

ARMAND BARTHET.
Le Moineau de Lesbie, comédie en 1 acte, en vers.	1 »
Le Chemin de Corinthe, comédie en 3 actes, en vers.	1 50

CHARLES POTRON.
Un Feu de paille, com. en 1 a. en pr.	1 »

AUGUSTINE BROHAN.
Les Métamorphoses de l'Amour, comédie en 1 acte, en prose.	1 »

ARSÈNE HOUSSAYE.
La Comédie a la fenêtre, comédie en 1 acte, en prose.	1 »

J. DE PRÉMARAY.
Les Droits de l'homme, comédie en 2 actes, en prose.	1 50
La Boulangère a des écus, dr. en 5 a.	1 50

DUMANOIR.
L'École des Agneaux, c. 1 a, en v.	1 »
Le Camp des Bourgeoises, comédie en 1 acte, en prose.	1 »
Les Femmes terribles, com. en 3 a.	1 50

AMÉDÉE ROLLAND ET J. DU BOYS.
Le Marchand malgré lui, comédie en 5 actes, en vers.	2 »

RAOUL BRAVARD.
Louise Miller, drame en 5 actes en vers, traduit de Schiller.	2 »

DANIEL STERN.
Jeanne Darc, drame en 5 actes.	2 »

ÉDOUARD MEYER.
Strüensée, dr. en 5 actes, en prose.	1 »

H. LUCAS.
Médée, tragédie en 3 actes.	1 50

DUHOMME ET E. SAUVAGE.
La Servante du roi, dr. en 5 a., en v.	2 »

CAMILLE DOUCET
f. c.
Les Ennemis de la maison, comédie en 5 actes, en vers.... 1 50
Le Fruit défendu, c. en 3 a., en v. 1 50

A. DECOURCELLE ET L. THIBOUST.
Je dîne chez ma mère, comédie en 1 acte, en prose.......... 1 »

J. VIARD ET H. DE LA MADELÈNE.
Frontin malade, coméd. en 1 acte, en vers............ 1 »

LÉON HALEVY.
Ce que Fille veut...., comédie en un acte, en vers........ 1 »

LOUIS D'ASSAS.
La Vénus de Milo, coméd. en 3 actes, en vers.......... 1 50

VICTORIEN SARDOU.
La Taverne, com. en 3 a., en vers. 1 50

ÉDOUARD PLOUVIER.
Le Sang mêlé, drame en 5 a., en prose 1 50
Trop beau pour bien faire, comédie en 1 acte, en prose....... 1 »
Le Pays des amours, com. en 5 actes. 1 50

TH. MURET.
Michel Cervantes, dr. en 5 a., en v.. 1 50

CHARLES LAFONT.
Le dernier Crispin, comédie en 1 acte, en vers............ 1 »

LIADIÈRES.
f. c.
Les Bâtons flottants, c. en 3 a. en v. 2 »

FERDINAND DUGUÉ.
France de Simiers, dr. en 5 a., en v. 2 »
William Shakspeare, drame en 5 a.. 2 »

EDMOND COTTINET.
L'Avoué par amour, c. en 1 a, en v. 1 »

CH. PAGÉSIS ET L. DE CHAMBRAIT.
Couvent la trouves-tu? ccm. en 1 a. 1 »

F. BÉCHARD.
Les Déclassés, com. en 4 act., en pr. 1 50

CHARLES DE COURCY FILS.
Le Chemin le plus long, comédie en 3 actes, en prose......... 1 50

E. ET H. CRÉMIEUX.
Fiesque, drame en 5 actes, en vers.. 2 »

TH. DE BANVILLE.
Le beau Léandre, com. en 1 a., en v. 1 »
Le Cousin du roi, c. en 1 a., en vers. 1 »

SIRAUDIN ET L. THIBOUST.
Les Femmes qui pleurent, c. en 1 a. 1 »

RENÉ CLÉMENT.
L'Oncle de Sictone, com. en 1 a, en v. 1 »

TH. BARRIÈRE ET L. THIBOUST.
Les Filles de marbre, dr. en 5 actes 1 50

MAZÈRES.
La Niaise, com. en 4 actes, en prose 2 »
Le Collier de perles, comédie en 3 actes, en prose......... 1 50

PIÈCES DE THÉATRE

Imprimées à 2 colonnes, format grand in-8

	f. c.		f. c.		f. c.
Ame en peine (l').	» »	Frères Dondaine (les).	» 60	Pierrot posthume.	» 60
Ane (l') à Baptiste.	» 60	Grand Palatin (le).	» 60	Piquillo, opéra-comiq.	1 »
Aubry le boucher.	» 60	Grassot embêté par Ravel	» 60	Poisson d'avril (le).	1 »
Bonne réputation (une).	» 60	Griselle de qualité (la).	» 60	Premier Chapitre (le).	1 »
Bouillon (un) d'onze heures.	» 60	Histoire (une) de voleurs.	» 60	Proscrit (le), opéra.	1 »
Breda street.	» 60	Honneur d'une femme.	» 60	Pupilles de la garde (les).	» 60
Carillon (le) de St-Mandé	» 60	Inconsolable (l').	» 60	Recherche de l'inconnu.	» 60
Carotte d'or (la).	1 »	Jardin d'Hiver (le).	1 »	Reine de Chypre (la).	1 »
Charles VI, opéra.	1 »	Jeanne d'Arc, drame.	» 60	République (la) des lettres.	» 60
Château (le) de la Roche-Noire.	» 80	Juanita.	» 60	Rocambolle le Bateleur.	1 »
Chevalier (le) de Beauvoisin.	» 60	Katel Dujardin.	» 60	Roman comique (le).	» 60
Cinq Gaillards	» 60	Libertins de Genève (les)	1 »	Saint Silvestre (la).	1 »
Comique à la ville (un).	» 60	Lorettes et Aristos.	» 60	Sept femmes de Barbe-Bleue (les).	» 60
Cour (la) de Biberack.	60	Mlle de Mérange.	» 60	Serpent sous l'herbe (le).	» 60
Deux Aveugles (les).	» 50	Mlle de Navailles.	» 60	Si jeunesse savait.	2 »
Deux Camusot (les).	» 60	Maîtresse anonyme (la).	» 60	Société (la) du doigt dans l'œil.	1 »
Don Juan, opéra.	1 »	Malheureux comme un nègre.	» 60	Suzanne de Croissy.	» 60
E. H.	» 60	Mari du bon temps (un).	» 60	Travestissements (les).	1 »
Emile, ou 6 têtes dans un chapeau.	» 60	Mère de Famille (la).	1 »	Trois amours de Pompiers.	» 50
Enfant du carnaval (l'), (épuisé).	5 »	M. de Maugaillard.	» 60	Trompette de M. le Prince (le).	1 »
Étoile du berger (l').	» 60	Nouvelle (la) Clarisse Harlowe.	» 60	Val d'Andorre (le).	1 »
Eunuque (l').	» 60	Nuées (les).	» 60	Vendetta (la).	» 60
Femme de mon mari (la) (épuisée).	2 »	Paire (une) de pères.	» 60	Veuve (la) de 15 ans.	1 »
Fiançailles des Roses (les).	» 60	Peau du Lion (la).	2 »	Vieux Consul (le).	1 »
		Perle (la) du Brésil.	1 »		
		Peureux (les)	» 60		
		Perle (la) du Brésil.	1 »		
		Philippe II, roi d'Espagne.	» 60		

PIÈCES DE THÉATRE

Imprimées dans le format in-octavo ordinaire.

	f. c.		f. c.		f. c.
Alexis, ou l'Erreur d'un bon Père.	1 »	Locataires et portiers.	1 »	Princesse Aurélie (la).	» 60
André le Chansonnier	1 »	Modèle (le).	» 60	Robert Bruce, drame.	1 »
Belle-Mère et le Gendre.	» 60	Monomane (le).	1 »	Santeuil, ou le Chanoine au cabaret.	1 50
Ce que Femme veut.	1 »	Monténégrins (les).	2 »	Servante justifiée (la), ballet.	1 »
Cléopâtre.	2 »	Monsieur Pinchard.	1 »	Suzanne de Foix.	2 »
Clef dans le dos (la).	1 »	Mort de Strafford (la).	1 50	Vieillesse de Richelieu.	1 50
Docteur en herbe (un).	1 »	Mousquetaires de la Reine	1 50		
Eve.	1 »	Noces de Gamache (les).	» 60		
Gibby la Cornemuse.	1 50	Paquebot (le).	1 »		
Iphigénie en Tauride.	1 »	Palma.	1 »		
		Popularité (la).	» 60		

THÉATRE DE VICTOR HUGO

Imprimé à deux colonnes, format grand in-8.

Chaque Pièce se vend séparément 60 centimes.

Hernani, drame en 5 actes, en vers.	Marie Tudor, drame en 5 actes, en prose.
Marion Delorme, drame en 5 actes, en vers.	Angélo, drame en 4 actes, en prose.
Le Roi s'amuse, drame en 5 actes, en vers.	Ruy-Blas, drame en 5 actes, en vers.
Lucrèce Borgia, drame en 5 actes, en prose.	Les Burgraves, dr. en 5 actes, en vers.

BIBLIOTHÈQUE DRAMATIQUE

CHOIX DE PIÈCES NOUVELLES

JOUÉES SUR LES THÉÂTRES DE PARIS

Format grand in-dix-huit anglais.

Il paraît trois ou quatre pièces par mois. — Quatre volumes par an.

Prix de chaque volume : 5 francs.

Chaque volume et chaque pièce se vendent séparément. — Le tome LX est en vente.

	fr. c.		fr. c.		fr. c.
A Clichy.	» 60	Amoureux de ma femme.	1 »	Banc d'huîtres (un).	1 »
Absences de Monsieur (les).	1 »	Amoureux sans le savoir (les).	1 »	Banquier comme il y en a peu (un).	» 60
Affaire Chaumontel (l').	1 »	André Chénier.	» »	Baronne de Bligne (la).	1 »
Affaire de la rue de l'Ourcine (l').	1 »	André Gérard.	2 »	Barrières de Paris (les).	1 »
Ah! vous dirai-je, maman?	» 60	Andromaque.	» 60	Bataille de dames.	1 »
Aimer et Mourir.	1 »	Ane mort (l').	1 »	Bâtons dans les roues.	1 »
Amiral (l') de l'escadre bleue.	» 40	Ange du rez-de-chaussée (l').	» 60	Bâtons flottants (les).	2 »
Aimons notre prochain.	1 »	Anges du foyer (les).	» 60	Beau Léandre (le).	1 »
A la campagne.	1 »	Anneau d'argent (l').	» 60	Beau-Père (le).	1 »
Alceste.	1 »	Anneau de fer (l').	1 50	Dégueule (la).	1 »
Alexandre chez Apelles.	1 »	As-tu tué le Mandarin?	» 60	Belle Gabrielle (la).	2 »
Allons battre ma femme.	» 60	Avait pris femme, le sire de Framboisy.	2 »	Belles de nuit (les).	1 »
Amant de cœur (l').	1 »			Belphégor.	» 60
Amant jaloux (l').	1 »	Année prochaine (l').	» 60	Benvenuto Cellini.	1 »
Amant qui ne veut pas être heureux (un).	» 60	Après l'orage vient le beau temps.	» 60	Berceau (le).	1 »
				Berger de Souvigny (le).	» 60
Ami acharné (un).	» 60	A qui mal veut...	» 60	Bergère des Alpes (la).	1 »
Ami du roi de Prusse (l').	» 60	Argent (l').	1 »	Berthe la Flamande.	2 »
Ami François (l').	» 60	Argent du diable (l').	1 »	Bertram le matelot.	1 »
Amitié des femmes (l').	1 »	Atomes crochus (les).	1 »	Bête du bon Dieu (la).	1 »
Amour à l'aveuglette (l').	1 »	Aventures de Mandrin.	» 40	Betly.	1 »
— au daguerréotype (l').	» 60	Aventures de Suzanne.	1 »	Bijou perdu (le).	1 »
Amour dans un sophocléide (l').	» 60	Aveugle (l').	1 »	Bijoux indiscrets (les).	1 »
		Avez-vous besoin d'argent.	» 60	Billet de Marguerite (le).	1 »
Amour et bergerie.	» 50			Billet de faveur (le).	1 »
Amour et Caprice.	» 60	Aventures d'un paletot.	» 60	Boccace.	1 »
Amour et son train (l').	» 60	Avocat des Pauvres (l').	2 »	Boisière (la).	1 »
Amour et Pruneaux.	1 »	Avocats (les).	» 60	Bonaparte en Egypte.	» 60
Amour mouillé (l').	» 60	Baignoires du Gymnase.	» 60	Bon gré mal gré.	1 »
Amour pris aux cheveux (l').	» 60	Baisers (les).	» 60	Bonheur sous la main (le).	» 60
		Bajazet.	» 60	Bonhomme Jadis (le).	1 »
		Bal d'Auvergnats (un).	1 »	Bonhomme Jacques (le).	1 »
				Bonhomme Lundi (le).	» 40
Amours d'un serpent (les)	1 »	Bal du prisonnier (le).	» 60	Bonhomme Richard (le).	1 »

	fr. c.		fr. c.		fr. c.
Bonne Aventure (la).	1 »	Charles VI.	1 »	Colombine.	1 »
Bonne sanglante (la).	» 60	Charlotte.	1 »	Comte de Charles-Quint	» 60
Bon ouvrier (un).	» 60	Charlotte Corday.	1 »	Comment la trouves-tu ?	1 »
Bonsoir, mons. Pantalon.	1 »	Chasse au lion (la).	1 »	Comment les femmes se vengent.	» 60
Bonsoir, voisin.	1 »	Chasse au roman (la).	1 »		
Bonne qu'on renvoie (une)	1 »	Chasse aux corbeaux (la).	1 »	Comment l'esprit vient aux garçons.	1 »
Bossue (la).	» 60	Chasse aux écriteaux (la)	1 »		
Boîte secrète (la).	» 60	Château de Cartes (un).	1 »	Compagnon de voyage (le).	1 »
Bougeoir (le).	1 »	Château de Coëtaven (le).	» 60		
Boulangère a des écus (la)	1 50	Château de Grantier (le).	1 »	Compagnons de la Marjolaine (les)	» 60
Bourse (la).	2 »	Château de la Barbe Bleue (le).			
Bouquet de l'infante (le).	1 »			Comte de Lavernie (le).	1 »
Bouquet de violettes (le).	1 »	Château des Ambrières.	2 »	Comte de Sainte-Hélène.	1 »
Bouquetière (la).	1 »	Château des 7 Tours (le).	5 »	Comtes. de Novailles (la)	1 »
Bourgeois de Paris (le).	» 60	Chatte blanche (la).	» 60	Comtesse de Sennecey.	2 »
Bourgeois gentilshommes (les).	1 »	Chef de brigands (un).	1 »	Conspiration de Mallet.	1 »
		Chemin de Corinthe (le).	1 50	Contes de la reine de Navarre (les).	1 »
Bourreau des crânes (le).	» 60	Chemin de traverse (le).	1 »		
Brelan de maris.	» 60	Chemin le plus long (le).	1 50	Contes d'Hoffmann (les).	1 »
Bras d'Ernest (le).	1 »	Chêne et le Roseau (le).	» 60	Corde sensible (la).	» 60
Brin-d'amour.	» 60	Chercheur d'esprit (le).	» 60	Cordonnier de Crécy (le).	1 »
Brutus, lâche César.	1 »	Chevaliers du brouillard (les).	» 40	Cornemuse du diable (le).	1 »
Bruyère.	» 60			Cosaques (les).	2 »
Bûcher de Sardanapale (le)	» 60	Cheveux de ma femme.	1 »	Coucher d'une étoile (le).	» 60
Butte des Moulins (la).	1 »	Chevalier coquet (le).	» 60	Coulisses de la vie (les).	» 60
Caïd (le).	1 »	Chevalier de Maison Rouge (le).		Coup de lansquenet (un).	» »
Caïno.	1 »			Coup d'État (un).	» »
Caméléons (les).	» 60	Chevalier des Dames (le).	1 »	Coup de vent (le).	» 60
Camp des Bourgeoises (le)	1 »	Chevalier d'Essonne (le).	» 60	Coup de vent (un).	» 60
Camp de Saint-Maur (le).	» 60	Chevalier muscadin (le).	1 »	Coup de pinceau (un).	» 60
Canadar père et fils.	1 »	Chien du jardinier (le).	1 »	Cour de Célimène (la).	1 »
Canotier (le).	1 »	Chiffonnier de Paris (le).	1 »	Courrier de Lyon (le).	» 60
Capitaine... de quoi?	» 60	Chiffonniers (les).	» 60	Course à la veuve (la).	» 60
Carillonneur de Bruges.	1 »	Chirurgien-major (le).	1 »	Crapauds immortels (les).	1 »
Carnaval de Venise (le).	1 »	Chodruc-Duclos.	1 »	Crise (la).	1 50
Case de l'oncle Tom (la).	1 »	Christine, roi de Suède.	1 50	Crise de Ménage (une).	» 60
Catilina.	1 »	Chute de Séjan (la).	2 »	Croix à la cheminée (une)	» 60
Ceinture dorée.	1 50	Ciel et l'enfer (le).	» 60	Croix de Marie (la).	1 »
Célèbre Vergeot (le).	1 »	500 Diables (les).	» 60	Croque-Poule.	» 60
Ce que femme veut.	1 »	Cinq minutes du commandeur (les).	1 »	Cuisinier politique (le).	1 »
Ce que vivent les roses.	» 60			Curé de Pomponne (le).	1 »
Ce que deviennent les Roses.	1 »	55 fr. de voiture.	1 »	Czar Cornélius (le).	1 »
		Clafrette et Clairon.	1 »	Czarine (la).	2 »
Cerisette en prison.	» 60	Clarinette qui passe (une).	» 60	Dalila.	1 50
Ces messieurs s'amusent.	» 60	Clarisse Harlowe.	» 60	Dalila et Samson.	» 20
C'est la faute du mari.	1 »	Claudine.	» 60	Dame aux Camellias (la)	1 »
Chacun pour soi.	1 »	Clef dans le dos (la).	1 »	Dame aux jambes d'azur	» 60
Chambre à 2 lits (une).	1 »	Clef des champs (la).	1 »	Dame aux trois couleurs (la)	1 »
Chambre rouge (la).	2 »	Cléopâtre.	2 »		
Chanteuse voilée (la).	1 »	Closerie des genêts (la).	1 »	Dame de la Halle (la).	1 »
Chapeau de paille (le).	» 60	Cœur et la Dot (le).	2 »	Dans les vignes.	» 60
Chapeau d'un horloger (le).	1 »	Coin du feu (le).	» 60	Danse des écus (la).	1 »
		Cœur qui parle (un).	» 60	Dans un coucou.	» 60
Chapeau qui s'envole (un).	» 60	Cœurs d'or (les).	1 »	Dans une baignoire.	» 60
Charmeurs (les).	1 »	Colette.	1 »	Déménagé d'hier.	1 »
Charge de cavalerie (une).	» 60	Colin Maillard (le).	» 60	Déménagement (un).	» »
Chariot d'enfant (le).	2 »	Collier de perles (le).	1 50	Demi-monde (le).	2 »
		Collier du roi (le).	» 60	Demoiselles de noce (les)	» 60
				Demoiselle d'honneur (la)	1 »

	fr. c.		fr. c.		fr. c.
Démon de la nuit (le).	1 »	Duel du Commandeur (le)	1 »	Femme dans ma fontaine.	» 60
Démon du foyer (le).	1 50	Eau qui dort (l').	» 60	Femme qui déteste son mari (une).	1 »
Démon familier (le).	1 »	Eaux de Spa (les).	» 60		
Dent sous Louis XV (une)	» 60	Echec et mat.	1 »	Femme qui perd ses jarretières (la).	» 60
Dépit amoureux (le).	» 60	Echelle des femmes (l').	1 »		
Dernier Abencerrage (le)	1 »	Ecole des agneaux (l').	1 »	Femme qui se grise (une)	» 60
Dernier Crispin (le).	1 »	Ecole des familles (l').	1 »	Femme qui trompe son mari (la).	1 »
Derniers Adieux (les).	» 60	Edgar et sa bonne.	2 »		
Dernière Conquête (la).	1 »	Education d'un serin (l').	1 »	Ferme de Primerose (la).	2 »
Derrière le rideau.	» 60	Elisabeth.	1 »	Feu de cheminée (un).	» 60
Désespérés (les).	1 »	Eliza.	» 60	Feu de paille (le).	» 60
Dessous de cartes (le).	1 »	Elzear Challamel.	1 »	Feu à une vieille maison.	1 »
Détournement de majeure	1 »	Embrassons-nous, Folleville.	1 »	Feu de paille (un).	1 »
Deucalion et Pyrrha.	1 »			Feuilleton d'Aristophane (le).	1 »
Deux Aigles (les).	1 »	En bonne Fortune.	» 60		
Deux Aveugles (les).	» 50	Encore des Mousquetaires.	» 60	Feu Lionel.	1 50
Deux Célibats (les).	1 »			Fiammina (la).	2 »
Deux Coqs vivaient en paix.	» 60	Enfant de l'amour (l').	» 60	Fiancé à l'huile (un).	» 60
		Enfant de Paris (un).	1 »	Fiancés d'Albano (les).	2 »
Deux Faubouriens (les).	» 40	Enfant du siècle (un).	1 »	Fiancée du Bengale (la).	» 60
Deux Femmes en gage.	» 60	Enfants terribles (les).	1 »	Fiancée du bon coin (la)	1 »
Deux font la paire (les).	1 »	Enfers de Paris (les).	1 »	Fièvre brûlante (une).	2 »
Deux Foscari (les).	1 »	En manches de chemise.	» 60	Fil de la Vierge (le).	1 »
Deux Gouttes d'eau.	1 »	Ennemis de la maison (les)	1 50	Filleul de tout le monde.	1 »
Deux Hommes.	1 »	En pension chez son groom.	1 »	Fileuse (la).	1 »
Deux Inséparables (les).	» 60			Fille du roi René (la).	» 60
Deux Lions râpés (les).	» 60	En province.	1 »	Filles de l'air (les).	» 60
Deux profonds Scélérats.	1 »	Envies de madame Godard (les).	3 »	Filles de marbre (les).	1 »
Deux Sans-Culottes (les).	» 60			Filles des Champs (les).	» 60
Diable ou Femme.	1 »	Épreuve avant la lettre (une).	» 60	Filleule du chansonnier.	» 40
Diane.	2 »	Épouvantail (l').	» 60	Fils de famille (un).	1 »
Diane de Lys.	1 50	Erie ou le Fantôme.	» 60	Fils du diable (le).	1 »
Diane de Lys et de Camélias.	» 60	Erreurs du bel âge (les).	1 »	Fils de la nuit (le).	2 »
		Esclave du mari (l').	1 »	Fils de l'aveugle (le).	» 20
Dieu du jour (un).	1 »	Espagnolas et Boyardinos.	» 60	Fils de M. Godard (le).	1 »
Dieu merci, le couvert...	» 60			Fléau des Mers (le).	1 »
Dinde truffée (la).	1 »	Esprit familier (l').	» 60	Fin du roman (la).	1 »
Diplomatie du ménage.	1 »	Etoile du Nord (l')	1 »	Florentine (la).	1 50
Diviser pour régner.	1 »	Etouffeurs de Londres.	1 »	Flore et Zéphire.	1 »
Divorce sous l'Empire.	1 »	Eva.	» 60	Foi (la), l'Espérance et la Charité.	1 »
Docteur Chiendent (le).	1 »	Exil de Machiavel (l').	1 »		
Docteur en herbe (un).	1 »	Exposition des produits.	1 »	Foire aux idées 1re part.	1 »
Docteur noir (le).	» 60	Extrêmes se touchent (les).	60	» 2e,	1 »
Docteur Miracle (le)	1 »	Fais la cour à ma femme.	» 60	» 3e,	1 »
Don Gaspard.	1 »	Fameux numéro (un).	» 60	» 4e,	1 »
Don Gusman.	1 »	Famille Lambert (la).	1 »	Folies dramatiques (les).	1 »
Donnant, donnant.	1 »	Famille Poisson (la).	1 »	Fonds secrets (les).	1 »
Donnez aux pauvres.	1 »	Familles (les).	1 50	Forêt de Sénart (la).	» 40
Don Pedre.	1 »	Fantaisies de Mylord (les)	1 »	Fou par amour (le).	» 40
Dot de Marie (la).	1 »	Fantôme (le).	» 60	Frais de la guerre (les).	2 »
Dot de Mariette (la).	» 60	Faffadet (le).	1 »	France de Simiers.	2 »
Douairière de Brionne.	1 »	Fausse Adultère (la).	1 »	Frère et Sœur.	1 »
Douze travaux d'Hercule.	1 »	Faust et Marguerite.	1 »	Priscile.	» 60
Drame de famille (un).	1 »	Fanfarons de vices (les).	» 20	Fronde (la).	1 »
Dragons de Villars (les)	1 »	Fausses bonnes Femmes.	2 »	Fruit défendu (le), vaud.	1 »
Droits de l'homme (les).	1 50	Faux Bonshommes (les).	2 »	Fruit défendu (le), com.	1 50
Drôle de pistolet (un).	1 »	Fée (la).	1 »	Fualdès.	2 »
Duel chez Ninon (un).	1 »	Femme à la broche (une)	» 60	Furnished apartment.	1 »
Duel de Mon Oncle (le).	1 »	Femme aux œufs d'or (la)	1 »	Gaîtés champêtres (les).	» 60

	fr. c.		fr. c.		fr. c.
Galatée.	1 »	Hôtel de la Tête-Noire (l')	1 »	Léonard le perruquier.	» 60
Gammina (la).	» 60	Hôtel de Nantes (l').	1 »	Léonie.	» 60
Gant et l'éventail (le).	» 60	Housard de Berchini (le).	1 »	Lion empaillé (le).	1 »
Garçon de chez Véry (un)	3 »	Idée fixe (l').	» 60	Lion et le Moucheron.	1 »
Gardes du roi de Siam (les).	» 60	Ile de Tohu-Bohu (l').	3 »	Livre noir (le).	1 »
Gardée à vue.	1 »	Impertinent (l').	1 »	Loge de l'Opéra (la).	» 60
Gardien des scellés (le).	1 »	Incertitudes de Rosette.	1 »	Louis XVI et Marie-Antoinette.	1 »
Gâteau des reines (le).	2 »	Infidèles (les).	1 »	Louise de Nanteuil.	1 »
Gastibelza.	1 »	Intrigue et amour.	1 »	Louise de Vaulcroix.	» 60
Geais (les).	» 60	Inventeur de la poudre.	1 »	Louise Miller.	2 »
Gemma.	1 »	Irène.	» 60	Loup dans la bergerie (le)	» 60
Gendre de M. Poirier (le)	2 »	Isabelle de Castille.	1 »	Lucie Didier.	1 »
Gendre de M. Pommier	1 »	Ivrogne et son enfant (l')	» 60	Lucienne.	» 60
Gendre en surveillance.	» 60	Jacques le fataliste.	» 60	Lully.	» 60
Les Gens de théâtre.	» 40	Jaguarita l'indienne.	1 »	Lundis de madame (les).	1 »
Gentil Bernard.	» 60	J'ai mangé mon ami.	1 »	Lys dans la vallée (le).	2 »
Georges et Marie.	1 »	J'ai marié ma fille.	1 »	Macbeth.	1 »
Georgette.	1 »	Jean le postillon.	» 60	Madame André.	1 »
Gibby la Cornemuse.	1 »	Jeanne.	1 »	Madame Bertrand.	1 »
Gilles ravisseur.	1 »	Jeanne Mathieu.	1 »	Madame de Laverrière.	1 »
Grandeur et décadence de J. Prudhomme.	1 »	Je croque ma Tante.	» 60	Madame de Tencin.	5 »
Graziella.	» 60	Je dîne chez ma mère.	1 »	Madame Diogène.	» 60
Griseldis.	1 »	Je ne mange pas de ce pain-là.	1 »	Madame est de retour.	» 60
Groom (le).	1 »	Jenny Bell.	1 »	Madame de Montarcy.	2 »
Grosse Caisse (la).	1 »	Je reconnais ce militaire.	» 60	Madelon.	1 »
Guérillas (le).	1 »	Jérôme le maçon.	1 »	Madelon Lescaut.	1 »
Guerre d'Orient (la).	» 60	Jérusalem.	1 »	Mlle de la Seiglière.	1 50
Gueux de Béranger (les).	1 »	Jeu de l'amour et de la cravache (le).	» 60	Mademoiselle de Liron.	» 60
Guillaume le débardeur.	1 »	Jeunes gens (les).	1 »	Mademoiselle Navarre.	» 60
Guillery le trompette.	1 »	Jeune Homme pressé (un)	» 60	Maison du garde (la).	» 60
Guillery.	1 50	Jeune Père (le).	» 60	Mal de la peur (le).	1 »
Gusman le Brave.	2 »	Jeunesse (la.)	2 »	Maître d'armes (le).	1 »
Habit vert (l').	1 »	Jeune Vieillesse (une).	» 60	Maîtresse bien agréable (une).	1 »
Habit de noce (l')	» 60	Jeunesse dorée (la).	1 »	Maîtresse du Mari (la).	1 »
Habit, Veste et Culotte.	1 »	Jeux innocents (les).	» 60	Mal'aria (la).	2 »
Hamlet.	2 »	Jobin et Nanette.	» 60	Malheurs heureux (les).	1 »
Harry le Diable.	1 »	Jocelin le garde-côte.	1 »	Maman Sabouleux.	» 60
Henriette Deschamps.	1 »	Joconde (la).	2 »	Mamzell' Rose.	1 »
Héraclite et Démocrite.	» 60	Jocrisse millionnaire.	1 »	Manon Lescaut, Opéra.	1 »
Héritage de ma Tante (l')	» 60	Joie de la maison (la).	1 »	Manon Lescaut, Drame.	1 »
Hernani, opéra.	1 »	Joie fait peur (la).	1 50	Manteau de Joseph (le).	» 60
Heure de quiproquo (une)	» 60	Jour de la blanchisseuse.	» 60	Marâtre (la).	1 »
Homme à la tuile (l').	» 60	Journal d'une grisette (le)	1 »	Marbrier (le).	1 »
Homme de robe (l').	» 60	Jusqu'à minuit.	» 60	Marceau.	3 »
Homme de cinquante ans (un).	1 »	Lady Tartufe.	2 »	Marchand de jouets (le).	1 »
Homme entre deux airs.	» 60	Lait d'ânesse (le).	2 »	Marchand de lapins (le).	» 60
Homme qui a perdu son do (un).	1 »	Lanterne magique	1 »	Maréchal Ney (le).	2 »
Homme qui a vécu (l').	1 »	Lampions de la veille.	1 »	Maréchaux de l'Empire (les).	1 »
Hommes sans chemises (l')	» 60	Lanciers (les).	» 60	Margot.	1 »
Honneur de la maison.	1 »	Laquais d'Arthur (le).	» 60	Médecin malgré lui (le).	1 »
Honneur et l'Argent (l').	2 »	Laure et Delphine.	1 »	Mari brûlé (un).	» 60
Horace et Caroline.	1 »	Laurence.	» 60	Mari d'occasion (un).	» 60
Horaces (les).	» 60	Lavandières de Santarem	1 »	Mari d'une Camargo (le).	1 »
Hortense de Blangie.	» 60	Lavater.	» 60	Mari d'une jolie femme.	» 60
Hortense de Cerny.	1 »	Léa.	1 »	Mari en 150 (un).	1 »
		Leçon de trompette (une)	» 60		

		fr. c.		fr. c.		fr. c.
Mari fidèle (un).		1 »	Moissonneuse (la).	» »	Odalisque (l').	» 60
Mari qui n'a rien à faire.		2 »	Molière enfant.	1 »	Ohé! les p'tits Agneaux.	» 40
Mari qui prend du ventre (un).		1 »	Montsménie.	1 »	O le meilleur des pères!	1 »
			M'sieu Landry.	1 »	Oiseau de passage (un).	1 »
Mari qui ronfle (un).		1 »	M. et Madame Rigolo.	1 »	Oiseaux de la rue (les).	1 »
Mari qui se dérange (un)		1 »	Monsieur de la Palisse.	» 60	Oiseaux de proie (les).	1 »
Maris me font toujours rire (les).		1 »	Monsieur mon fils.	1 »	Oncle aux carottes (un).	» 60
			Monsieur qui ne veut pas s'en aller (un).	» 60	Oncle de Sicyone (l').	1 »
Mari trop aimé (un).		» 60			Oncle Tom (l').	1 »
Mariage au bâton (le).		» 60	Monsieur qui a brûlé une dame (un).	1 »	On demande des culottières.	1 »
Mariage au miroir (le).		» 1				
Mariage extravagant (le)		1 »	Monsieur qui prend la mouche (un).	1 »	On demande un graveur.	» »
Mariage d'Olympe (le).		» 50				
Mariage en trois étapes.		1 »	Monsieur qui suit les femmes (un).	2 »	Opéra au camp (l').	» 60
Mariage sous la régence.		1 »			Opéra aux fenêtres (l').	» 40
Marianne.		1 »	Monsieur qu'on n'attendait pas (un).	» 60	Ordonnance du médecin.	» 60
Marie ou l'Inondation.		» 60			Orfa.	1 »
Marie Rose.		1 »	Monsieur votre fille	1 »	Orphelines de la Charité.	1 »
Marie Simon.		2 »	Monsieur va au cercle.	1 »	Orphelines de Valliège.	1 »
Mariés sans l'être.		» 60	M. de Saint-Cadenas.	1 »	Orphelins du pont Notre-Dame (les).	1 »
Marinette (la).		1 »	M. le Sac et M** la Braise.	1 »		
Marionnettes du docteur.		1 »	Montagne et Gironde.	2 »	Otez votre fille, s'il vous plaît.	1 »
Marquis de Lauzun (le).		1 »	Monténégrins (les).	1 »		
Marquise de Tulipano.		1 »	Montre perdue.	1 »	Où passerai-je mes soirées?	1 »
Marquises de la fourchette (les).		1 »	Morne au Diable (le).	1 »		
			Mort de Strafford (la).	1 »	Paix à tout prix (la).	1 »
Marraines de l'an trois.		1 »	Mort du pêcheur (la).	» 60	Palma.	2 »
Marrons d'Inde (les).		5 »	Mosquita la Sorcière.	1 »	Pamphlet (le).	1 »
Marrons glacés (les).		1 »	Mousquetaire gris (un).	1 »	Paniers de la comtesse.	» 60
Martial casse-cœur.		1 »	Mousquetaires de la Reine (les).	1 »	Panthère de Java (une).	1 »
Marthe et Marie.		1 »			Pâquerette.	» 60
Martin et Bamboche.		1 »	Moutons de Panurge (les)	1 »	Pâques Véronaises (les)	1 »
Masque de Poix (le).		1 »	Muet (le).	1 »	Parades de nos pères.	1 »
Massacre d'un innocent.		1 »	Muletier de Tolède (le).	1 »	Paradis perdu (le).	» 40
Mathurin Régnier.		1 »	Mystère (un).	1 »	Parapluie de Damoclès.	1 »
Maurice.		1 »	Mystères de l'été (les).	2 »	Parapluie d'Oscar (le).	1 »
Mauvais cœur.		1 »	Mystères de Londres (les)	1 »	Pardon de Bretagne (le).	1 »
Mauvais coucheur (un).		1 »	Mystères du carnaval (les)	» 60	Par droit de conquête.	1 50
Médecin des enfants (le)		1 »	Nabab (le).	1 »	Parents de ma Femme.	1 »
Médée.		1 50	Nèfles (les).	» 60	Paris.	2 »
Médée de Nanterre (la).		1 »	Nez d'argent (le).	» 60	Parisiens (les).	1 »
Mémoires de Grammont.		» 60	Niaise de Saint-Flour (la)	1 »	Par les fenêtres.	» 60
Mémoires de Richelieu.		» 60	Niaise (la).	2 »	Paris crinoline.	» 20
Mémoires du Gymnase.		» 60	Noces de Bouchencœur (les).	1 »	Paris qui dort.	1 »
Mémorial de Ste-Hélène.		1 »			Paris qui pleure.	» 60
Ménage à trois (un).		1 »	Noces de Jeannette (les).	1 »	Paris qui s'éveille.	2 »
Mendiante (la).		1 »	Noces vénitiennes (les).	2 »	Parure de Jules Denis.	1 »
Mère et Fille.		» 60	Nœud gordien (le).	1 »	Parrain de Jeannette (le)	» 60
Merlan en bonne fortune.		» 60	Notables de l'endroit (les).	1 »	Pas de fumée sans feu.	» 60
Mesd. de Montenfriche.		1 »	Notaire à marier (un).	» 60	Pas jaloux.	1 »
Métamorphoses de Jeannette (les).		» 60	Notre-Dame de Paris.	1 »	Passé et l'Avenir (le).	» 60
			Notre-Dame-des-Anges.	1 »	Passion du Midi (une).	1 »
Métamorphoses de l'Amour (les).		1 »	Notre fille est princesse.	1 »	Pasteur (le).	1 »
			Nuit orageuse (une).	» 60	Pauvres d'esprit (les).	1 50
Meunier, son fils et Jeanne		1 »	Nuits blanches (les).	» 60	Pauvres de Paris (les).	2 »
Michel Cervantes.		» 50	Nuits de la Seine (les).	1 »	Pavés sur le pavé (les)	1 »
Midi à quatorze heures.		2 »	Nuits d'Espagne (les).	1 »	Paysan d'aujourd'hui (un)	1 »
Minette.		1 »	Nysus et Euryale.	1 »		
Miss Fauvette.		1 »	Obéron.	1 »	Peau de chagrin (la).	1 »

	fr. c.		fr. c.		fr. c.
Peau de mon oncle (la).	1 »	Préparation au baccalauréat.	1 »	Robes blanches (les).	1 »
Péchés de jeunesse (les).	1 »			Rocher de Sysiphe (le)	» 40
Pension alimentaire (la).	1 »	Président de la basoche.	» 60	Roi boit (le).	» 40
Pendu (le).	1 »	Pressoir (le).	2 »	Roi de cœur (le).	1 »
Penicaut le Somnambule	» 60	Prétendants (les).	» 60	Roi de la mode (le).	» 60
Pepito.	» 60	Prétendus de Gimblette.	» 60	Roi de Rome (le).	» 60
Perdrix rouge (la).	1 »	Prière des naufragés.		Roi des halles (le).	1 »
Père de ma fille (le).	1 »	Princesses de la Rampe. (les)	1 »	Roi malgré lui (un).	1 »
Père et portier.	5 »			Rome.	
Père Gaillard (le).	1 »	Princesse et charbonnière	» 60	Roméo et Marielle.	» 60
Père Jean (le).	» 60	Prise de Caprée (la).	» 60	Roquelaure.	1 »
Perle de la Canebière (la).	1 »	Prix d'un bouquet (le).	» 20	Rose de Bohême (la).	» 60
Péril en la demeure.	1 50	Promise (la).	1 »	Rose de Saint-Flour (la).	» 60
Perruque de mon oncle.	» 60	Prophète (le).	1 »	Rose et Marguerite.	1 »
Petit-fils (le).	1 »	Propre à rien.	1 »	Rosemonde.	1 »
Petit Pierre.	1 »	Pst! Pst!	» 60	Rosette et nœud coulant.	1 »
Petit bout d'Oreille (un)	1 »	Psyché.	1 »	Roués innocents (les).	» 60
Petite cousine (la).	1 »	Pulchrisca et Léontino.	» 60	Route de Brest (la).	1 »
Petite Fadette (la).	» 60	Puritains d'Ecosse (les).	1 »	Routiers (les).	1 »
Petits Prodiges (les).	» 60	Quand on attend sa belle.	» 60	Sabots de Marguerite (les)	1 »
Phénomène.	» 60	Quand on attend sa bourse.	1 »	Sage et le Fou (le).	1 50
Phèdre.	» 60			Sainte-Claire.	1 »
Philanthropie et Repentir.	» 60	Quand on n'a pas le son.	1 »	Saisons (les).	
		Quand on veut tuer son chien.		Saisons vivantes (les).	
Philiberte.	1 50		1 »	Salvator Rosa.	
Philosophes de vingt ans.	1 »	Quatre cent mille francs pour vingt sous.	» 60	Sang mêlé (le).	1 50
Piano de Berthe (le).	1 »			Sapho.	
Piccolet.	1 »	Quatre coins (les).	» 60	Scapin.	
Pied de fer.	1 »	Quatre fils Aymon (les).	» 60	Schahabaham II.	
Piéges dorés (les).	1 50	Quatre parties du monde.	» 60	Schamyl.	
Pierre de touche (la).	2 »	Queue du chien d'Alcibiade (la).		Second mari de ma femme	
Pierre Février.	» 60			Secret de l'oncle Vincent (le).	1 »
Pierrot.	» 60	Queue de la Poêle (la).	1 »		
Pile de Volta (la).	1 »	Qui n'entend qu'une cloche...	» 60	Secret des Cavaliers (le).	2 »
Piquillo Alliaga.	1 »			Secrétaire de Madame (le)	1 »
Plus belle nuit de la vie.	» 60	Qui perd gagne.	1 »	Sept merveilles du monde.	2 »
Polyeucte.	» 60	Qui se dispute s'adore.	1 »	Sept péchés capitaux.	
Pompée.	1 »	Rachel.	» 60	Séraphina.	» 60
Pomponnette et Pompadour.	» 60	Rage d'amour.	1 »	Sergent Frédéric (le).	1 »
		Rage de souvenirs (une).	» 60	Si Dieu le veut.	1 »
Popularité (la).	» 60	Raisin (la).	1 50	Si jamais je te pince !	1 »
Porcherons (les).	1 »	Raisin malade (le).	» 60	Si j'étais roi.	1 »
Portes et placards.	» 60	Raymond.	1 »	Si ma femme le savait.	1 »
Portraits (les).	» 60	Reculer pour mieux sauter.		Simon le voleur.	1 »
Poudre coton (la).	» 60		» 60	Soirée périlleuse (une).	» 60
Poule (une).	» 60	Regardez, mais ne touchez pas.		Songe d'une nuit d'été.	1 »
Poupée de Nuremberg.	1 »			Songe d'une nuit d'hiver.	1 »
Pour arriver.	» 60	Règne des escargots (le)	1 »	Sonnette du diable (la).	1 »
Pour (le) et le Contre.	1 »	Reine Argot (la).	» 60	Sopha (le).	
Pouvoir d'une femme.	» 60	Reine Margot (la).	1 »	Soubrette de qualité (une)	1 »
Précieux (les).	1 »	Reine Topaze (la).	2 »	Soufflez-moi dans l'œil.	» 60
Précieuses ridicules (les)	» 60	Restauration des Stuarts.	1 »	Souper de la marquise.	» 60
Premier coup de canif (le).	» 60	Revanche de Lauzun (la)	1 50	Sourd (le).	
Premier tableau du Poussin (le).		Réveil du Mari (le).	» »	Sous les pampres.	» 60
		Réveil du lion (le).	1 »	Sous-préfet s'amuse (le).	1 »
Premiers beaux jours.	» 60	Rêve de Mathéus (le).	1 »	Sous un bec de gaz.	» 60
Premiers pas (les).	» 60	Richard III.	1 »	Souvenirs de jeunesse.	1 »
Premières armes de Blaveau (les).	1 »	Robert Bruce, opéra.	1 »	Souvenirs de voyage.	1 »
premières coquetteries.	1 »	Robert Bruce.	1 »	Souvent femme varie.	» 60

	fr. c.		fr. c.		fr. c.
Sport et turf.	2 »	33,333 fr. 33 cent. par jour.	1 »	Vestris.	» 60
Steeple-chase.	» 60			Veuve au camellia (la).	1 »
Stella.	1 »	Tribulations d'un grand homme (les).	1 »	Vicaire de Wackefield.	1 »
Struensée.	1 »			Vicomtesse Lolotte (la).	1 »
Suffrage Ier.	1 »	Trilogie de Pantalons.	1 »	Vie de bohème (la).	1 »
Suites d'un premier lit.	1 »	Triolet.	1 »	Vie de café (la).	1 »
Sur la terre et sur l'onde.	1 »	Trois amours de Tibulle.	1 »	Vie d'une comédienne.	1 »
Sylphe (le)	1 »	Trois Bourgeois de Compiègne.	1 »	Vieil innocent (un).	» 60
Système conjugal (un).	» 60			Vieillesse de Richelieu (la).	1 »
Talisman (un).	» 60	Trois coups de pied (les).	» 60		
Tambour battant.	1 »	Trois étages (les).	1 »	Vieille lune (une).	» 60
Tante Loriot (la).	» 60	Trois Rois, trois Dames,	» 60	Vieux caporal (le).	1 »
Tante Vertuchoux (la).	» 60	Trois Sultanes (les).	1 »	Vieux de la vieille roche.	» 60
Tasse cassée (la).	2 »	Trop beau pour rien faire	1 »		
Taverne (la).	1 50	Trottin de la modiste.	3 »	Vilain monsieur (un).	» 60
Taverne du diable (la).	1 »	Trou des lapins (le)	» 60	Village (le).	1 »
Télégraphe électrique.	1 »	Trouvère (le).	1 »	Viveurs de Paris (les).	» 40
Tempête dans un verre d'eau (une).	1 »	Trovatelles (les).	1 »	William Shakspeare.	2 »
		Tueur de Lions (le).	1 »	Vingt-quatre février (le).	» 60
Temps perdu (le).	1 50	Turlututu chapeau pointu.	» 50	24 février, drame (le).	» 60
Terre promise (la).	» 60	Tutelle en carnaval (une)	» 60	Voile de dentelle (le).	1 »
Terrible Savoyard (le).	» 60	Ulysse.	2 »	Vol à la duchesse (le).	1 »
Testament d'un garçon.	» 60	Un et un font un.	1 »	Vol à la fleur d'orange.	1 »
Tête de Martin (la).	» 60	Ut de poitrine (un).	1 »	Volière (la).	1 »
Théâtre des Zouaves (le)	2 »	Vacances de Pandolphe.	2 »	Vous n'auriez pas vu ma femme.	1 »
Théodore.	» 60	Vaches landaises (les).	1 »		
Thérèse.	» 60	Valentine d'Aubigny.	1 »	Voyage autour de ma femme (le).	» 60
To be or not to be.	1 »	Variétés de 1852 (les).	1 »		
Toinon la Serrurière.	1 »	Vautrin et Frise-Poulet.	1 »	Voyage autour d'une jolie femme (le).	» 60
Toilettes tapageuses (les)	1 »	Vengeurs (les).	1 »	Voyage sentimental (un).	3 »
Tonelli (la).	1 »	Vent du soir.	40	Voyage du haut en bas (un)	1 »
Toquades de Borromée.	» 60	Vente d'un riche mobilier	1 »	Vrai club des femmes.	1 »
Torréador (le).	1 »	Vêpres siciliennes (les).	1 »	York.	» 60
Tout chemin mène à Rome.	» 60	Verre de Champagne (un)	» 60	Yvonne et Loïc.	» 60
Tout vient à point.	1 »	Vestale (la).	1 »	Zamore et Giroflée.	» 60
Traversin et couverture.	» 60			Zarine.	» 60
Trésor du pauvre (le).	» 60				

DERNIÈRES PIÈCES PARUES

	fr. c.		fr. c.		fr. c.
A qui le Bébé.	» 60	Méphistophélès.	» 40	M. Candaule.	1 »
Le Retour du mari	2 »	L'Avare en gants jaunes.	1 »	La Balançoire.	1 »
La Nouvelle Hermione.	» 60	Les Chaises à porteurs.	1 »	Les Crochets du Père	
Virgile marron.	» 60	Deux Merles blancs.	1 »	Martin.	» 40
Je marie Victoire.	» 60	Rose et Rosette.	» 20	Le Fils de la Belle au bois	
Le Martyre du cœur.	2 »	L'École des Ménages.	1 50	dormant.	1 »
Le Pays des amours.	1 50	Les Lionnes pauvres.	2 »	Les Bibelots du Diable.	» 40
Chapitre de la toilette.	» 60	Pan ! pan ! c'est la fortune	60	Le Déjeuner de Fifine.	» 40
Les Femmes terribles.	1 50	Fourberies de Marinette.	» 60	Il faut que Jeunesse se passe	2 »
Quentin Durward.	» »	Les Mers polaires	» 40	Le Marchand malgré lui	2 »
Les Doigts de fée.	2 »	Plus on est de fous.	» 60	Œdipe-roi.	2 »
Le Clou aux maris.	» 60	Une Dame pour voyager	» 60	Faust.	1 »
Orphelines de St-Sever.	» 40	Un Dîner et des égards	» 60	Le Punch Grassot.	1 »
Germaine.	1 »	Drelin ! drelin !	» 60	Martha, opéra.	1 »
Les Femmes qui pleurent	1 »	Madame est aux eaux.	» 60	Les Rodeurs du Pont Neuf.	20
La Nuit du 20 septembre	1 »	Les Fugitifs.	» 40	Frontin malade.	1 »
Les Noces de Figaro.	1 »	Feue Brigitte.	» 60	La Vénus de Milo.	1 50
Préciosa.	1 »	L'Ut dièze.	1 »	Ce que Fille veut...	1 »
Les Mères repenties.	2 »	Jean Bart.	» 40	Un Grain de café.	1 »
				Fanfan la Tulipe.	2 »

RÉPERTOIRE DU THÉÂTRE ITALIEN

TEXTE EN REGARD DE LA TRADUCTION.

Françoise de Rimini.	1 50	Étourderie et bon cœur.	1 »	L'Héritage d'un premier	
Marie Stuart.	1 50	Octavia.	1 50	comique.	1 »
Martha.	1 50	Camma.	2 50	La Locandiera.	1 50
Oreste.	1 50	Les Fausses Confidences	1 50	Saül.	1 50
Pia de Tolomei.	1 50	Les Jaloux heureux.	1 »	Otello.	2 »
Rosemonde.	1 50	Zaïre.	1 50	Macbeth.	1 50
Medea.	2 50	Jeanne d'Arc, prologue.	1 »	Judith.	2 »

TROISIÈME PARTIE
— Publications dites à 20 centimes —

MUSÉE LITTÉRAIRE
DU SIÈCLE
CHOIX DES MEILLEURS OUVRAGES DES AUTEURS MODERNES

20 CENTIMES LA LIVRAISON.

ALEXANDRE DUMAS.

		fr. c.
Les Trois Mousquetaires	1 vol.	1 50
Vingt Ans après	—	2 »
Le Vicomte de Bragelonne	—	4 50
Le Comte de Monte-Cristo	—	3 60
Le Chevalier de Maison-Rouge	—	1 10
La Reine Margot	—	1 50
Ascanio	—	1 50
La Dame de Monsoreau	—	2 20
Amaury	—	» 90
Les Frères corses	—	» 50
Les Quarante-Cinq	—	2 20
Les deux Diane	—	2 »
Le Maître d'armes	—	» 90
Le Bâtard de Mauléon	—	1 80
La Guerre des femmes	—	1 50
Les Mémoires d'un Médecin (Balsamo)	—	3 60
Georges	—	» 90
Une Fille du régent	—	1 10
Cécile	—	» 70
Impressions de voyage.		
Suisse	—	2 »
Midi de la France	—	1 10
Une Année à Florence	—	» 90
Le Corricolo	—	1 50
La Villa Palmieri	—	» 90
Le Spéronare	—	1 50
Le Capitaine Aréna	—	» 90
Les Bords du Rhin	—	1 10
Quinze Jours au Sinaï	—	» 90
De Paris à Cadix	—	1 50
Le Véloce	—	1 50
Fernande	1 vol.	» 90
Sylvandire	—	» 90
Le Chevalier d'Harmental	—	1 50
Isabel de Bavière	—	1 10
Acté	—	» 70
Gaule et France	—	» 70

ALEXANDRE DUMAS.

		fr. c.
Le Collier de la reine	—	2 20
La Tulipe noire	—	» 70
La Colombe. — Murat	—	» 50
Ange Pitou	—	1 80
Pascal Bruno	—	» 50
Othon l'archer	—	» 50
Pauline	—	» 50
Souvenirs d'Antony	—	» 70
Nouvelles	—	» 50
Le Capitaine Paul	—	» 50
Gabriel Lambert	—	» 70
Olympe de Clèves	—	2 60
Les Mille et un fantômes	—	» 70
Les Mariages du père Olifus	—	» 70
Jeanne la Pucelle	—	» 90
Conscience	—	1 80
Le Pasteur d'Ashbourn	—	2 20
La Femme au collier de velours	—	» 70
Le Testament de M. Chauvelin	—	» 70
La comtesse de Salisbury	—	1 50
Catherine Blum	—	» 70

FRÉDÉRIC SOULIÉ.

		fr. c.
Le Lion amoureux	—	» 50
Le Veau d'or	—	2 40

EUGÈNE SUE.

		fr. c.
Les Sept Péchés capitaux	—	5 »
L'Orgueil	—	1 50
L'Envie	—	» 90
La Colère	—	» 70
La Luxure	—	» 70
La Paresse	—	» 50
L'Avarice	—	» 50
La Gourmandise	—	» 50
Les Enfants de l'amour	—	» 90
La Bonne Aventure	—	1 50

LÉON GOZLAN.	fr. c.
Les Nuits du père Lachaise, 2 vol.	10 »
Le Médecin du Pecq.	» 50

CHARLES DE BERNARD.	
La Femme de 40 ans.	» 50
Un Acte de vertu et la Peine du Talion.	» 50
L'Anneau d'argent.	» 50

ALPHONSE KARR.	
Sous les tilleuls.	» 90
Fort en thème.	» 70

PAUL FÉVAL.	fr. c.
Les Mystères de Londres.	5 »

MÉRY.	
Héva.	» 50
La Floride.	» 70

EUGÈNE SCRIBE.	
Carlo Broschi.	» 50
La Maîtresse anonyme.	» 50
Judith, ou la Loge d'Opéra.	» 50
Proverbes.	» 70

ALBÉRIC SECOND.	
La Jeunesse dorée.	» 50

MUSÉE CONTEMPORAIN

10 centimes la Livraison

A. DE LAMARTINE.	fr. c.
Graziella.	» 60
L'Enfance.	» 50
La Jeunesse.	» 60
Geneviève, histoire d'une Servante.	» 70
La Vie de Famille.	» 50
Régina.	» 50
Histoire et Poésie.	» 50

ALEX. DUMAS FILS.	
La Dame aux Camellias.	1 50
Le Prix de Pigeons.	» 50
Césarine.	» 50
Un Paquet de Lettres.	» 50

CHARLES DE BERNARD.	
Le Gendre.	» 50
La Cinquantaine.	» 50
Une Aventure de Magistrat.	» 30
L'Innocence d'un Forçat.	» 50

Mme ÉMILE DE GIRARDIN.	
Marguerite ou Deux Amours.	» 90

THÉOPHILE GAUTIER.	
Constantinople.	1 30

FRÉDÉRIC SOULIÉ	
Les Mémoires du Diable.	2 »
Confession générale.	1 80
Les Quatre Sœurs.	» 50
Les Deux Cadavres.	» 70
Eulalie Pontois.	» 30
Marguerite.	» 50
Le Maître d'école.	» 30
Le Basanier.	» 50

EUGÈNE SUE.	fr. c.
Gilbert et Gilberte.	5 »
Le Diable médecin.	2 70
La Femme séparée de corps et de biens.	» 90
La Grande Dame.	» 50
La Lorette.	» 30
La Femme de lettres.	» 90
La Belle Fille.	» 50
Les Mémoires d'un mari.	1 50

CHAMPFLEURY.	
Les Grands Hommes du ruisseau.	» 60

JULES SANDEAU.	
Sacs et Parchemins.	» 90

HENRY MURGER.	
Scènes de la vie de bohème.	» 50
Madame Olympe.	» 50
Le Souper des Funérailles.	» 50
Les Amours d'Olivier.	» 30
Le Bonhomme Jadis.	» 30
Le Manchon de Francine.	» 30
La Maîtresse aux mains rouges.	» 50

MÉRY.	
Le Bonheur d'un Millionnaire.	» 50
Un Acte de désespoir.	» 50
Le Chateau d'Udolphe.	» 50
Simple histoire.	» 70
Les Nuits sinistres.	» 50
Les Nuits anglaises.	» 90
Les Nuits italiennes.	» 90

THÉATRE CONTEMPORAIN ILLUSTRÉ

CHOIX DE PIÈCES

Jouées sur tous les Théâtres de Paris.

Une ou deux Livr. par semaine.	Une Série tous les mois.
UNE LIVRAISON CONTIENT UNE PIÈCE	UNE SÉRIE CONTIENT CINQ PIÈCES
Prix : 20 cent.	Prix : 1 franc

Chaque Pièce est publiée avec un dessin représentant une des principales scènes de l'ouvrage.

1re SÉRIE. — PRIX : 1 FR.

Le Chiffonnier de Paris. 20
La Closerie des Genêts. 40
Une Tempête dans un verre d'eau. . 40
Le Morne au Diable. 40
Pas de fumée sans feu. 20

2e SÉRIE. — PRIX : 1 FR.

Trois Rois, trois Dames. 20
La Mardire. 40
La Ferme de Primerose. 40
Le Chevalier de Maison-Rouge. . . 40
L'Habit vert. 40

3e SÉRIE. — PRIX : 1 FR.

Benvenuto Cellini. 40
Frisette. 20
Clarisse Harlowe. 40
La Reine Margot. 40
Jean le Postillon. 40

4e SÉRIE. — PRIX : 1 FR.

La Foi, l'Espérance et la Charité. . 40
Le Bal du Prisonnier. 40
Hamlet. 40
Le Lait d'ânesse. 40
Hortense de Blengie. 20

5e SÉRIE. — PRIX : 1 FR.

Le Fils du diable. 40
Une Dent sous Louis XV. 40
Le Livre noir. 40
Midi à quatorze heures. 40
La petite Fadette. 20

6e SÉRIE. — PRIX : 1 FR.

La Vie de bohème. 40
Graziella. 40
La Chambre rouge. 40
Un jeune homme pressé. 40
Le Docteur noir. 20

7e SÉRIE. — PRIX : 1 FR.

Martin et Bamboche. 40
Les deux Sans-culotte. 40
Les Mystères du Carnaval. 40
Croque-Poule. 40
Une Fièvre brûlante. 20

8e SÉRIE. — PRIX : 1 FR.

Bataille de Dames. 20
Le Pardon de Bretagne. 40
La Pariure de Jules Denis. 40
Paris qui dort. 40
Paris qui s'éveille. 40

9e SÉRIE. — PRIX : 1 FR.

Intrigue et Amour. 40
Le Marchand de Jouets d'Enfants. 40
Gentil Bernard. 40
Jobin et Nanette. 40
Le Collier de Perles. 20

10e SÉRIE. — PRIX : 1 FR.

Le Bourgeois de Paris. 20
Les Contes de la Reine de Navarre. 40
Qui se dispute s'adore. 40
Marie Simon. 40
La Famille Poisson. 40

11e SÉRIE. — PRIX : 1 FR.

Les Nuits de la Seine. 40
Un Garçon de chez Véry. 20
Un Chapeau de paille d'Italie. . . . 20
L'Oncle Tom. 40
Chasse au Lion. 40

12e SÉRIE. — PRIX : 1 FR.

Berthe la Flamande. 40
Un Mari qui n'a rien à faire. . . . 40
Le Testament d'un garçon. 20
La Chatte Blanche. 40
L'Amour pris aux cheveux. 40

13e SÉRIE. — PRIX : 1 FR.

Le Courrier de Lyon. 40
Par les Fenêtres. 40
Le Roi de Rome. 20
Un Monsieur qui suit les Femmes. 40
La Terre promise. 40

14e SÉRIE. — PRIX : 1 FR.

Les Sept Péchés capitaux. 40
La Tête de Martin. 40
Le Sage et le Fou. 20
Le Huet. 40
Un Merlan en bonne fortune. . . . 40

15ᵉ SÉRIE. — PRIX : 1 FR.

Les quatre fils Aymon............ 40
Scapin.
Un premier coup de canif......... 20
Roquelaure..................... 40
Une Nuit orageuse............... 40

16ᵉ SÉRIE. — PRIX : 1 FR.

La Mendiante................... 40
La Tonelli...................... 40
Les Avocats.................... 20
Marianne.
Une Charge de cavalerie......... 40

17ᵉ SÉRIE. — PRIX : 1 FR.

Les Coulisses de la vie........... 40
Un Ami acharné.
La Bergère des Alpes............ 40
Les Paniers de la Comtesse.
Marie, ou l'Inondation........... 20

18ᵉ SÉRIE. — PRIX : 1 FR.

Les sept Merveilles du Monde..... 40
Un Coup de vent.
Notre Dame de Paris............. 40
Les Lundis de Madame.
Le Château des Sept-Tours....... 20

19ᵉ SÉRIE. — PRIX : 1 FR.

Les Mystères de l'Été............ 40
Voyage autour d'une jolie Femme.
Le Cœur et la Dot............... 40
Un Ut de Poitrine.
Léonard le perruquier............ 20

20ᵉ SÉRIE. — PRIX : 1 FR.

Les Sept Merveilles du nº 7....... 40
L'ami François.
Les Enfers de Paris.............. 40
Atala.
La Nuit du vendredi saint........ 20

21ᵉ SÉRIE. — PRIX : 1 FR.

Les Cosaques.
Un Monsieur qu'on n'attendait pas. 40
Bertram le Matelot.
L'Amour au daguerréotype........ 40
Irène, ou le Magnétisme.......... 20

22ᵉ SÉRIE. — PRIX : 1 FR.

Les Mystères de Londres......... 40
Un Vilain Monsieur.
Le Lys dans la Vallée............ 40
Un Homme entre deux Airs.
La Forêt de Sénart.............. 20

23ᵉ SÉRIE. — PRIX : 1 FR.

Catilina........................ 40
Théodore.
Le Voile de Dentelle............. 40
Les Fureurs de l'Amour.
Les Folles dramatiques........... 20

24ᵉ SÉRIE. — PRIX : 1 FR.

La Comtesse de Sennecey........ 40
Edgard et sa Bonne.
Manon Lescaut................. 40
Les Mémoires de Richelieu.
L'Ane mort..................... 20

25ᵉ SÉRIE. — PRIX : 1 FR.

Le Vieux Caporal............... 40
Diane de Lys et de Camellias.
Grandeur et Décadence de Prudhomme. 40
Le Roman d'une heure.
Thérèse, ou Ange et Diable....... 20

26ᵉ SÉRIE. — PRIX : 1 FR.

Paris qui pleure et Paris qui rit... 40
Le Chêne et le Roseau.
Les Orphelines de Valneige....... 20
Marie-Rose.
L'Ambigu en habits neufs.

27ᵉ SÉRIE. — PRIX : 1 FR.

Un Notaire à marier............. 40
Les Rendez-vous bourgeois.
L'Honneur de la maison.......... 40
Le Laquais d'Arthur.
L'Argent du Diable.............. 20

28ᵉ SÉRIE. — PRIX : 1 FR.

La Boistère.................... 40
Quand on attend sa bourse.
Le Ciel et l'Enfer............... 40
Souvent Femme varie.
Gastibelza..................... 20

29ᵉ SÉRIE. — PRIX : 1 FR.

Schamyl....................... 40
Deux Femmes en gage.
L'Armée d'Orient............... 40
Où passerai-je mes soirées ?.
Les Gaietés champêtres.......... 20

30ᵉ SÉRIE. — PRIX : 1 FR.

La bonne Aventure............. 40
En bonne Fortune.
Gusman le Brave............... 40
Ce que virent les Roses.
Les Oiseaux de la Rue........... 20

31ᵉ SÉRIE. — PRIX : 1 FR.

Le Prophète................... 40
Un Vieux de la Vieille Roche.
Échec et Mat.................. 40
Mam'zelle Rose.
Louise de Nanteuil.............. 20

32ᵉ SÉRIE. — PRIX : 1 FR.

La Prière des Naufragés......... 40
Un Mari en 150.
Les cinq cents Diables........... 40
A Clichy.
Harry le Diable................. 20

33ᵉ SÉRIE. — PRIX : 1 FR.

Boccace	
Cerisette en prison	40
La Vie d'une Comédienne	
Le Manteau de Joseph	40
Le Chevalier d'Essonne	20

34ᵉ SÉRIE. — PRIX : 1 FR.

Souvenirs de jeunesse	
York	40
Georges et Marie	
Sous un bec de gaz	40
Lully	20

35ᵉ SÉRIE. — PRIX : 1 FR.

Marthe et Marie	
Une Femme qui se grise	40
L'Enfant de l'amour	
Le Sourd	40
Le Marbrier	20

36ᵉ SÉRIE. — PRIX : 1 FR.

Les Oiseaux de proie	
Un Feu de Cheminée	40
La Croix de Marie	
Le Chevalier Coquet	40
Hortense de Cerny	20

37ᵉ SÉRIE. — PRIX : 1 FR.

Paris	
La mort du Pêcheur	40
Un mauvais Riche	
Dans les vignes	40
Le Gant et l'Éventail	20

38ᵉ SÉRIE. — PRIX : 1 FR.

L'Histoire de Paris	
Pygmalion	40
Salvator Rosa	
Un Cœur qui parle	40
Le Vicaire de Wakefield	20

39ᵉ SÉRIE. — PRIX : 1 FR.

Les grands Siècles	
Le Devin du Village	40
Le Donjon de Vincennes	
Les jolis Chasseurs	40
Le Théâtre des Zouaves	20

40ᵉ SÉRIE. — PRIX : 1 FR.

Le Moulin de l'Ermitage	
Les derniers Adieux	40
Le Gâteau des Reines	
Une pleine eau	40
Aimer et Mourir	20

41ᵉ SÉRIE. — PRIX : 1 FR.

Le Sergent Frédéric	
Le Duel de mon Oncle	40
La Florentine	
Jeanne Mathieu	40
Le Songe d'une Nuit d'hiver	20

42ᵉ SÉRIE. — PRIX : 1 FR.

Les Noces vénitiennes	
L'Héritage de ma Tante	40
Le Sire de Framboisy	
L'Homme sans Ennemis	40
La Chasse au Roman	20

43ᵉ SÉRIE. — PRIX : 1 FR.

Le Paradis perdu	
En manches de chemise	40
Les Maréchaux de l'Empire	
Élodie	40
Lucie Didier	20

44ᵉ SÉRIE. — PRIX : 1 FR.

Le Masque de poix	
L'Amour et son train	40
Jocelyn le garde-côte	
Le Bal d'Auvergnats	40
Le Démon du Foyer	20

45ᵉ SÉRIE. — PRIX : 1 FR.

Aventures de Mandrin	
Dieu merci, le couvert est mis	40
L'oiseau de Paradis	
Si j'étais riche	40
Donnez aux pauvres	20

46ᵉ SÉRIE. — PRIX : 1 FR.

Le Médecin des enfants	
Médée	40
Le Pendu	
Mon Isménie	40
Les Fanfarons de vice	20

47ᵉ SÉRIE. — PRIX : 1 FR.

Marie Stuart en Écosse	
Les Bâtons dans les roues	40
Le Fils de la Nuit	
Les 7 femmes de Barbe-bleue	40
Un Roi malgré lui	20

48ᵉ SÉRIE. — PRIX : 1 FR.

Les Zouaves	
Le Jour du Frotteur	40
Le Marin de la garde	
Sous les Pauvres	40
Un Voyage sentimental	20

49ᵉ SÉRIE. — PRIX : 1 FR.

Les Pauvres de Paris	
As-tu tué le mandarin	40
Les Parisiens	
Schahabaham II	40
Les Pièges dorés	20

50ᵉ SÉRIE. — PRIX : 1 FR.

Jane Grey	
La Bonne d'enfant	40
L'Avocat des Pauvres	
Les Suites d'un premier lit	40
Les Toilettes tapageuses	20

51ᵉ SÉRIE. — PRIX : 1 FR.

Fualdès.	40
Grassot embêté par Ravel.	
Cléopâtre.	40
Les Toquades de Borromée.	
Rose et Marguerite.	20

52ᵉ SÉRIE. — PRIX : 1 FR.

Jérusalem.	40
Les Cheveux de ma femme.	
Le Secret des Cavaliers.	40
Six Demoiselles à marier.	
Le Docteur Chiendent.	20

53ᵉ SÉRIE. — PRIX : 1 FR.

La Reine Topaze.	40
Le 66.	
Le Château des Ambrières.	40
Roméo et Marielle.	
L'Échelle de Femmes.	20

54ᵉ SÉRIE. — PRIX : 1 FR.

La Fausse Adultère.	40
Madame est de retour.	
La route de Brest.	40
Le Secret de l'oncle Vincent.	
Croquefer.	20

55ᵉ SÉRIE. — PRIX : 1 FR.

Les Gens de théâtre.	40
Une Panthère de Java.	
Les Orphelins du pont Notre-Dame.	40
Le Jour de la Blanchisseuse.	
Le Fils de l'Aveugle.	20

56ᵉ SÉRIE. — PRIX : 1 FR.

Les Orphelines de la Charité.	40
La Rose de Saint-Flour.	
Le Pressoir.	40
Fais la cour à ma femme.	
Les Lanciers.	20

57ᵉ SÉRIE. — PRIX : 1 FR.

Jean de Paris.	40
Un Chapeau qui s'envole.	
La Belle Gabrielle.	40
Zerbine.	
Les Princesses de la rampe.	20

58ᵉ SÉRIE. — PRIX : 1 FR.

L'Aveugle.	40
Un fameux Numéro.	
Les Deux Faubouriens.	40
Policia et Bamboche.	
Dalila et Samson.	20

59ᵉ SÉRIE. — PRIX : 1 FR.

Michel Cervantes.	40
L'Opéra aux fenêtres.	
André Gérard.	40
Une Soubrette de qualité.	
Le Prix d'un bouquet.	20

60ᵉ SÉRIE. — PRIX : 1 FR.

Les Chevaliers du brouillard.	40
Le Roi boit.	
L'Amiral de l'escadre bleue.	40
Vent du soir.	
Roméo et Juliette.	20

61ᵉ SÉRIE. — PRIX : 1 FR.

Si j'étais roi.	40
La Dame aux jambes d'azur.	
Les Viveurs de Paris.	40
La Médée de Nanterre.	
On demande un gouverneur.	20

62ᵉ SÉRIE. — PRIX : 1 FR.

La Bête du bon Dieu.	40
Le Mobilier de Bamboche.	
William Shakspeare.	40
Une Minute trop tard.	
Le Télégraphe électrique.	20

63ᵉ SÉRIE. — PRIX : 1 FR.

La Filleule du Chansonnier.	40
Pénicault le Somnambule.	
La Comtesse de Novailles.	40
Avez-vous besoin d'argent.	
Un Enfant du siècle.	20

64ᵉ SÉRIE. — PRIX : 1 FR.

Les Filles de marbre.	40
Le Cousin du roi.	
Les Noces de Bouchencœur.	40
Les Jeux innocents.	
L'Anneau de fer.	20

65ᵉ SÉRIE. — PRIX : 1 FR.

L'Étoile du Nord.	40
Brin d'Amour.	
Le Fou par amour.	40
L'Amour mouillé.	
La Comète de Charles-Quint.	20

66ᵉ SÉRIE. — PRIX : 1 FR.

Le Carnaval de Venise.	40
Le Compagnon de voyage.	
Le Fléau des Mers.	40
Un Gendre en surveillance.	
Le Fils de la Folle.	20

67ᵉ SÉRIE. — PRIX : 1 FR.

Ohé ! les P'tits Agneaux !	40
Un Oncle aux Carottes.	
Le Rocher de Sysiphe.	40
Les Gardes du roi de Siam.	
Paris Crinoline.	20

68ᵉ SÉRIE. — PRIX : 1 FR.

Les Vaches landaises.	40
Une Mèche éventée.	
Les Fiancés d'Albano.	40
Le Parapluie d'Oscar.	
Diane de Chivry.	20

69ᵉ SÉRIE — PRIX : 1 FR.

Le Bonhomme Lundi	40
L'Éducation d'un serin	
Le Pays des Amours	40
La Gummina	
Le Dessous des Cartes	20

70ᵉ SÉRIE — PRIX : 1 FR.

Les Orphelines de Saint-Sever	40
Monsieur et Madame Rigolo	
Les Talismans	40
Les Désespérés	
Les Étudiants	20

71ᵉ SÉRIE — PRIX : 1 FR.

La Perle du Brésil	40
La Raisin	
Le Martyre du Cœur	40
Méphistophélès	
Thérèse, l'orpheline de Genève	20

72ᵉ SÉRIE — PRIX : 1 FR.

Germaine	40
La Boîte secrète	
Margot	40
Maître bâton	
Eulalie Pontois	20

73ᵉ SÉRIE — PRIX : 1 FR.

Les Mers polaires	40
Mam'selle Jeanne	
Les Fugitifs	40
Le Feu à une vieille maison	
Il y a seize ans	20

74ᵉ SÉRIE — PRIX : 1 FR.

La Nuit du 20 Septembre	40
Les Petits prodiges	
Les Crochets du Père Martin	40
Une Croix à la cheminée	
La Bataille de Toulouse	20

QUATRIÈME PARTIE

UN FRANC LE VOLUME DE 350 A 400 PAGES

COLLECTION MICHEL LÉVY

CHOIX
DES MEILLEURS OUVRAGES CONTEMPORAINS

FORMAT GRAND IN-18 (Charpentier), IMPRIMÉ SUR BEAU PAPIER SATINÉ

Contenant la matière de 2 ou 3 volumes in-octavo

IL PARAIT UN OU DEUX VOLUMES TOUS LES HUIT JOURS

OUVRAGES PARUS ET A PARAITRE

A. DE LAMARTINE.
	vol.
Les Confidences.	1
Nouvelles Confidences.	1
Toussaint Louverture.	1

GEORGE SAND.
	vol.
Histoire de ma Vie	10
Mauprat.	1
Valentine.	1
Indiana.	1
Jeanne.	1
La Mare au Diable.	1
La Petite Fadette.	1
François le Champi.	1
Teverino. — Léone Léoni.	1
Consuelo.	3
La Comtesse de Rudolstadt.	2
André.	1
Horace.	1
Jacques.	1
Lettres d'un voyageur.	1
Lelia. — Metella. — Melchior. — Cora.	2
Lucrezia Floriani. — Lavinia.	1
Le Péché de M. Antoine.	2
Le Piccinino.	2
Le Meunier d'Angibault.	1
Simon.	1
La Dernière Aldini.	1
Le Secrétaire intime.	1

GÉRARD DE NERVAL.
	vol.
La Bohème galante.	1
Le Marquis de Fayolle.	1
Les Filles du Feu.	1

THÉOPHILE GAUTIER.
Les Beaux-Arts en Europe.	2
Constantinople.	1
L'Art moderne.	1
Les Grotesques.	1

Mme ÉMILE DE GIRARDIN.
Le Vicomte de Launay (Seule édition complète.)	4
Marguerite.	1
Nouvelles.	1
M. le Marquis de Pontanges.	1
Poésies complètes.	1
Contes d'une vieille fille à ses neveux	1

EUGÈNE SCRIBE.
Théâtre (Ouvrage complet).	20
Comédies.	3 vol.
Opéras.	2
Opéras-Comiques.	5
Comédies-Vaudevilles.	10
Nouvelles.	1
Historiettes et Proverbes.	1
Piquillo Alliaga.	3

HENRY MURGER.

	vol.
Le Dernier Rendez-vous	1
Le Pays Latin	1
Scènes de Campagne	1
Les Buveurs d'eau	1
Les Vacances de Camille	1
Le Roman de toutes les femmes	1
Propos de ville et propos de théâtre	1
Scènes de la vie de jeunesse	1
Scènes de la Vie de Bohême	1
Le Sabot Rouge	1

Mme BEECHER STOWE.
Traduction E. Forcade.

Souvenirs heureux	3

ALPHONSE KARR.

Les Femmes	1
Agathe et Cécile	1
Promenades hors de mon jardin	1
Sous les Tilleuls	1
Les Fleurs	1
Sous les Orangers	1
Voyage autour de mon jardin	1
Une Poignée de vérités	1
La Pénélope normande	1
Encore les Femmes	1
Menus Propos	1
Les Soirées de Sainte-Adresse	1
Trois cents Pages	1
Les Guêpes	6

LOUIS REYBAUD.

Le Dernier des commis voyageurs	1
Le Coq du clocher	1
L'Industrie en Europe	1
Jérôme Paturot. — Position sociale	1
Jérôme Paturot. — République	1
Ce qu'on peut voir dans une rue	1
La Comtesse de Mauléon	1
La Vie a rebours	1

PAUL MEURICE.

Scènes du Foyer (la Famille Audry)	1
Les Tyrans de village	1

J. AUTRAN.

La Vie rurale	1
Millianah (épisode des guerres d'Afrique)	1

CHARLES DE BERNARD.

Le Nœud gordien	1
Un Homme sérieux	1
Gerfaut	1
Les Ailes d'Icare	1
Le Gentilhomme campagnard	2
Un Beau-Père	2
Le Paravent	1
La Peau du Lion et la Chasse aux amants	1

ALEX. DUMAS FILS.

	vol.
Aventures de quatre femmes	1
La Vie a vingt ans	1
Antonine	2
La Dame aux Camellias	1
La Boîte d'Argent	1

ÉMILE AUGIER.

Poésies complètes	1

GUSTAVE FLAUBERT.

Madame Bovary	2

F. PONSARD.

Études antiques	1

JULES LECOMTE.

Le Poignard de Cristal	1

X. MARMIER.

Au bord de la Néva	1
Les Drames intimes	1

FRANCIS WEY.

Les Anglais chez eux	1

LOUIS BOUILHET.

Melænis, conte romain	1

PAUL DE MUSSET.

La Bavolette	1
Poylaurens	1

EUGÈNE FROMENTIN.

Un été dans le Sahara	1

E. TEXIER.

Amour et Finance	1

PAUL FÉVAL.

Le Tueur de tigres	1
Les Dernières Fées	1

ACHIM D'ARNIM.
Traduction Th. Gautier fils.

Contes bizarres	1

LE GÉNÉRAL DAUMAS.

Le Grand Désert	1
Les Chevaux du Sahara	1

H. BLAZE DE BURY.

Musiciens contemporains	1

LÉON GOZLAN.

Les Châteaux de France	2
Le Notaire de Chantilly	1
Les Émotions de Polydore Marasquin	1
Le Dragon rouge	1
Le Médecin du Pecq	1
Histoire de 150 femmes	1
Les Nuits du Père-Lachaise	1
La Famille Lambert	1
La Dernière Sœur grise	1

HOFFMANN.
Traduction Champfleury.

Contes posthumes	1

ARSÈNE HOUSSAYE.

	vol.
Les Femmes comme elles sont.	1
L'Amour comme il est.	1

ÉMILE SOUVESTRE.

Un Philosophe sous les toits.	1
Confessions d'un ouvrier.	1
Au coin du feu.	1
Scènes de la vie intime.	1
Chroniques de la mer.	1
Les Clairières.	1
Scènes de la Chouannerie.	1
Dans la Prairie.	1
Les Derniers Paysans.	1
En Quarantaine.	1
Sur la Pelouse.	1
Les Soirées de Meudon.	1
Souvenirs d'un Vieillard, la dern. étape	1
Scènes et Récits des Alpes.	1
Les Anges du Foyer.	1
L'Échelle de Femmes.	1
La Goutte d'Eau.	1
Sous les Filets.	1
Le Foyer breton.	2
Contes et Nouvelles.	1
Les Derniers Bretons.	2
Les Réprouvés et les Élus.	2
Les Péchés de Jeunesse.	1
Riche et Pauvre.	1
En Famille.	1
Pierre et Jean.	1

F. HUGONNET.

Souvenirs d'un chef de bureau arabe.	1

CHARLES DICKENS.
Traduction Amédée Pichot.

Le Neveu de ma tante.	2
Contes de Noël.	1

ÉMILE CARREY.

L'Amazone. — 8 Jours sous l'Équateur.	1
— Les Métis de la Savane.	1
— Les Révoltés du Pará.	1
Récits de la Kabylie.	1
Scènes de la vie en Algérie.	1
Histoires et Mœurs kabyles.	1

XAVIER AUBRYET.

La Femme de 25 Ans.	1

FRANÇOIS VICTOR HUGO,
Traducteur.

Sonnets de Shakespeare.	1
Le Faust anglais de Marlowe.	1

JULES DE LA MADELÈNE.

Les Âmes en Peine.	1

B. H. RÉVOIL,
Traducteur.

Les Harems du nouveau monde.	1

FÉLIX MORNAND.

La Vie arabe.	1
Bernerette.	1

EDGAR POE.
Traduction Charles Baudelaire.

Histoires extraordinaires.	1
Nouvelles Histoires extraordinaires.	1
Aventures d'Arthur Gordon Pym.	1

AUGUSTE VACQUERIE.

	vol.
Profils et Grimaces.	1

CHARLES DE LA ROUNAT.

La Comédie de l'Amour.	1

MAX RADIGUET.

Souvenirs de l'Amérique espagnole.	1

A. DE PONTMARTIN.

Contes et Nouvelles.	1
Mémoires d'un Notaire.	1
La Fin du Procès.	1
Contes d'un Planteur de choux.	1
Pourquoi je reste à la campagne.	1
Le Fond de la Coupe.	1

CHARLES NODIER,
Traducteur.

Le Vicaire de Wakefield.	1

THÉOPHILE LAVALLÉE.

Histoire de Paris.	2

LE DOCTEUR FÉLIX MAYNARD

Journal d'une dame anglaise. — De Delhi à Cawnpore. — Pages de l'insurrection hindoue.	1
Un Drame dans les mers boréales.	1

ADOLPHE ADAM.

Souvenirs d'un Musicien.	1
Derniers Souvenirs d'un Musicien.	1

HENRI CONSCIENCE.
Traduction Léon Wocquier.

Scènes de la vie flamande.	2
Le Fléau du Village.	1
Le Démon de l'argent.	1
La Mère Job.	1
Heures du Soir.	1
Veillées flamandes.	1
L'Orpheline.	1
La Guerre des Paysans.	1

GUSTAVE D'ALAUX.

L'Empereur Soulouque et son Empire.	1

CUVILLIER-FLEURY.

Voyages et Voyageurs.	1

XAVIER EYMA.

Les Peaux-Noires.	1
Les Femmes du Nouveau-Monde.	1

OCTAVE DIDIER.

Madame Georges.	1
Une Fille de roi.	1

HILDEBRAND.
Traduction Léon Wocquier.

Scènes de la vie hollandaise.	1

CHAMPFLEURY.

Les Premiers beaux jours.	1
Aventures de Mademoiselle Mariette.	1
Le Réalisme.	1
Les Excentriques.	1
Les Souffrances du Professeur Delteil.	1
Les Bourgeois de Molinchart.	1
Chien-Caillou.	1
L'Usurier Blaizot.	1

ALF. DE MUSSET, DE BALZAC, G. SAND.
vol.
Le Tiroir du Diable. 1
Paris et les Parisiens. 1
Les Parisiennes a Paris. 1

OSCAR DE VALLÉE,
Avocat-général à la Cour impériale de Paris.
Les Manieurs d'Argent. Études historiques et morales. 1720-1857 (6ᵉ édit.). . 1

DE STENDHAL
(H. BEYLE)
De l'Amour. 1
Le Rouge et le Noir. 1
La Chartreuse de Parme. 1
Promenades dans Rome. 2

ÉMILIE CARLEN.
Traduction Marie Souvestre.
Deux Jeunes Femmes. 1

FRÉDÉRIC SOULIÉ.
Les Mémoires du Diable. 8
Confession générale. 2
Les deux Cadavres. 1
Les quatre Sœurs. 1
Au Jour le Jour. 1
Marguerite—Le Maitre d'École. . . . 1
Le Bananier.—Eulalie Pontois. . . . 1
Huit Jours au Chateau. 1
Si Jeunesse savait, si Vieillesse pouvait. 2
Le Port de Creteil. 1
Le Conseiller d'État. 1
Un Malheur complet. 1
Le Magnétiseur. 1
La Lionne. 1
La Comtesse de Monrion. 1
Les Drames inconnus. 4
La Maison N°3 de la rue de Provence 1
Aventures d'un cadet de famille. . 1
Les Amours de Victor Bonsenne. . . 1
Olivier Duhamel. 1
Les Forgerons. 1

CHARLES HUGO.
La Chaise de Paille. 1
Le Cochon de Saint Antoine. 1

LOUIS DE CARNÉ.
Un drame sous la Terreur. 1

PAUL DE MOLÈNES.
Mémoires d'un Gentilhomme du siècle dernier. 1
Caractères et Récits du Temps. . . 1
Chroniques contemporaines. 1
Histoires intimes. 1

A. DE BERNARD.
Le Portrait de la Marquise. 1

ALBÉRIC SECOND.
A quoi tient l'Amour. 1

ROGER DE BEAUVOIR.
Le Chevalier de Saint-Georges. . . 1
Aventurières et Courtisanes. . . . 1
Histoires cavalières. 1

AMÉDÉE PICHOT.
vol.
Les Poètes amoureux. 1

MAX VALREY.
Marthe de Monbrun. 1

JULES DE SAINT-FÉLIX.
Scènes de la Vie de Gentilhomme. . 1

VALOIS DE FORVILLE.
Le Marquis de Pazaval. 1

MAX BUCHON.
En Province. 1

LOUIS ULBACH.
Les Secrets du Diable. 1

VICTOR DE LAPRADE.
Psyché. 1

LA COMTESSE DASH.
Les Bals masqués. 1
Le Jeu de la Reine. 1
La Chaîne d'Or. 1
Le Fruit défendu. 1

AMÉDÉE ACHARD.
Parisiennes et Provinciales. . . . 1
Brunes et Blondes. 1
Les Dernières Marquises. 1
Les Femmes honnêtes. 1

THÉODORE DE BANVILLE.
Odes funambulesques. 1

A. DE BRÉHAT.
Scènes de la Vie contemporaine. . . 1

Mᵐᵉ CAROLINE BERTON,
NÉE SAMSON.
Le Bonheur impossible. 1

NADAR.
Quand j'étais étudiant. 1
Le Miroir aux Alouettes. 1

JULES SANDEAU.
Sacs et Parchemins. 1

MÉRY.
Les Nuits anglaises. 1
Une Histoire de famille. 1
Salons et Souterrains de Paris. . 1
André Chénier. 1
Les Nuits italiennes. 1

CÉLESTE DE CHABRILLAN.
Les Voleurs d'Or. 1
La Sapho. 1

MARC FOURNIER.
Le Monde et la Comédie. 1

ÉDOUARD PLOUVIER.
Les Dernières Amours. 1

CHARLES BARBARA.
Histoires émouvantes. 1

L'UNIVERS
ILLUSTRÉ
RECUEIL HEBDOMADAIRE PARAISSANT TOUS LES SAMEDIS

Chaque Numéro contient huit pages format in-folio
(QUATRE DE TEXTE ET QUATRE DE GRAVURES)

PRIX : 15 centimes le Numéro — 20 centimes par la poste

ABONNEMENTS : UN AN, 10 FRANCS. — SIX MOIS, 6 FRANCS

— Pour plus de détails, faire demander le prospectus. —

DICTIONNAIRE FRANÇAIS
ILLUSTRÉ
ET
ENCYCLOPÉDIE UNIVERSELLE

Ouvrage qui peut tenir lieu de tous les vocabulaires et de toutes les encyclopédies

ENRICHI DE 20,000 FIGURES
GRAVÉES SUR CUIVRE PAR LES MEILLEURS ARTISTES

DIRIGÉ PAR B. DUPINEY DE VOREPIERRE
Et rédigé par une société de Savants et de Gens de lettres

140 LIVRAISONS A 50 CENTIMES
TROIS LIVRAISONS PAR MOIS

Chaque livraison est composée de deux feuilles de texte, et contient la matière d'un volume in-8 ordinaire

L'ouvrage, composé en caractères entièrement neufs et imprimé sur papier de luxe, formera 2 magnifiques volumes in-4.

Chaque volume aura au moins 1,000 pages.

Toute livraison dépassant le nombre de 140, fixé pour l'ouvrage complet, sera délivrée GRATIS AUX SOUSCRIPTEURS.

PARIS. — IMP. SIMON RAÇON ET COMP., RUE D'ERFURTH, 1.

COLLECTION MICHEL LÉVY.

Volumes parus et à paraître. — Format grand in-18, à 1 franc.

A. DE LAMARTINE.
- Les Confidences... 1
- Nouv. Confidences... 1
- Touss. Louverture... 1

THÉOPH. GAUTIER
- Beaux-arts en Europe 2
- Constantinople... 1
- L'Art moderne... 1
- Les Grotesques... 1

GEORGE SAND
- Hist. de ma Vie... 10
- Mauprat... 1
- Valentine... 1
- Indiana... 1
- Jeanne... 1
- La Mare au Diable... 1
- La petite Fadette... 1
- François le Champi... 1
- Teverino... 1
- Consuelo... 1
- Comt. de Rudolstadt 2
- André... 1
- Horace... 1
- Jacques... 1
- Lettres d'un voyag. 1
- Lélia... 1
- Lucrez. Floriani... 1
- Péché de M. Antoine 1
- Le Piccinino... 1
- Meunier d'Angibault. 1
- Simon... 1
- La dern. Aldini... 1
- Secrétaire intime... 1

GÉRARD DE NERVAL
- La Bohême galante. 1
- Le Marq. de Fayolle. 1
- Les Filles du Feu... 1

EUGÈNE SCRIBE
- Théâtre (ouv. comp.) 30
- Comédies... 3
- Opéras... 4
- Opéras comiques... 5
- Comédies-Vaudv... 10
- Nouvelles... 1
- Historiettes et Prov. 1
- Piquillo Alliaga... 1

HENRY MURGER
- Derri. Rendez-vous.. 1
- Le Pays Latin... 1
- Scènes de Campagne 1
- Les Buveurs d'Eau. 1
- Vacances de Camille. 1

CUVILLIER-FLEURY
- Voyag. et Voyageurs. 1

ALPHONSE KARR
- Les Femmes... 1
- Encore les Femmes. 1
- Agathe et Cécile... 1
- Pr. hors de mon Jard. 1
- Sous les Tilleuls... 1
- Voy. aut. de mon jard. 1
- Poignée de Vérités... 1
- Pénélope Normande. 1
- Trois cents pages... 1
- Bottes de B. Adresse. 1

Mme B. STOWE
- Traduct. E. Forcade.
- Souvenirs heureux... 2

CH. NODIER (Trad.)
- Vicaire de Wakefield. 1

LOUIS REYBAUD
- Jérôme Paturot... 1
- Paturot-Républicain. 1
- Dern. des Commis Voyageurs... 1
- Le Coq du Clocher. 1
- L'Indust. en Europe 1
- Ce qu'on voit dans une rue... 1

FRÉDÉRIC SOULIÉ
- Mémoires du Diable. 1
- Les Deux Cadavres. 2
- Confession Générale. 2
- Les Quatre Sœurs... 1
- Au jour le jour... 1
- Marguerite. — Le Maître d'École... 1
- Le Bananier. — Eulalie Pontois... 1
- Huit jours au Château 1
- Si jeunesse savait... 1
- Le port de Creteil... 1
- Le conseiller d'État. 1
- Le Magnétiseur... 1
- Un malheur complet 1
- La Lionne... 1
- Les Drames inconnus 1
- La rue de Provence N° 3... 1

Mme É. DE GIRARDIN
- Marguerite... 1
- Nouvelles... 1
- Vicomte de Launay. 1
- Marq. de Pontanges. 1
- Poésies complètes... 1
- Cont. d'une v. Fille. 1

ÉMILE AUGIER
- Poésies complètes... 1

F. PONSARD
- Études Antiques... 1

PAUL MEURICE
- Scènes du Foyer... 1
- Les Tyrans de Village 1

CH. DE BERNARD
- Le Nœud gordien... 1
- Gerfaut... 1
- Un homme sérieux... 1
- Les Ailes d'Icare... 1
- Gentilhom. campagn. 2
- Un Beau-Père... 1
- Le Paravent... 1
- L'Écueil... 1

HOFFMANN
- Trad. Champfleury.
- Contes posthumes... 1

OSCAR DE VALLÉE
- Les Manieurs d'arg. 1

ALEX. DUMAS FILS
- Aventures de 4 femmes 1
- La Vie à vingt ans. 1
- Antonine... 1
- Dame aux Camélias. 1
- La Boîte d'Argent... 1

LOUIS BOUILHET
- Melænis... 1

JULES LECOMTE
- Poignard de Cristal. 1

X. MARMIER
- Au bord de la Newa 1
- Les Drames intimes. 1

J. AUTRAN
- Milianah... 1

FRANCIS WEY
- Les Anglais chez eux 1

PAUL DE MUSSET
- La Bayolette... 1
- Puylaurens... 1

CÉL. DE CHABRILLAN
- Les Voleurs d'Or... 1
- La Sapho... 1

EDMOND TEXIER
- Amour et finance... 1

ACHIM D'ARNIM
- Trad. T. Gautier fils.
- Contes bizarres... 1

ARSÈNE HOUSSAYE
- Femmes c. elles sont 1
- L'amour comme il est 1

GÉNÉRAL DAUMAS
- Le grand Désert... 1
- Chevaux du Sahara. 1

H. BLAZE DE BURY
- Musiciens contemp. 1

OCTAVE DIDIER
- Madame Georges... 1

FÉLIX MORNAND
- La Vie arabe... 1
- Bernerive... 1

ADOLPHE ADAM
- Souv. d'un Musicien. 1

J. DE LA MADELÈNE
- Les Ames en peine. 1

ÉMILE SOUVESTRE
- Philos. sous les toits 1
- Conf. d'un Ouvrier. 1
- Au coin du Feu... 1
- Scèn. de la Vie intim. 1
- Chroniq. de la Mer. 1
- Dans la Prairie... 1
- Les Clairières... 1
- Sc. de la Chouannerie 1
- Les derniers Paysans 1
- Souv. d'un Vieillard. 1
- Soirées de Meudon. 1
- Sc. et réc. des Alpes. 1
- L'Échelle de Femm. 1
- La Goutte d'eau... 1
- Sous les Filets... 1
- Le Foyer Breton... 1
- Contes et Nouvelles. 1
- Les derniers Bretons 2

LÉON GOZLAN
- Châteaux de France. 1
- Notaire de Chantilly 1
- Polydore Marasquin 1
- Nuits du P.-Lachaise 1
- Le Médecin du Pecq 1
- Hist. de 130 femmes 1
- Louis Lambert... 1
- La Folle Sœur Grise. 1

THÉOPH. LAVALLÉE
- Hist. de Paris... 1

FÉLIX MAYNARD
- Journal d'une dame Anglaise. — De Delhi à Cawnpore. 1

A. DE BRÉHAT
- Scènes de la Vie Contemporaine... 1

EDGAR POE
- Trad. Ch. Baudelaire.
- Histoires extraordin. 1
- Nouv. Hist. extraord. 1
- Aventures d'Arthur Gordon Pym... 1

CHARLES DICKENS
- Traduction A. Pichot.
- Neveu de ma Tante. 2
- Contes de Noël... 1

A. VACQUERIE
- Profils et Grimaces. 1

A. DE PONTMARTIN
- Contes et Nouvelles. 1
- Mém. d'un Notaire. 1
- La fin du Procès... 1
- Contes d'un Planteur de choux... 1
- Pourquoi je reste à la Campagne... 1

HENRI CONSCIENCE
- Trad. Léon Wocquier.
- Scèn. de la Vie flam. 1
- Le Fléau du Village 1
- Les Heures du soir. 1
- Les Veillées flamand. 1
- Le Démon de l'Argent 1
- La Mère Job... 1
- L'Orpheline... 1
- Guerre des Paysans. 1

PAUL DE MOLÈNES
- Mém. d'un gentilh. du siècle dernier... 1

DE STENDHAL
- (M. Beyle.)
- De l'Amour... 1
- Le Rouge et le Noir. 1
- La Chart. de Parme. 1

MAX. RADIGUET
- Souv. de l'Amér. esp. 1

PAUL FÉVAL
- Le Tueur de Tigres. 1
- Les dernières Fées. 1

MÉRY
- Les Nuits anglaises. 1
- Une Hist. de Famille. 1
- André Chénier... 1
- Salons et Soul. de Paris 1
- Les Nuits italiennes. 1

GUST. FLAUBERT
- Madame Bovary... 1

CHAMPFLEURY
- Les Excentriques... 1
- Avent. de Mlle Mariette. 1
- Le Réalisme... 1
- Prem. Beaux Jours. 1
- Les Souffrances du professeur Delteil. 1

XAVIER AUBRYET
- La Femme de 25 ans. 1

VICTOR DE LAPRADE
- Psyché... 1

H. B. RÉVOIL (Trad.)
- Harems du N.-Monde. 1

ROGER DE BEAUVOIR
- Cher. de St-Georges. 1
- Avent. et Courtisanes 1
- Histoires cavalières. 1

GUSTAVE D'ALAUX
- Soulouq. et son Emp. 1

F. VICTOR HUGO
- (Traducteur.)
- Souv. de Shakspeare. 1

AMÉDÉE PICHOT
- Les Poètes amoureux 1

ÉMILE CARREY
- Huit jours sous l'Équateur... 1
- Mella de la Savane. 1
- Les Révoltés du Para 1
- Récits de Kabylie... 1

CHARLES BARBARA
- Histoires émouvantes. 1

E. FROMENTIN
- Un Été dans le Sahara 1

XAVIER EYMA
- Les Peaux-Noires... 1

LA COMTESSE DASH
- Les Bals masqués... 1
- Le Jeu de la Reine. 1
- La Chaîne d'Or... 1

MAX BUCHON
- En Province... 1

HILDEBRAND
- Trad. Léon Wocquier.
- Scè. de la Vie holland. 1

AMÉDÉE ACHARD
- Parisiennes et Provinciales... 1
- Brunes et Blondes. 1
- Les dern. Marquises. 1
- Les Femmes bonnêtes 1

A. DE BERNARD
- Le Portrait de la Marquise... 1

CH. DE LA ROUNAT
- Comédie de l'Amour. 1

MAX VALREY
- Marthe de Montbrun. 1

A. DE MUSSET
GEORGE SAND
DE BALZAC (Cte)
- Le Tiroir du Diable. 1
- Paris et les Parisiens 1
- Parisiennes à Paris. 1

ALBÉRIC SECOND
- A quoi tient l'Amour. 1

Mme BERTON
- (Née Samson.)
- Le Bonheur imposs. 1

NADAR
- Quand j'ét. Étudiant. 1

ÉMILIE CARLEN
- Trad. E. Souvestre.
- Deux Jeunes Femmes 1

LOUIS ULBACH
- Les Secrets du Diable 1

VALOIS DE FORVILLE
- Le Marq. du Paraël. 1

F. HUGONNET
- Souvenirs d'un Chef de Bureau Arabe. 1

JULES GANDEAU
- Sacs et Parchemins. 1

LOUIS DE CARNÉ
- Drame s. le Pérou... 1

PARIS. — TYP. MORRIS ET COMP., RUE AMELOT, 64.

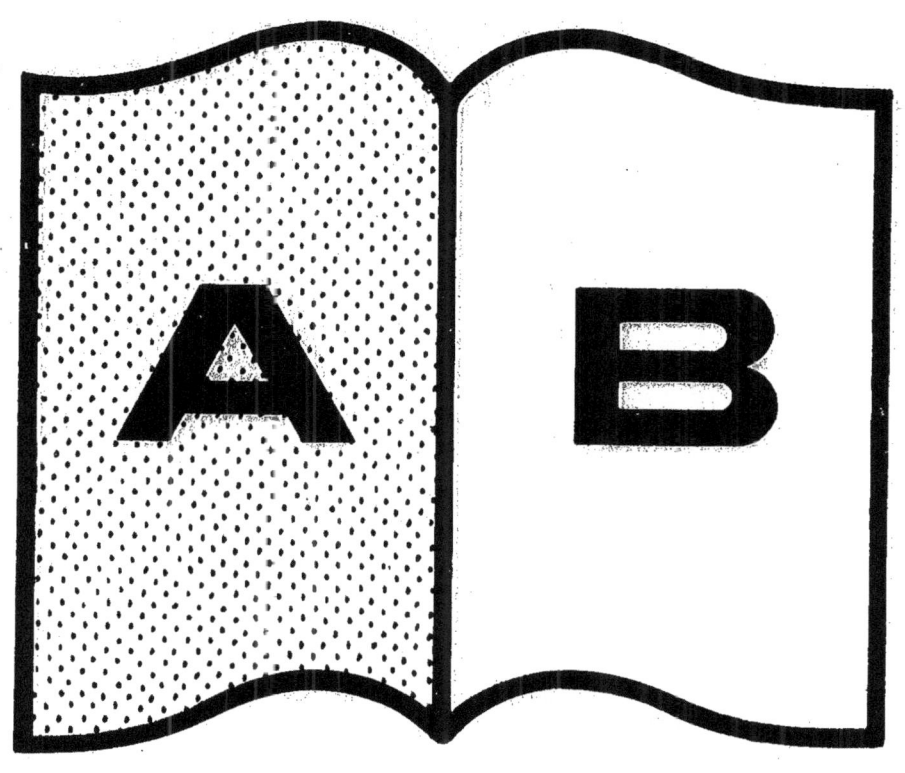

Contraste insuffisant

NF Z 43-120-14

www.ingramcontent.com/pod-product-compliance
Lightning Source LLC
Chambersburg PA
CBHW060400170426
43199CB00013B/1935